Gutachten I
zum 65. Deutschen Juristentag
Bonn 2004

VERHANDLUNGEN DES FÜNFUNDSECHZIGSTEN DEUTSCHEN JURISTENTAGES

Bonn 2004

Herausgegeben von der

STÄNDIGEN DEPUTATION

DES DEUTSCHEN JURISTENTAGES

BAND I

Gutachten

Teil I

VERLAG C.H.BECK MÜNCHEN 2004

Wege zu besserer Gesetzgebung – sachverständige Beratung, Begründung, Folgeabschätzung und Wirkungskontrolle

GUTACHTEN I

für den 65. Deutschen Juristentag

Erstattet von

PETER BLUM

Ministerialdirigent, Niedersächsischer Landtag,
Gesetzgebungs- und Beratungsdienst

VERLAG C.H.BECK MÜNCHEN 2004

Verlag C. H. Beck im Internet
beck.de

ISBN 3 406 52252 1

Wilhelmstraße 9, 80801 München
Druck: Druckerei C. H. Beck Nördlingen
(Adresse wie Verlag)

Gedruckt auf säurefreiem, alterungsbeständigem Papier
(hergestellt aus chlorfrei gebleichtem Zellstoff)

Inhaltsverzeichnis

1. Abschnitt
Was ist „gute" Gesetzgebung?

2. Abschnitt
Qualitätssicherung durch Qualitätsanforderungen („Standards") und Verfahrensvorgaben für die Gesetzgebung

3. Abschnitt
Qualitätssicherung durch Gesetzesfolgenabschätzung

4. Abschnitt
Qualitätserhöhung durch Optimierung der konkreten Gesetzgebungsverfahren und institutionalisierte Beratung

1. Abschnitt
Was ist „gute" Gesetzgebung?[1]

Die Frage nach Wegen zu besserer Gesetzgebung setzt zunächst einmal eine Verständigung darüber voraus, was „gute" Gesetzgebung ist, welches Ziel die Bemühungen um „bessere" Gesetzgebung also haben. Die Frage unterstellt zugleich – zu Recht –, dass die Anforderungen an „gute" Gesetzgebung nicht bereits damit erfüllt sind, dass ein Gesetz vor höherrangigem Recht Bestand hat. Es geht also um darüber hinausreichende Qualitätsstandards, darum, ob sich aus dem deutschen Verfassungsleben und der Gesetzgebungspraxis Standards der „Handwerksgerechtigkeit" „guter" Gesetze ergeben. Auf einer solchen Grundlage können dann Einschätzungen sinnvoll sein, welche Maßnahmen sachverständiger Beratung und Begründung die Qualität gesetzgeberischer Tätigkeit befördern und inwieweit Gesetzesfolgenabschätzung und nachlaufende Wirkungskontrolle einen sinnvollen Beitrag zur Qualitätsverbesserung von Gesetzen leisten können.

Da es sich bei der Beantwortung der Fragen nach „guter", „weniger guter" und „besserer" Gesetzgebung um wertende Betrachtungen handelt, wird man sich eingestehen müssen: Einschätzungen hierüber befinden sich stets auf schwankendem Boden und sind stark abhängig von den Erfahrungen und dem daraus gewonnenem Vorverständnis des Beurteilenden. Gleiches gilt für die aus diesen Einschätzungen folgenden Empfehlungen. Deshalb sollte bei den Darlegungen dieses Beitrags berücksichtigt werden, dass sie die Sicht und den Erfahrungshorizont der Mitglieder eines Gesetzgebungshilfsdienstes eines Landesparlaments wiedergeben, die zwar außer ihrer langjährigen Tätigkeit in der Gesetzgebung eines Landesparlaments auch mehrjährige Erfahrungen als Richter verschiedener Gerichtszweige und als Ministerialbeamte haben, die aber selbstverständlich nicht alle die sozialen Bereiche, die sich mit der Initiierung, Vorbereitung und Fertigstellung von Rechtsnormen befassen, aus eigener Anschauung kennen.

---

[1] Mein besonderer Dank gilt meinen Kollegen des Gesetzgebungs- und Beratungsdienstes im Niedersächsischen Landtag für die erheblichen Zuarbeiten zu dieser Arbeit; den Abschnitt über die Gesetzesfolgenabschätzung verdanke ich meinem Kollegen Udo Winkelmann, der bei der Einführung der Gesetzesfolgenabschätzung in Niedersachsen mitgewirkt hat.

Da Einschätzungen innerhalb des eigenen unmittelbaren Erfahrungsbereichs stets am sichersten geraten, bezieht sich diese Arbeit, wo immer das möglich ist, auf die Verhältnisse der Landesgesetzgebung und dabei überwiegend auf Niedersachsen. Auch wenn damit aus den Betrachtungen die Besonderheiten des Gesetzgebungsverfahrens des Bundes – Beteiligung des Bundesrates, Funktion des Vermittlungsausschusses – ausgeblendet werden, meinen wir, dass der Nutzen dieses weitgehend auf die eigene Berufspraxis gestützten Vorgehens den Nachteil der sektoralen Begrenzung der Aussagen aufwiegt. Die hier angesprochenen Probleme der Gesetzgebung sind grundsätzlicher Natur. Sie stellen sich in Bund und Ländern gleichermaßen.

I. Ziel 1: Sachangemessenheit und gesetzestechnische – legistische – Qualität, Erforderlichkeit

Weitgehende Übereinstimmung besteht im Grundsatz darüber, dass der Gesetzgeber Gesetzgebungsakte zu unterlassen hat, die nicht erforderlich sind, weil entweder das Regelungsbedürfnis überhaupt fehlt oder durch untergeordnete Regelungsaktivitäten abgedeckt werden kann. Ebenso unbestritten ist im Grundsatz, dass der Gesetzgeber die mit dem für erforderlich gehaltenen Gesetz zu lösenden Konflikte sachgerecht und unter Beachtung des Verhältnismäßigkeitsgrundsatzes zu lösen habe. Schließlich wird die Forderung keinen Widerspruch ernten, dass die Anordnungen des Gesetzgebers bestimmte inhaltliche und formale Standards einzuhalten haben, insbesondere

- eindeutig, verständlich und widerspruchsfrei festzulegen haben, welches Verhalten von Bürger und Verwaltung erwartet wird,
- schließlich bürgernah und praktikabel zu sein haben und im Interesse der leichteren Erschließbarkeit auch bestimmten einheitlichen Regeln über die Gestaltung von Rechtsvorschriften entsprechen müssen.

Ausdruck dieser am Maßstab des sachlich-fachlich Erforderlichen ausgerichteten Leitvorstellung über die Güte eines Gesetzes sind die nicht nur im Bund und den Ländern, sondern auch im Ausland verbreiteten Kataloge von „Prüffragen zur Unterstützung der Rechtssetzungspraxis“[2].

---

[2] Siehe die Zusammenstellung bei *Karpen,* Gesetzesfolgenabschätzung in der Europäischen Union, AöR Bd. 124 (1999), 1, 10ff.; Prüffragen zur Notwendigkeit, Wirksamkeit und Verständlichkeit von Rechtssetzungsvorhaben des Bundes vom 11. 12. 1984, herausgegeben vom Bundesminister der Justiz.

Jenseits der grundsätzlichen Bekenntnisse ist es allerdings die praktische Anwendung der geschilderten Standards, die Schwierigkeiten bereitet – hierauf wird noch einzugehen sein[3]. Einzig die Regeln über den formalen Aufbau von Gesetzentwürfen und Gesetzen dürfen, weil nicht interessenbesetzt, auch in der Einzelanwendung als einigermaßen unbestritten gelten. Die Probleme im Übrigen seien hier nur kurz angerissen:

Es entspricht einer populären Forderung, Gesetze für jedermann verständlich zu gestalten, sich also am allgemeinen Sprachgebrauch zu orientieren. Diese Forderung ist absolut berechtigt, weil nur auf diese Weise gewährleistet ist, dass sich der Bürger korrekt über das ihm Gebotene orientieren und sich auch gegen ungerechtfertigte Ansprüche zur Wehr setzen kann. Auf der anderen Seite: Es gibt einen unterschiedlichen Adressatenkreis für Rechtsnormen. Es macht einen Unterschied, ob in einem Feld- und Forstordnungsgesetz, einem Naturschutzgesetz oder einem Waldgesetz festgelegt wird, inwieweit jedermann Wald und Feldmark betreten darf und ob er dabei private Flächen zu meiden hat – dies hat selbstverständlich in einer Sprache zu geschehen, die möglichst jeder verstehen können müsste – oder ob im Immissionsschutzgesetz Betreibern von Großanlagen Sicherheitsstandards vorgeschrieben werden – hier kommt es in erster Linie darauf an, dass der Gesetzgeber sich unter Aufnahme der spezifischen Fachterminologie den mit der Errichtung derartiger Anlagen befassten Personen verständlich macht.

Ebenso populär ist es, sich gegen die so genannte Normenflut zu wenden[4]. Richtig ist daran, dass eine gesetzliche Regelung, für die es kein Bedürfnis gibt, gänzlich zu unterlassen ist. Die Antworten auf die Frage, ob eine bestimmte gesetzliche Vorschrift überflüssig sei, können aber je nach Standpunkt völlig unterschiedlich sein. Ein Gesetz über das Reiten im Walde mag denen, die weder Reiter noch Waldbesitzer sind, völlig überflüssig erscheinen. Für die Reiter oder die Waldbesitzer sieht das ganz anders aus. Es ist eben so: Die objektiv erfassbaren Bedingungen des jeweiligen Lebenskreises mögen hier einen äußeren Rahmen geben, der bestimmte Regelungen als eindeutig erforderlich oder in jedem Fall nicht mehr erforderlich kennzeichnet. Ansonsten wird sich die Frage der Erforderlichkeit einer Regelung unter verschiedenen Politik- und Interessenansätzen ganz unterschiedlich stellen.

---

[3] Siehe S. 23 ff.

[4] Siehe hierzu S. 24 und die ausführliche Auseinandersetzung bei *Schulze-Fielitz*, Theorie und Praxis der Gesetzgebung – besonders des 9. Deutschen Bundestages –, 1988, S. 9–21.

Ebenso nur hinsichtlich der äußeren Grenzen lässt sich schließlich beantworten, ob eine Regelung den zu regelnden Sachverhalt sachgerecht löst. Sicherlich bestimmen alle einigermaßen rational erfassbaren Umstände eines Sachverhalts die äußeren Grenzen, jenseits derer sich eine gesetzliche Regelung als eindeutig sachwidrig darstellt. Diesseits dieser Grenze gibt es jedoch fast immer mehrere gleichwertige Lösungen eines Problems, und es gibt wohl stets mehrere Interessenstandpunkte, von denen aus sich die Frage nach der Sachgerechtigkeit der gesetzgeberischen Lösung unterschiedlich beantwortet.

II. Ziel 2: Glaubwürdigkeit demokratischer Legitimation

1. Staatliche Herrschaft bedarf nach unserem Demokratieverständnis einer weiter reichenden Legitimation als der Darlegung, dass sie zu sachlich einleuchtenden, gerechten und widerspruchsfreien Entscheidungen führt. Geht „alle Staatsgewalt" vom Volke aus (Art. 20 Abs. 2 Satz 1 GG), so führt *Rittner* die Legitimation staatlicher Machtausübung zu Recht auf vier „recht banale Phänomene" zurück:

„*–dem quasi-axiomatischen Gleichheitsprinzip,*

– dem Mehrheitsprinzip mit seinen Schranken,

– dem Repräsentationsprinzip,

– dem second best-Prinzip, das für alles gilt und uns auch in dieser Frage sehr bescheiden werden lässt."[5]

Träger und Garant der ersteren drei Prinzipien (und in der Konsequenz notwendigerweise dem vierten Phänomen unterworfen) ist das in freier und gleicher Wahl gewählte Parlament als Repräsentant des gesamten Volks. Ihm ist, soweit nicht dem Volk selbst gesetzgeberische Entscheidungen überantwortet werden[6], die Gesetzgebung vorbehalten.

2. Es ist nicht in Zweifel zu ziehen, dass die Legitimation, die der parlamentarische Gesetzesbeschluss den in ihm enthaltenen Anordnungen verschafft, bereits dann hergestellt ist, wenn die hierfür vorgesehenen verfassungsrechtlichen Regularien eingehalten sind. Zu diesen Regularien zählt auch

---

[5] *Rittner*, Demokratie als Problem: Abschied vom Parlamentarismus?, JZ 2003, 641, 644.

[6] So unter engen Voraussetzungen z.B. in Niedersachsen, siehe Art. 48, 49 der Niedersächsischen Verfassung (NV).

- dass durch die hierarchische Abstufung parlamentarischer Gesetzgebungszuständigkeiten auf der Ebene der Europäischen Union, des Bundes und der Länder für die Gesetzgebung der nachrangigen Ebene immer weniger Freiraum verbleibt; ob allzu reglementierte und reduzierte Gesetzgebungszuständigkeiten der Länder (im Europäischen Maßstab mittlerweile auch des Bundes[7]) nicht eine Gefahr für die innere Rechtfertigung des deutschen Länderparlamentarismus und des Föderalismus deutscher Prägung hervorrufen, ist an anderer Stelle zu thematisieren,
- dass es weitere konstitutionelle Schranken der Entscheidungsfreiheit der Parlamente gibt. Das Vorhandensein konstitutioneller Schlichtungsinstrumente z.B. im Verhältnis von Bundestag und Bundesrat (Vermittlungsausschuss) bzw. die Notwendigkeit, mit anderen Völkerrechtssubjekten vertragliche Vereinbarungen zu schließen, begrenzt zwar notwendigerweise die Rechtsetzungsbefugnisse der Parlamente; im Regelfall kann hieraus aber nicht hergeleitet werden, den unter diesen beschränkenden Rahmenbedingungen zustande gekommenen Gesetzen fehle die nötige parlamentarische Legitimation: Besonders augenfällig, aber typisch und von der Natur der Sache her unvermeidlich ist die notarähnliche Rolle des Parlaments bei Staatsverträgen oder völkerrechtlichen Verträgen[8].

Die Beobachtung ist zwar richtig: „Fast alle derzeitigen Parlamente sind angesichts der Komplexität der politischen Aufgaben quantitativ und qualitativ überfordert, leiden zudem unter einem Schwund an Sachverstand, so dass sie mehr und mehr die Entscheidungen praktisch externen Kommissionen überlassen, so z.B. der Ethik-Kommission, der Hartz-Kommission und der Corporate-Governance-Kommission"[9]. Die Verfassungen machen aber die Legitimation der von den Parlamenten erlassenen Rechtssätze und ihre Zurechenbarkeit auf das Staatsvolk nicht davon abhängig, ob die durch Parlamentsentscheidung zustande gekommenen Rechtssätze

---

[7] Siehe *Rittner,* Fn. 5, JZ 2003, 641.

[8] Selbst bei diesen Vertragswerken wird aber die geringe Einwirkungsmöglichkeit auf den Inhalt dieser bereits geschlossenen Verträge, die sich auf die Ablehnung des jeweiligen Zustimmungs- bzw. Ratifikationsgesetzes beschränkt, von den Parlamenten häufig als rechtspolitische Zumutung empfunden. Dies hat dazu geführt, dass Parlamente zunehmend eine kompensatorische Beteiligung durch ihre Regierung im Vorfeld des Vertragsabschlusses einfordern und zum Teil auch bereits konzediert erhalten haben; siehe z.B. Art. 25 Abs. 1 der Niedersächsischen Verfassung (NV); siehe hierzu auch *Linck*. Die parlamentarische Kontrolle in den deutschen Landesparlamenten, in: Karpen (Hrsg.), Zum gegenwärtigen Stand der Gesetzgebungslehre in der Bundesrepublik Deutschland, 1998, 151, 158ff.

[9] *Rittner,* Fn. 5, JZ 2003, 641.

auf adäquaten Vorkenntnissen und zutreffenden, sachbezogenen Überlegungen der Parlamentsmitglieder beruhen. Im juristischen und formalen Sinne legitimiert die Gesetzesbeschlüsse und das darauf aufbauende staatliche Handeln vielmehr allein der Umstand, dass die Gesetzesbeschlüsse von einem Parlament frei gewählter Abgeordneter, die in ihren nur ihrem Gewissen unterworfenen Entscheidungen frei sind, in öffentlicher Beratung und Entscheidung nach den von der Verfassung gesetzten Regeln mehrheitlich beschlossen worden sind[10].

3. In der öffentlichen Meinung wird allerdings gleichwohl immer häufiger nach der Werthaltigkeit der durch parlamentarischen Gesetzesbeschluss vermittelten Legitimation gefragt. Wie weit ist es – in einem materiellen Sinne – mit der legitimierenden Kraft des parlamentarischen Gesetzesbeschlusses her, wenn Gesetze in kürzester Zeit gewissermaßen „abgenickt" werden, die zuvor vor den Augen der Bevölkerung in langwierigen Verhandlungen zwischen Regierung und Interessenverbänden ausgehandelt worden sind? Wie ernst muss der Bürger die legitimierende Kraft des Gesetzesbeschlusses nehmen, wenn der Eindruck einer weitgehend überprüfungsfreien und kritiklosen („Eins-zu-Eins") Übernahme von Ergebnissen vermittelt wird, die eine Regierungskommission – womöglich unter Ausschluss der Öffentlichkeit – erarbeitet hat? Ist nicht richtig, dass „die Erwartung der Demokratie, dass die unterschiedlichen Interessen und Anliegen gegenüber der Gesetzgebung in öffentlicher parlamentarischer Debatte erörtert und in unmittelbarer Legitimation durch den Wähler entschieden werden, ... an einer Dominanz der Regierung und der Bereitschaft des Parlaments, sich dieser Dominanz zu unterwerfen, elementar zu scheitern" droht?[11]

Man wird nicht bestreiten können, dass sich hier ein Aspekt eröffnet, unter dem Gesetze „gut", „weniger gut" oder „besser" sein können: Wenn es Sinn der Repräsentationsfunktion des Parlaments ist, „die als geistige Einheit existentiell vorhandene, konkrete Volksgemeinschaft in der Realität empirisch greifbar zu machen, die Herr-

---

[10] *Schuppert,* Gute Gesetzgebung – Bausteine einer kritischen Gesetzgebungslehre –, ZG Sonderheft 2003, S. 9 ff. Es ist sehr berechtigt, das durch die Wahlrechtsgrundsätze und Parlamentsschutznormen geprägte parlamentarische Entscheidungsverfahren als „Gemeinwohlverfahren" zu bezeichnen – so *Schulze-Fielitz,* NVwZ 1983, 709, 711 –, das sich durch die Zugänglichkeit des Entscheidungsganges für alle Interessen und Überzeugungen (Inklusivität) und durch Öffentlichkeit auszeichnet; siehe im Einzelnen und m. w. N. *Morlok,* Informalisierung und Entparlamentarisierung politischer Entscheidungen als Gefährdungen der Verfassung? VVDStRL 62, 33, 61 ff.

[11] *Kirchhof,* Demokratie ohne parlamentarische Gesetzgebung?, NJW 2001, 1332, 1333.

schaft des Volkes als Einheit über das Volk als Vielheit' sicherzustellen, das Volk zur staatlichen Einheit zu integrieren"[12], dann ergibt sich daraus auch eine – jedenfalls rechtspolitische – Aufgabe des Parlaments und seiner Mitglieder, die Ableitung der gesetzlichen Anordnungen aus der entsprechenden Parlamentsentscheidung, ihre Zurechenbarkeit zum Parlament, sichtbar und nachvollziehbar zu machen[13]. Auch im Sinne eines rechtspolitischen Postulats schuldet das Parlament allerdings nicht die – ohnehin aussichtslose – Anstrengung, kollektives Expertengremium für alles und jedes zu sein, sondern es schuldet die reflektierte Entscheidung.

Zumindest als Standard der politischen Kultur[14] wird man daher sagen dürfen: „Gut" ist nur ein solches Gesetz, das vom Parlament selbst glaubwürdig, in einer für die Bevölkerung erfahrbaren Form, geistig erfasst und gebilligt worden ist – jedenfalls in den wesentlichen Grundzügen. Ist nach Wegen zu besserer Gesetzgebung gefragt, so muss es also darauf ankommen, die Parlamente durch geeignete Rahmenbedingungen[15] in den Stand zu setzen, sich mit der Problemstellung eines Gesetzentwurfs und der eingeschlagenen Lösung vertraut zu machen. In diesem Sinne zu einer „guten" Gesetzgebung zu kommen, ist in erster Linie Aufgabe des Parlaments selbst, das aufgrund seines Selbstorganisationsrechts hierzu auch in der Lage ist. Hierauf wird im Einzelnen noch einzugehen sein.

III. Konkurrierende Zielsetzung: Das „erfolgreiche" Gesetz[16] – erfolgreiche Umsetzung politischer Willensbildung

Sieht man davon ab, dass es selbstverständlich rein interessenbezogene Standpunkte gibt, unter denen Gesetzentwürfe jeweils als „gut" oder „weniger gut" empfunden werden, so gibt es aber innerhalb des

---

[12] *Leibholz,* Das Wesen der Repräsentation und der Gestaltwandel der Demokratie im 20. Jahrhundert, 3. erw. Aufl., 1966, S. 57 m. w. N.; siehe auch *Herdegen,* Informalisierung und Entparlamentarisierung politischer Entscheidungen als Gefährdungen der Verfassung? VVDStRL 62, 7, 29: „auf das ... Parlament projizierte Legitimationsarchitektur".

[13] *Morlok,* Fn. 10, VVDStRL 62, 33, 71.

[14] Siehe *Morlok,* Fn. 10, VVDStRL 62, 33, 71; *Schulze-Fielitz,* Theorie und Praxis, Fn. 4, 1988, S. 181 f., spricht von der verfassungsrechtlichen Pflicht zur Ausübung des Gestaltungsermessens.

[15] Z. B. durch zweckentsprechende Aufbereitung der Materialien und Informationen, angemessene Zeitplanung, organisatorische Unterstützungen.

[16] *Böhret* in: Hugger, Gesetze – ihre Vorbereitung, Abfassung und Prüfung, 1983, S. 5, 10 f.

formalisierten Gesetzgebungsverfahrens und Gesetzentwurfsverfahrens eine „Gegenwelt“ von Anliegen, die von den politischen Akteuren zumindest als gleichrangig gegenüber den Anliegen der Gesetzestechniker und Rechts- und Fachwissenschaftler empfunden werden und die es in der politischen Realität auch sind: Es sind die Gesichtspunkte der politischen Zweckerreichung. Gesetzgebung ist nicht nur und noch nicht einmal in erster Linie die möglichst sachgerechte Umsetzung von *Erkenntnis*prozessen, sondern zuvörderst Teil des mit einem ständigen Kräftemessen um Machterwerb und Machterhalt verbundenen *Interessen*abgleichs zwischen den organisierten gesellschaftlichen Gruppen[17] und den daraus folgenden *Entscheidungen*. Die Formulierung eines Gesetzentwurfs von der politischen Problem- und Lösungsdefinition (auch „Agenda Setting“ genannt) bis zur Einbringung ins Parlament und die Behandlung dieses Gesetzentwurfs im Parlament sind primär politische Entscheidungsverfahren und nur hinsichtlich der rechtlichen Grenzen, der gesetzestechnischen Regeln und der sachlichen und sozialen Bedingtheiten dieser politischen Entscheidungen ein – kognitives – Erkenntnisverfahren[18].

Denn die Mitglieder der Parlamente sind in diesem Prozess des Interessenabgleichs Interessenten, Akteure und Moderatoren zugleich. Dies wird deutlich, wenn man sich die – in ihrer Wertigkeit durchaus unterschiedlich zu gewichtenden – Interessenlagen vergegenwärtigt:

Selbstverständlich gibt eine Sicht des Parlamentariers bzw. seiner Fraktion, des Regierungsrepräsentanten oder sonst Beteiligten über die am ehesten sachgerechte, bei optimalen Rahmenbedingungen anzustrebende Lösung. Hierüber wird auch rational zu streiten sein. Dass Gesetzentwürfe und Gesetzesbeschlüsse formal korrekt sein sollten, wird auch unter politischen Gesichtspunkten im Grundsatz nicht bestritten werden. Für die politische Handlungsentscheidung sind aber weitere Faktoren von Bedeutung, die in den Entschei-

---

[17] Ebenso *Schuppert,* Gute Gesetzgebung, Fn. 10, S. 14 ff.

[18] Zu Recht deshalb *Zeh,* Die Wissenschaftlichen Dienste des Deutschen Bundestages – ein Gesetzgebungshilfsdienst? in: Rödig (Hrsg.), Studien zu einer Theorie der Gesetzgebung, 1976, 173, 183: „Die mentale Kluft [zwischen Sachkenntnis und Entscheidungskraft, siehe S. 182] besteht in gewissem Umfang zweifellos. Das kann auch nicht verwundern; fachlich-wissenschaftliche Behandlung eines Problems hat Erkenntnisfortschritt, grundsätzliche Revidierbarkeit der Ergebnisse, Falsifizierbarkeit und Fortentwicklung des Diskurses zum Gegenstand, während die politische Entscheidung ganz im Gegenteil den Abbruch von Diskussionen, die – relative – Endgültigkeit der Ergebnisse und die Gültigkeit und Verlässlichkeit für die Betroffenen zum Ziel hat.“ So auch *Schulze-Fielitz,* Theorie und Praxis, Fn. 4, S. 246. Siehe auch *Karpen,* Zum gegenwärtigen Stand der Gesetzgebungslehre in der Bundesrepublik Deutschland, ZG 1986, 1, 26.

dungsprozessen durchaus die Oberhand gegenüber legistischen und sachlich-fachlichen Qualitätsansprüchen gewinnen können:

Ein gutes, legistischen und sachlich-fachlichen Qualitätsansprüchen genügendes Gesetz ist politisch nicht gut genug, wenn es nicht mehrheitsfähig ist[19]. Nicht selten muss auch die qualitativ bessere hinter der minder geeigneten gesetzgeberischen Lösung zurückstehen, weil Akzeptanzüberlegungen gegen sie sprechen: Sie mag deshalb nicht als empfehlenswert erscheinen,

- weil sie bestimmten Ängsten, Aggressionen oder Vorbehalten in der Bevölkerung nicht genügend Rechnung trägt und deshalb keine genügende Akzeptanz verspricht,
- weil sie den Interessen oder Überzeugungen einer für den Politiker besonders bedeutenden Bevölkerungsgruppe widerspricht;
- weil der Politiker meint, die auch nach seiner eigenen Einschätzung sachlich beste Lösung im Interesse weiter reichender politischer Ziele meiden oder abschwächen zu müssen.

Besondere Bedeutung kommt den Faktoren Zeit und Geld zu[20].

Dass es zu den rationalen Qualitätsmerkmalen „guter" Gesetze gehört, den regelungsbedürftigen Sachverhalt möglichst schnell zu regeln und damit aus dem gesellschaftlichen Streit zu bekommen, wird auch der Gesetzestechniker und der an guten Gesetzen interessierte Wissenschaftler oder Praktiker nicht bestreiten. Im Gesetzentwurfs- und Gesetzgebungsverfahren als primär politischem Entscheidungsverfahren gewinnt der Zeitfaktor allerdings häufig eine übermächtige Rolle – nicht selten zu Lasten der inhaltlichen und formalen Qualität. Eine solche Beschleunigung mag aus objektiven Gründen erforderlich sein (wie z.B. offensichtlich beim Einigungsvertrag und zuweilen bei knappen Fristsetzungen zur Umsetzung europäischen Rechts), sie mag aus der Verschleppung vorauslaufender Verfahrensstadien herrühren, sie mag schließlich aber auch nur taktisch bedingt sein (schnelle Themenbesetzung zulasten des politischen Gegners, zuweilen das Interesse einer Regierung, sich zulasten des Parlaments als eigentlich aktive politische Kraft zu profilieren,

---

[19] Sehr dezidiert hierzu *Zeh,* Fn. 18, 173, 183: „Vom wissenschaftlich-technischen Standpunkt aus suboptimale Entscheidungen können von der Mehrheit bevorzugt und deshalb politisch richtig sein." Zur Vernachlässigung der Rolle (partei- und sach-)politischer Kompromisse für den Gesetzgebungsprozess und das Gesetz als Endprodukt des Verfahrens in der Lit. *Schulze-Fielitz,* Theorie und Praxis, Fn. 4, S. 404 ff.

[20] Siehe auch *Schulze-Fielitz,* Gesetzgebungslehre als Soziologie der Gesetzgebung, ZG 2000, 295, 299: „Der Gesetzgeber arbeitet und entscheidet regelmäßig unter Zeitdruck nach politisch und/oder finanziellen Knappheitskriterien, die in der sozialwissenschaftlichen Forschung regelmäßig nur ceteris paribus gesetzt werden. Die Rationalitätsstandards ‚des' Gesetzgebers werden gemeinhin überschätzt."

ferner das Interesse, Vertreter von Gegenkonzepten aus dem Gesetzgebungsprozess zu drängen – z.B. durch Beschleunigung des Abstimmungsverfahrens innerhalb der Ministerien oder durch Verkürzung oder Umgehung von Anhörungsverfahren –, schließlich das Bemühen, durch Beschleunigung des Gesetzgebungsverfahrens die Überprüfungsmöglichkeiten zu verkürzen oder durch Verlangsamung eine Verminderung öffentlicher Aufmerksamkeit zu erreichen). Festzuhalten ist, dass es eine stattliche Anzahl guter wie weniger guter politischer Gründe gibt, Gesetzgebungsverfahren zu beschleunigen – und sei es zulasten der Qualität[21].

Mancher Qualitätsverlust von Gesetzen ist dem Faktor Geld geschuldet, sei es, dass die unter sachlich-fachlichen Gesichtspunkten optimale Lösung nicht zu finanzieren ist, sei es, dass erforderliche Untersuchungen im Vorfeld des Gesetzgebungsverfahrens (etwa im Rahmen einer Gesetzesfolgenabschätzung) als zu aufwendig erscheinen.

All diese Gesichtspunkte gehören zum üblichen Instrumentarium politisch bestimmten Denkens und beeinflussen insoweit auch die Sicht der politisch Handelnden darüber, ob ein Gesetzgebungsprojekt „gut gelaufen" ist (auch wenn sich nicht selten diese Einschätzung im Nachhinein als voreilig herausstellt, weil im Vollzug des Gesetzes offenbar wird, dass durch sachwidrige, missverständliche oder schlicht überflüssige Regelungen in der Praxis mehr Schaden als Nutzen gestiftet worden ist).

Man nützt dem Anliegen, zu legistisch einwandfreien und sachlich-fachlich besseren Gesetzen mit stärkerer demokratischer Legitimation zu gelangen, aber nicht dadurch, diese Gesichtspunkte politischen Zweckmäßigkeitsdenkens gedanklich auszublenden, ebenso wenig führt es weiter, die Legitimation politischen Konsensstrebens – auch mit der Folge einer nur „second best"-Lösung – und politischen-taktischen Zweckdenkens im Gesetzgebungsprozess grundsätzlich in Frage zu stellen. Sie müssen vielmehr bei der Suche nach Instrumenten auf dem Wege zu besserer Gesetzgebung in Rechnung gestellt werden.

---

[21] *Zeh,* Fn. 18, 173, 183: „Nicht zu bestreiten ist freilich, dass gelegentlich die Schnelligkeit einer Entscheidung fast allein darüber bestimmt, ob Sie richtig war; Entscheidungen, die überhaupt fallen, sind sog. Nicht-Entscheidungen häufig vorzuziehen."

IV. Handlungsziel: Unterstützung des politischen Willensbildungsprozesses im Sinne möglichst großer Rationalität der Gesetze und des Verfahrens ihrer Entstehung

Dass Gesetzgebung immer auch der Legitimation aus Rationalität bedürfe[22], wird sich nur im Sinne eines Mindeststandards bereits als Verfassungsrechtssatz darstellen lassen. Nicht jedes „vermurkste“ Gesetz ist verfassungswidrig. Allerdings ist die Forderung nach Legitimation aus Rationalität auch über den von der Verfassung gesetzten Mindeststandard hinaus rechtspolitisch richtig. Gute Gesetze fördern die Bildung einer gerechten Sozialordnung; schlechte Gesetze verfehlen ihr Ziel, verursachen überflüssige Kosten und erschweren die Rechtsanwendung[23].

Stellt man in Rechnung, dass derart verstandene Regeln guter Gesetzgebung nur Hilfsmittel der politischen Willensbildung sein können, so ist auch der Weg gewiesen: Es kann in der Tendenz weder darum gehen, die politischen Akteure in dem Prozess ihrer Willensbildung durch weitere Verfahrensbindungen festzuschmieden, noch kann es darum gehen, die politische Willensbildung der Parlamente – etwa durch justiziable Begründungserfordernisse für den Gesetzesbeschluss – wesentlich über das vorhandene Maß hinaus der Überprüfung durch die Gerichte zu unterziehen. Es geht vielmehr – unter Achtung der Eigengesetzlichkeiten der politischen Mehrheitsfindung – darum, die Prinzipien des „guten“ und des „erfolgreichen“ Gesetzes miteinander zu versöhnen[24]. Das vorhandene Instrumentarium der Gesetzgebungslehre und der verfahrenstechnischen und institutionellen Angebote sind so zu vervollkommnen, dass über den gesamten Verlauf der Gesetzesentstehung hinweg

- die mit dem Gesetzentwurf angesprochenen Sachanliegen und ihr sozialer Hintergrund, die mit ihm verbundenen Gemeinwohlaspekte und die rechtlichen und gesetzestechnischen Aspekte stets sichtbar gehalten und geltend gemacht werden,
- den in ihren Erkenntnismöglichkeiten durch Zeitmangel und mangelnde Fachspezialisierung tendenziell gegenüber der Ministerialbürokratie benachteiligten Abgeordneten die Hilfestellung zu gewähren, die sie zu einer reflektierten Entscheidung über den

---

[22] *Karpen,* Fn. 18, ZG 1986, 1, 26.

[23] *Karpen,* Parlamentarische Kontrolle als Gegenstand der Gesetzgebungslehre – die europäische Perspektive, in: Karpen (Hrsg.), Zum gegenwärtigen Stand der Gesetzgebungslehre in der Bundesrepublik Deutschland, 1998, 147, 148.

[24] *Schulze-Fielitz,* Theorie und Praxis, Fn. 4, S. 31.

Gesetzentwurf befähigen und sie notfalls in den Stand setzen, abweichende Gestaltungsvorstellungen sach- und fachgerecht zu artikulieren.

Ist dieses Instrumentarium hinreichend attraktiv und für die politischen Entscheider leicht zugänglich, so ist die Hoffnung berechtigt, dass von ihm auch Gebrauch gemacht wird.

In den folgenden Darlegungen soll versucht werden, die hierfür diskutierten Instrumentarien zu schildern und – im Lichte der Erfahrungen, die aus der Praxis der Ministerialverwaltung und eines Gesetzgebungshilfsdienstes auf Landesebene zu gewinnen sind, zu bewerten.

2. Abschnitt
Qualitätssicherung durch Qualitätsanforderungen („Standards") und Verfahrensvorgaben für die Gesetzgebung

I. Vorhandene Standards für die Gesetzgebung und ihre Bedeutung

1. Einleitung

Die Klage über eine (angeblich) rapide anwachsende „Normenflut" beherrscht nicht nur die Argumentationsmuster interessierter Verbände,[25] sie wird auch in der juristischen Fachliteratur immer wieder einmal artikuliert;[26] sie erfasst die Menge, aber auch die Qualität der fortlaufend erzeugten Rechtsvorschriften. Der Leidensdruck hat zur Entwicklung von zwei unterschiedlichen Grundansätzen zur Lösung des Problems geführt.

Der erste, auf den *Inhalt* konkreter Rechtsvorschriften bezogene Ansatz ist aus der praktischen Arbeit in der Normprüfung entstanden. Dort sind Kataloge von Prüffragen entwickelt worden, die die Prüfung schon ausgearbeiteter Regelungsentwürfe strukturieren, zugleich aber wohl auch die Verfasser von solchen Entwürfen zur Selbstdisziplin anhalten sollen. Diese Prüfkataloge zielen auf eine präzisere Erforschung der Wechselbeziehungen zwischen der sozialen Realität, die Gegenstand einer Normsetzung sein soll, dem vorgefundenen Normbereich und den Inhalten neuer (noch zu schaf-

---

[25] Die Frage an einen so „Argumentierenden", welche Vorschriften aus seiner Sicht denn nun gestrichen werden sollen, kann zu surrealen Beispielen (etwa die angebliche gesetzliche Vorschrift, in welchen Abständen in Kindertagesstätten die Kleiderhaken anzubringen seien) oder zu offenkundig interessengesteuerten, aber kaum konsensfähigen Vorschlägen führen. In einem kürzlich veröffentlichen Interview spricht sich der Vertreter eines Industrieverbandes ganz schlicht dafür aus, „25%" aller Vorschriften zu streichen.

[26] *Stern,* StR Band 2, 1980, § 37 IV; typisch vor allem *Groll,* Zu der Flut der Gesetze, Düsseldorf 1985; auch *Karpen,* Fn. 18, ZG 1986, S. 5 ff. – Zu Recht kritisch zu dieser bildhaften, aber tendenziell irreführenden Vorstellung *Grimm,* Habermas-Festschrift, 2001, S. 489, 494 f.; *Schuppert,* Gute Gesetzgebung, Fn. 10, S. 5 ff. m. w. N. und *Schulze-Fielitz,* Theorie und Praxis, Fn. 4, S. 570.

fender oder zu überprüfender) Normen.[27] Mit diesen Überlegungen hat sich die Gesetzgebungslehre näher befasst,[28] und ein wesentliches Teilthema dieses Ansatzes ist die Methodik der Gesetzesfolgenabschätzung geworden.

Der zweite Ansatz geht eher von einer Schwachstellenanalyse des Normentstehungs*prozesses* aus[29] und sucht eine Optimierung der Gesetzgebung durch Verbesserung der Entstehungsbedingungen zu erreichen, wobei dieses Ziel je nach der rechtlichen Grundannahme eher durch Verfassungsauslegung oder eher durch rechtspolitische Forderungen verfolgt wird. Dieser Ansatz fragt nach den (verfassungsrechtlichen oder in anderer Weise begründeten) Mindestanforderungen an ein ordnungsgemäßes Gesetzgebungsverfahren. Ein wesentlicher Aspekt dieses Ansatzes ist die Frage, wie die Chancen verbessert werden können, dass im Normsetzungsverfahren – mit seinen dargelegten Eigentümlichkeiten eines politisch gesteuerten Prozesses – die Gedanken der Normprüfung einschließlich der Folgenabschätzung Raum gewinnen können; damit ist die Frage nach der Institutionalisierung der Normprüfung angesprochen.

Beide Ansätze gelangen zu einander ergänzenden oder sogar überschneidenden Folgerungen. Spätestens die Überlegungen zur Gesetzesfolgenabschätzung haben gezeigt, dass dafür realistische „Implementationschancen" nur bestehen, wenn diese „institutionalisiert" wird, wenn also zugleich Verfahrensanforderungen entwickelt werden, die gewährleisten, dass die Frage nach der Durchführung einer konkreten Gesetzesfolgenabschätzung im Normsetzungsverfahren zumindest gestellt wird. Zu ähnlichen Überlegungen gelangt man aber auch, wenn es darum geht, wie einzelne Verfahrensstationen im Normsetzungsverfahren (Anhörung, Begründung) so effektiv ausgestaltet werden können, dass davon mit hoher Wahrscheinlichkeit eine Qualitätsverbesserung für die Rechtsvorschrift ausgeht; dabei spielen nicht nur die Normprüfungskataloge eine Rolle, sondern auch die Qualität der Zuarbeiten zum Normsetzungsprozess.

---

[27] Dazu näher *Karpen,* Fn. 18, ZG 1986, S. 6ff.

[28] Beginnend etwa mit dem Anfang der 70er Jahre des vorigen Jahrhunderts; vgl. *Noll,* Gesetzgebungslehre, 1973, und den Überblick bei *Karpen,* Fn. 18, ZG 1986, S. 5ff.

[29] Siehe die grundlegende empirische Untersuchung der Gesetzgebungstätigkeit der 9. Wahlperiode des Deutschen Bundestages von *Schulze-Fielitz*, Theorie und Praxis, Fn. 4; seine Überlegungen sind eher von der Zweckmäßigkeit als von Verfassungsrechtssätzen geprägt. Ansonsten geht die Rechtswissenschaft in diesem Bereich deduktiv vor, wenngleich am Ausgangspunkt meist konkrete Falllösungen gestanden haben dürften.

2. *Zur Normprüfung*

Auf Bundesebene wie auch z.B. in Niedersachsen sind von der Exekutive Normprüfungsstellen eingerichtet worden, die die ressortintern entstandenen Entwürfe anhand der bereits eingangs angesprochenen Kataloge mit Prüffragen kritisch durchsehen.[30] Ein wesentlicher Teil des durch die Normsetzung ausgelösten Leidensdrucks – in der Gesetzgebungslehre, aber auch auf Seiten der Regelungsbetroffenen – hat sich in diesen Prüffragen niedergeschlagen, wie schon daran zu erkennen ist, welchen Umfang darin die Fragestellungen nach der Erforderlichkeit einer Regulierung einnehmen. Zumindest die ersten sechs von zehn Hauptfragen aus dem Katalog der sog. „blauen Prüffragen" des Bundes widmen sich ausdrücklich diesem Kernpunkt:

1. *Muss überhaupt etwas geschehen?*
2. *Welche Alternativen gibt es?*
3. *Muss der Bund handeln?*
4. *Muss ein Gesetz gemacht werden?*
5. *Muss jetzt gehandelt werden?*
6. *Ist der Regelungsumfang erforderlich?*
7. *Kann die Geltungsdauer beschränkt werden?*
8. *Ist die Regelung bürgernah und verständlich?*
9. *Ist die Regelung praktikabel?*
10. *Stehen Kosten und Nutzen in einem angemessenen Verhältnis?*[31]

Die Normprüfung hat zweifelsfrei ihren Wert, auch wenn das BMJ selbst dem Hinweis auf diese Prüffragen eine resignierend klingende Anmerkung beigefügt hat,[32] die unmittelbar zum Kern des

---

[30] Auf Bundesebene betreibt das BMJ die Rechtsprüfung (s. zur Entwicklung dieser Prüfung die Rn. 1 ff. im „Handbuch der Rechtsförmlichkeit" des BMJ, 2. Aufl. 1999). Der Sachverständigenrat „Schlanker Staat" hatte vorgeschlagen, die Normprüfungsstelle beim Bundeskanzleramt einzurichten (Wiss. Dienst BT, WF III – 52/97, S. 8). Die „blauen Prüffragen" des Bundes vom 11. 12. 1984 sind abgedruckt im genannten Handbuch im Anhang 3 (zu Rn. 37) sowie in GMBl. 1990, 449 ff.; die noch älteren niedersächsischen „gelben Prüffragen" (von 1981) sind veröffentlicht in der Beilage zum Nds. MBl. Nr. 10/1987 vom 19. 3. 1987. Wie in Rn. 37 des Handbuchs angedeutet, werden die Prüffragen nicht mehr überarbeitet, lt. *Zypries/Peters,* (ZG 2000, 316, 324 f. m. w. N.) deshalb, weil sie keine praktische Bedeutung erlangt haben. Allgemein zum Nutzen der Rechtsförmlichkeitsfibeln *Roellecke,* NJW 2000, 1001 f. und *Schulze-Fielitz,* ZG 2003, 295.

[31] Auf den Abdruck der jeweiligen Teilfragen (insgesamt 47) wird hier, soweit sie nicht im Folgenden exemplarisch angesprochen werden, aus Platzgründen verzichtet.

[32] Am Ende der zitierten Randnummer 37 heißt es, es werde „zunehmend in Frage gestellt", ob die Prüffragen ihren Zweck erfüllen könnten, weil z. B. „unverrückbare politische Vorgaben eine strenge Notwendigkeitsprüfung verhindern". Deshalb seien

Problems führt. Die meisten Prüffragen betreffen nämlich grundsätzliche Weichenstellungen bei der Auswahl des Regelungskonzepts. Die politischen Entscheidungen über derlei „Eckpunkte" sind aber meist bereits gefallen, wenn die Normprüfungsstelle den Regelungsentwurf erstmals vorgelegt bekommt.

Es wäre aber auch deshalb realitätsfern anzunehmen, dass im Normsetzungsverfahren jede einzelne Vorschrift anhand dieses Fragenkatalogs und der 47 Unterfragen „durchleuchtet" werden könnte; weil dazu in aller Regel nicht die nötige Bearbeitungszeit eingeräumt werden dürfte. Als Erkenntnishilfe haben die Prüffragen gleichwohl ihren Wert, allerdings nicht im Sinne einer „Wegweisung", sondern eher im Sinne der Ausleuchtung von Spannungsverhältnissen zwischen konträren Zielen, was hier an einigen Fragestellungen exemplarisch gezeigt werden soll.

So richtig es beispielsweise ist, die Frage nach der *Erforderlichkeit einer Regelung* zu stellen, so vergeblich ist die damit offenbar verbundene Hoffnung, einen Damm zur Abwehr der vielbeklagten Normenflut[33] errichten zu können. Die Praxis zeigt vielmehr, dass sich der Beweis, dass eine bereits entwickelte Regelungsformulierung tatsächlich vollkommen entbehrlich ist, nur schwer führen lässt, z.B. weil aus rechtlicher Sicht unnötige Bestimmungen sehr wohl einen politisch vernünftigen Sinn haben können. Eine ermessenslenkende Regelung z.B. bedarf selbstverständlich des Gesetzesranges nicht, gleichwohl kann es sowohl für die Verwaltung wie auch für das Parlament wichtig sein, eine solche Aussage eben nicht in Verwaltungsvorschriften unterzubringen. Auch können als „Gesetzeslyrik" verspottete Scheinregelungen für die Parlamentarier ein wichtiges Ausdrucksmittel sein, um sich von politischem Druck zu entlasten, z.B. im Bereich der Bekämpfung medialer Unsitten.[34] Der Nutzen der Normprüfung kann dann nur sein, diese zwischen der rechtlichen und der politischen Betrachtungsweise bestehenden Bewertungsunterschiede bewusst zu machen und ggf. auf die Klarstellung des Regelungscharakters hinzuwirken.[35]

„auch die Erwartungen an eine Überarbeitung der Blauen Prüffragen gering". Lt. *Zypries/Peters,* (oben, Fn. 30) ist die Überarbeitung gescheitert.

[33] Nachweise siehe oben Fn. 26.

[34] Dazu gehören etwa kaum vollziehbare Vorschriften zum Schutz der Menschenwürde, die als Schutzwall gegen sexistische und gewaltbetonte Darstellungen gedacht sind (jetzt in § 14 Abs. 3 NMedienG, Nds. GVBl. 2003, S. 423).

[35] Darauf beruhen zum Beispiel eine Reihe niedersächsischer Appellnormen, etwa § 4 Abs. 9 des Gesetzes über die Bildung des Zweckverbandes „Großraum Braunschweig", neuerdings § 54 Abs. 7 NSchulG und § 40 Abs. 4 NMedienG. Der Versuch, solche Gedanken in begleitend zum Gesetzesbeschluss anzunehmende Entschließungen zu verweisen, ist nicht aussichtsreich, zumal rechtlich derartige gesetzliche „Regelungen" ja „keinen Schaden anrichten".

Ein wichtiges Anliegen der Normprüfung ist die *Pflege der Gesetzessprache*; dabei besteht vielfach durchaus ein Zusammenhang zwischen ästhetischen und rechtlichen Belangen. Die Forderung nach einer einfachen und verständlichen Gesetzessprache findet im Allgemeinen ja durchaus breite Zustimmung;[36] dem Bestreben nach Verständlichkeit sind aber selbstverständlich Grenzen gesetzt, wenn man die unterschiedlichen Normbereiche berücksichtigt, auf die der Gesetzgeber eingehen muss. Die Benutzung des Waldes durch Dritte lässt sich sicherlich anschaulicher regeln als der Einbau der Umweltverträglichkeitsprüfung in schon geregelte – oder wegen dieses europarechtlich eingeführten Prüfungserfordernisses u. U. neu zu schaffende – Genehmigungsverfahren. Allerdings können (und sollten) auch komplizierte Regelungen unter dem Aspekt der Verständlichkeit nach Möglichkeit verbessert werden.

Dass Gesetze im Allgemeinen verständlicher als Verordnungen sind, liegt nicht zuletzt daran, dass Versuche zur Vereinfachung von Normtexten und zu deren besserer Verständlichkeit grundsätzlich auf Sympathie im parlamentarischen Verfahren rechnen dürfen, auch deshalb, weil es dabei um redaktionelle Arbeit geht, die die politisch interessante Entscheidungsebene weitgehend unberührt lässt. Dabei bewähren sich Grundsätze, die in der Literatur zur Vereinfachung komplexer Texte erarbeitet worden sind und auch schon in die Gesetzgebungslehre Eingang gefunden haben.[37] Es zeigt sich, dass Vereinfachungen von Satzkonstruktionen auch für die rechtsstaatliche Bestimmtheit Einiges leisten können. Der Leitgedanke, dass eine jede Regelung einen eigenen Satz verdient, gewährleistet nicht nur einen transparenteren Regelungsaufbau. Die Erfahrung zeigt auch, dass das Zerlegen von Schachtelsätzen und das Ausformulieren von Präpositionalwendungen („unter Vorlage von“, „bei Fehlverhalten“) öfters zu offenen Auslegungsfragen führen, die sich in den komplizierteren Fassungen besser verbergen ließen.

Aus denselben Gründen lohnen auch Versuche, Fremdwörter (Latinismen, Gräzismen, Anglizismen) in Anlehnung an ein Goethewort „in unser geliebtes Deutsch zu übertragen“,[38] wenngleich dies oft in Auseinandersetzungen mit den „Fachbruderschaften“ führt, die darauf beharren, ihre speziellen und angeblich einheitlich verstandenen Begriffe im Normtext wiederzufinden, weil sie be-

---

[36] Zu den einzelnen Aspekten vgl. den Tagungsbericht von *Stolzlechner,* DÖV 1983, S. 25 ff. (Symposion 1982 in Salzburg). Zur aufwändigen (und deshalb weniger praktikablen) Einschaltung der Gesellschaft für deutsche Sprache vgl. Rn. 38 des Handbuchs des BMJ (a. a. O.).

[37] *Schulz von Thun,* Effektivität und Trainierbarkeit von Verständlichkeit ..., 1973. *Karpen,* DVBl. 1992, S. 1525 (Tagungsbericht vom Symposion in Bayreuth).

[38] Faust I, dritte Szene, am Ende des Faust-Monologs in seinem Studierzimmer.

fürchten, sonst auf Fachebene nicht ernst genommen zu werden. Dass Gesetze als allgemein verbindliche Regelungen eben auch außerhalb der Fachkreise verständlich sein sollen und dass die Verwendung von weniger „technischen“ Begriffen mitunter erst den Raum für sachlich notwendige Auslegung oder gar für die wegen der Gleichbehandlung notwendige Schließung von Lücken schafft,[39] ist da schwer zu vermitteln. Eine wichtige Hilfe kann es sein, unter Zuhilfenahme der elektronischen Suchsysteme den Hinweis geben zu können, dass ein bestimmter Terminus bisher der Rechtssprache fremd ist. Allerdings kann man sich da des Eindrucks nicht erwehren, dass auf der insoweit früher vorbildlichen Ebene des Bundesrechts, vor allem im Verordnungsbereich, die Dämme nicht mehr recht zu halten scheinen, weshalb nun auch auf Landesebene Bezeichnungen wie „Standards“, „Evaluation“, „Budgetierung“ u.ä. vermehrt um Einlass in die Rechtssprache bitten.

Die Arbeit an diesen Begriffen lohnt sich aber auch unter dem Bestimmtheitsaspekt. Die Fremdworte bringen mitunter nämlich durchaus gewollte Unschärfen in die Regelungen hinein, die beispielsweise im mühsamen Abstimmungsverfahren zwischen widerstreitenden Ressortinteressen als „Kolumbusei“ gefunden worden sind, aber dennoch mit Aussicht auf Erfolg „hinterfragt“ werden können – und müssen.[40] Ganz allgemein kann man feststellen, dass die redaktionelle Arbeit oft den Zugang zu ungelösten Sachfragen eröffnet und oft auch den Blick auf unterschiedliche Entwicklungsstufen einer Regelung freilegt; sie gehört daher zum nicht hoch genug einzuschätzenden Rüstzeug der Normprüfung. Sie deckt gleichsam im Vorbeigehen auch die schlichten Fehler auf, die einer über mehrere Stationen hinweg immer wieder überarbeiteten Regelung nahezu unausweichlich anhaften, weil das Verfahren oft die vollständige systematische Einpassung der gefundenen Änderungen nicht mehr zulässt.

Ein lehrreicher Zielkonflikt zwischen Verständlichkeit, Kürze und Präzision einer Vorschrift tritt bei der Ausgestaltung von *Verweisungen* auf. Es ist meist eine Frage der Zweckmäßigkeit, ob man sich bei gleichen Regelungselementen statt für eine Langfassung für eine

---

[39] In den Entwurf einer berufsrechtlichen Regelung für Hebammen war eine Anzeigepflicht für den „intrauterinen Fruchttod“ hineingeraten. Diese sprachlich recht unschöne Begrifflichkeit war auch noch allzu eng geraten, sie hätte nämlich eine Anzeigepflicht für die praktisch wichtigsten Fälle des Todes „unter der Geburt“ gar nicht erfasst.

[40] So hatten zwei Ministerien ihren Streit darüber, ob die Frauenbeauftragte ein Antragsrecht haben oder lediglich auf Anregungen beschränkt sein sollte, mit dem schillernden Begriff „initiieren“ beigelegt. Im Rahmen der Beratung des § 5a Abs. 4 Satz 3 der Niedersächsischen Gemeindeordnung wurde diese Fragestellung im Sinne des Anregens geklärt (abweichend von § 20 Abs. 3 des Niedersächsischen Gleichberechtigungsgesetzes bezüglich der Frauenbeauftragten in Landesbehörden).

Bezugnahme entscheidet, um Wiederholungen und ggf. Widersprüche innerhalb des Gesetzes zu vermeiden, und inwieweit man das damit notwendigerweise verbundene Verständlichkeitsproblem durch eine vermittelnde Lösung (vielleicht im Sinne einer „sprechenden" Verweisung) angemessen bewältigt. Verweisungen erfordern aber noch aus anderen Gründen besondere Aufmerksamkeit.[41] Nicht nur Nichtjuristen stehen bei Normen mit Verweisungen in der Gefahr, von der Kürze und Unanschaulichkeit der Norm auf deren mindere Bedeutung zu schließen. Tatsächlich lassen sich durch Verweisungen genauso weit reichende Effekte erzielen wie durch ausdrückliche Regelungen. Manche Verweisung suggeriert, dass lediglich ein an anderer Stelle festgelegtes Regelungsmodell übertragen werde, verdeckt dabei aber, dass die Interessenlagen insoweit durchaus voneinander abweichen können, sodass sich diese Übertragung im Sinne der entsprechenden Anwendung anderer Vorschriften keineswegs von selbst versteht. Dies eröffnet demjenigen, der diesen Mechanismus durchschaut, taktische Möglichkeiten, das Beratungsverfahren an dieser Stelle „kurz zu halten". Dies aufzudecken wäre Aufgabe einer qualifizierten Zuarbeit.

Einen großen praktischen Wert hat die Normprüfung, wenn sie die *Vollzugstauglichkeit* des Gesetzentwurfs reflektiert und möglichst – aufgrund verwaltungspraktischer Erfahrungen in der Normprüfungsstelle – auch Vereinfachungs- und Verbesserungsvorschläge entwickeln kann. Solche Erfahrungen fließen in den Ursprungsentwurf meist durchaus ein; im Verlauf der Abstimmungsvorgänge kann aber die Tauglichkeit der Regelung unter diesem Gesichtspunkt leiden und insoweit ein Überdenken nötig machen. Ein dankbares Feld für ergänzende Überlegungen ist nicht zuletzt die abschließende Prüfung, ob für die Umsetzung des Gesetzentwurfs ein ausreichender zeitlicher Vorlauf einkalkuliert ist und ob die Übergangszeit zum neuen Recht Probleme aufwirft, die (weitere) Übergangsvorschriften als sinnvoll erscheinen lassen.

Schließlich kann jedes Normsetzungsvorhaben auch dadurch optimiert werden, dass der damit „angefasste" Normenbereich auf Deregulierungs- und Vereinfachungsmöglichkeiten durchgesehen wird („*Rechtsbereinigung*"). Allerdings werden solche Möglichkeiten oft allzu positiv beurteilt. Der Nutzen derartiger Überlegungen erschließt sich nur im Einzelfall. So kann auch eine Regulierung durchaus eine Verwaltungsvereinfachung einschließen, während umgekehrt erst allmählich ins Bewusstsein tritt, dass etwa die (Teil-)

---

[41] Verweisungen auf Regelungswerke anderer Gesetzgeber oder gar auf berufsständische Regelwerke und fachliche „Standards" sind ja schon materiellrechtlich – im Hinblick auf den Vorbehalt des Gesetzes – bedenklich.

Privatisierung bisher öffentlicher Aufgaben gerade eine wesentliche Ursache für den wachsenden Normenbedarf bildet.[42] Die Rechtsbereinigung im Sinne einer Suche nach aufhebbaren Normen ist nicht per se verfehlt, steht aber meist doch nicht im rechten Verhältnis zum praktischen Nutzen, denn die – im Wege einer ressortübergreifenden „Sammelaktion" entstehenden – Rechtsbereinigungsgesetze heben meist nur solche Vorschriften auf, die ohnehin kaum mehr angewendet werden. Dies kann, wenn man die Gestaltungskräfte in einem solchen Verfahren realistisch einschätzt, auch nicht überraschen. Praktischen und nicht nur statistischen Nutzen würde die Rechtsbereinigung nur entfalten, wenn einzelne Normbereiche gründlich untersucht würden; dies geschieht aber ohne äußeren („politischen") Druck regelmäßig nicht. Hier könnte ein qualifizierter Hilfsdienst, der auch die Rechtsentwicklung aufmerksam verfolgt, wertvolle Anregungen geben.

II. Grundsatzregelung über die Qualitätsanforderungen an die Gesetzgebung?

Die Prüffragen eignen sich nicht dafür, zur Grundlage einer grundsätzlichen Regelung gemacht zu werden. Sie haben ihren unbestreitbaren Wert, denn sie helfen, Fehler[43] und berechtigte Fragen zu entdecken, sie können sicherlich auch fortentwickelt werden[44], aber sie können im einzelnen Fall die – mühselige – Arbeit am Detail nicht ersetzen.[45] Sinnvoll sind lediglich unverbindliche Standards („Checklisten").[46]

---

[42] *Grimm*, Habermas-Festschrift, 2001, S. 489, 495.

[43] Die Vorstellung, dass ein von einem komplexen Bürokratiegebilde in seiner Gesamtheit verantworteter Gesetzentwurf eine gewisse Vollendung erfahren haben müsse, ist leider eher praxisfern. Im Gegenteil lässt sich eher die Faustregel aufstellen, dass mit der Zahl der beteiligten Stellen und der Abstimmungsvorgänge die Unstimmigkeiten und Fehler zunehmen; nicht zuletzt deshalb, weil der Abschluss des Verfahrens oft unter Zeitdruck gerät und die Verfahrensgestaltung eine widerspruchsfreie Gesamtlösung dann kaum noch zulässt, weil sie u. U. erneute Abstimmungserfordernisse aufwerfen würde.

[44] Siehe die Kriterien bei *Schuppert*, Gute Gesetzgebung, Fn. 10, S. 70.

[45] Dies lassen die Prüffragen des Bundes in ihren offeneren Formulierungen deutlicher erkennen als etwa die niedersächsischen „gelben Prüffragen". So fragt etwa deren Nr. 2.7, ob entbehrliche Verweisungen vermieden sind; sie scheint also grundsätzlich Versuche nach anderen Lösungen nahe zu legen, lässt aber den hier bestehenden typischen Zielkonflikt zwischen Verständlichkeit und Präzision der Bestimmung nicht recht deutlich werden.

[46] *Schuppert*, Gute Gesetzgebung, Fn. 10, S. 70. Die von ihm angegebenen neuen Prüfschritten und Prüfschemata (S. 31 ff.) betreffen allerdings wesentlich den konzep-

III. Qualitätsverbesserung durch „Gesetzgebungsverfahrensrecht"?

1. Einleitung

Der prozessuale Ansatz setzt demgegenüber auf die Erfahrung, dass ein strukturiertes Verfahren auch die Chancen für die Normqualität erhöht.[47] Der dem Gesetzgeber zukommende erhebliche materiell-rechtliche Gestaltungsspielraum, der – wie schon gezeigt – durch inhaltsbezogene Zielvorgaben zur Normprüfung kaum effektiv beeinflusst werden kann, soll durch rechtliche Anforderungen an das Verfahren ausgeglichen werden. Dieser vor allem von *Schwerdtfeger*[48] vertretene Gedanke wird mit dem rechtspolitischen Motiv verknüpft, parallel zur Verstärkung der Verfahrenskontrolle die materiellrechtliche Kontrolle abzubauen.[49] Bereichspezifische Ansätze hierfür finden sich aber auch in der Rechtsprechung des Bundesverfassungsgerichts zu einzelnen Grundrechten.[50]

2. Ansätze zur Schaffung eines Gesetzgebungsverfahrensrechts

Nicht zweifelhaft ist zunächst, dass jedenfalls die spezifischen Verfassungsvorschriften zum Gesetzgebungsverfahren, also vor allem die Artikel 76 bis 78 GG, recht wenig für ein Gesetzgebungsverfahrensrecht hergeben.[51] Ansätze dafür gibt es gleichwohl aus zwei verschiedenen Richtungen. Zum einen ist in der Literatur versucht worden, aus vergleichsweise allgemein gehaltenen Verfassungsvorschriften und Verfassungsprinzipien gesteigerte allgemeine

---

tionellen (Entstehungs-)Prozess der Normgebung und sind dabei deutlich von der bundesrechtlichen Perspektive (im Wirtschafts- und Umweltrecht) geprägt.

[47] Nicht zu bestreiten ist jedenfalls, dass ein zweckmäßiges Verfahren eine wichtige Bedingung für ein brauchbares Verfahrensergebnis darstellt; vgl. *Schulze-Fielitz*, NVwZ 1983, 709, 711.

[48] *Schwerdtfeger*, Festschrift H.P. Ipsen, 1977, S. 173, ihm folgend *Mengel*, ZRP 1984, 153, 159f. und *Lücke*, ZG 2001, 1, 47f.

[49] *Schwerdtfeger*, Fn. 48, S. 188; weitergehend *Mengel*, Gesetzgebung und Verfahren, 1997, 376ff.

[50] Zum Überblick zur Rspr. des BVerfG vgl. *Mengel*, Fn. 49, S. 341ff. und sogleich unten 2.

[51] *Gusy*, ZRP 1985, 291f. Die wesentliche normative Stütze hierfür bildet Art. 78 GG, der das (parlamentarische) Zustandekommen von Gesetzen in verfahrensrechtlicher Hinsicht offenbar abschließend regelt (im Sinne der Ausfertigungsreife); vgl. *Lücke* in: Sachs, 2. Aufl., Rn. 3 zu Art. 82 GG (m.w.N.), der die Wendung des Art. 82 GG nur auf die Vorschriften bezieht, die ausdrücklich vom „Zustandekommen" von Gesetzen sprechen.

Mindestanforderungen an ein Gesetzgebungsverfahren „zu entwickeln".[52] Aber auch die Rechtsprechung des Bundesverfassungsgerichts zu einzelnen Grundrechten hat wiederholt, allerdings nur bereichsspezifisch, Verfahrensanforderungen aufgestellt,[53] die es aus dem Übermaßverbot und dem Willkürverbot abgeleitet hat.[54] Eine solche Verfahrensprüfung ist folgerichtig, wenn Einschätzungsprärogativen des Gesetzgebers bejaht werden und deshalb der maßgebliche Zeitpunkt für die Überprüfung auf den Gesetzesbeschluss rückbezogen wird; sie hat aber in der Rechtsprechung bisher – soweit ersichtlich – keine selbständige rechtliche Bedeutung erlangt.

Im Schrifttum werden hierzu zwei Hauptauffassungen vertreten:[55]

– Das Grundgesetz selbst enthalte in allgemeinen Grundsatzvorschriften (insbes. im Rechtsstaats- und im Demokratieprinzip) latent eine Reihe von allgemeinen, auch den Gesetzgeber verpflichtenden formellen und materiellen Mindestanforderungen an eine ordnungsgemäße Gesetzgebung.[56]
– Das Grundgesetz enthalte lediglich Minimalanforderungen an die Gesetzgebung, aber kein allgemeines Gesetzgebungsverfahrensrecht. Der Gesetzgeber schulde also grundsätzlich nur das Gesetz. Die aus dem materiellen Verfassungsrecht gewinnbaren Ermittlungs-, Abwägungs-, Prognose-, Beobachtungs- und Nachbesserungspflichten sowie die darauf aufbauenden Überlegungen der

---

[52] Man kann mit Art. 123 Abs. 1 GG und seiner Abstufung zwischen inhaltlichem und formellem Recht argumentieren und darauf einen Umkehrschluss für das nachkonstitutionelle Recht stützen (*Schwerdtfeger,* Fn. 48, S. 186). *Mengel,* Fn. 48, nimmt Bezug auf den Zweck des Staatsziels der Demokratie (S. 160). Die Überlegung, allgemeine rechtsstaatliche Grundsätze auf das Gesetzgebungsverfahren zu übertragen (S. 160), ist rechtspolitisch zwar plausibel (Erst-recht-Schluss bzw. Analogie), verkennt aber doch das Wesen des demokratischen Prozesses im Parlament. Die zutreffende Argumentation gegen idealistische Begründungen der Freistellung des Gesetzgebers von Verfahrensbindungen ergibt noch kein einleuchtendes positives Argument für eine Art „Prozessordnung" zur Gesetzgebung.

[53] Z.B. BVerfGE 39, 1 ff. (zu § 218 StGB a.F.); dazu *Goerlich,* JR 1977, 89 (90 ff.).

[54] Alternativen dazu sind nicht zu erkennen. Entweder müssten die Verfassungsgerichte den Entscheidungsspielraum verneinen und selbst in eine Prüfung und Abwägung eintreten; dies würde die Gerichte aber wohl sachlich wie auch „politisch" überfordern. Oder aber es müssten auch nachlässige Inanspruchnahmen der Prärogative durch den Gesetzgeber toleriert werden, was aber von den Gerichten nicht zu erwarten und diesen – nicht zuletzt im Hinblick auf Art. 1 Abs. 3 GG – nicht zuzumuten sein dürfte.

[55] Eine dritte Ansicht vertritt *Lücke,* Fn. 48, S. 1, 47 f. Er meint, das Grundgesetz enthalte bezüglich der ordnungsgemäßen Gesetzgebung einen Regelungsauftrag, der in Form eines Grundlagengesetzes ausgefüllt werden müsse.

[56] *Schwerdtfeger,* Fn. 48, und *Menge,* (Fn. 48), wohl auch (in abgeschwächter Form und vermittelnd) *Schulze-Fielitz,* Theorie und Praxis, Fn. 4, S. 176, 179 f. und *Bryde,* JZ 1998, 115 ff. (119).

Gesetzgebungslehre hätten keinen selbständigen Verfassungsrang und könnten deshalb nur eine „politische Tugendlehre“ für den demokratischen Gesetzgeber sein.[57] Es sollten aber Checklisten für bestimmte Entscheidungssituationen im Gesetzgebungsverfahren entwickelt werden.[58]

Eine genauere Betrachtung dieses Streitstands würde zeigen, dass sich die Hauptvertreter dieser ansatzverschiedenen Auffassungen im Grunde doch nur graduell darin unterscheiden, worin sie jeweils die unabdingbaren Mindestvoraussetzungen eines Gesetzgebungsverfahrens sehen und inwieweit sie dabei rechtspolitische Forderungen einbeziehen.

So richtig es ist, dass die Verfassung dem politischen Charakter des parlamentarischen Verfahrens durch sparsame Verfahrensregelungen Rechnung trägt,[59] so richtig ist es eben auch, dass die verfassungsgerichtliche Überprüfung von grundrechtsbeschränkenden Gesetzen auf ihre Verhältnismäßigkeit mit einer gewissen Folgerichtigkeit zu Verfahrensanforderungen führt. Auch wenn das Parlament in der Ausgestaltung seiner Entscheidungsvorbereitung verfassungsrechtlich nicht festgelegt ist,[60] so folgt daraus nicht, dass es nicht bereichsspezifische Anforderungen aus einzelnen Grundrechten an die Qualität der Entscheidung geben könnte, und auch nicht, dass die rechtspolitische Frage nach möglichen „Rationalisierungen“ des parlamentarischen Entscheidungsprozesses von vornherein zu verneinen wäre. So richtig der Hinweis auf den politischen Charakter des parlamentarischen Verfahrens ist, so wenig lässt sich bestreiten, dass es, um seine Funktion im repräsentativ-demokratischen Staat zu erfüllen, einer gewissen Struktur bedarf und dass es Ergebnisse nicht nur im politischen, sondern auch – und wohl sogar in erster Linie – im Bereich des Rechts hervorbringt, sodass das Gesetzgebungsverfahren nicht nur ein politisches, sondern nicht zuletzt auch ein rechtliches Verfahren ist.[61] Die Ablehnung jeglicher Verfahrensanforderungen an die Normgebung kann auch nicht „empirisch“ mit der Behauptung begründet werden, weder das Parlament noch seine Mitglieder seien zu einem „optimalen Gesetzgebungsverfahren“ in der Lage[62]

---

57 *Gusy,* Fn. 51, S. 291, 298 m.w.N., *Badura,* ZG 1987, 300, 309f., wohl auch *Karpen,* Fn. 18, ZG 1986, 5, 27.

58 *Meßerschmidt,* Gesetzgebungsermessen, 2000, S. 874ff. – für folgenlose „Obliegenheiten“, ebenso *Schuppert,* Gute Gesetzgebung, Fn. 10, S. 13, 99ff.; ähnlich *Karpen,* Fn. 18, ZG 1986, 5, 29.

59 *Gusy,* Fn. 51, S. 292; *Badura,* Fn. 57, S. 300, 310.

60 *Gusy,* Fn. 51, S. 298.

61 *Schulze-Fielitz,* DÖV 1988, 760.

62 Typisch für das Parlament ist es, dass über die Gewährleistung der Unabhängigkeit der Abgeordneten hinaus keine fachlichen oder rechtlichen Anforderungen an die

und das Gesetzgebungsverfahren sei allein ein Entscheidungsverfahren und ermögliche deshalb gar keine Optimierung.[63] Empirisch einleuchtend wären diese Thesen nur, wenn die Parlamente ihre Optimierungsmöglichkeiten erfolglos ausgeschöpft hätten. Rechtlich überzeugen die Thesen nicht, weil sie nicht zur Bindung des Gesetzgebers an die Grundrechte (Art. 1 Abs. 3 GG) passen.

Ob Überlegungen zum Gesetzgebungsverfahrensrecht allerdings damit begründet werden können, dass sie dem verbreiteten rechtspolitischen Wunsch nach Selbstbeschränkung der Verfassungsrechtsprechung entgegen kommen, erscheint fraglich. Zwar verhilft dieser Ansatz dazu, den Kontrollzeitpunkt auf den Gesetzeserlass vorzuziehen und damit die Einschätzungsprärogative des Parlaments zu respektieren, sodass die zusätzlichen Verfahrensanforderungen mit einer Rücknahme des inhaltlichen Prüfungsmaßstabs einhergehen könnten. Eine echte richterliche Selbstbeschränkung und damit ein Mehr an Rechtssicherheit kann mit der Anerkennung eines eigenständigen Gesetzgebungsverfahrensrechts aber nicht mehr verbunden sein, wenn der Verfahrensverstoß selbständig wirken würde.[64]

Es kann jedenfalls kaum zweifelhaft sein, dass die Entwicklung von weiteren – über das anzuerkennende Minimum *(unten 3.)* hinausgehenden – Verfahrensanforderungen an die Gesetzgebung angesichts des dürren Normbefundes im Verfassungstext und angesichts der Tragweite der Folgen von Verfahrensfehlern für die Rechtssicherheit nur dem (verfassungsändernden) Gesetzgeber obliegen kann.[65]

3. *Rechtliche Minimalanforderungen an Gesetzgebungsverfahren*

Zunächst einmal müssen die aus dem sparsamen Verfassungstext abgeleiteten Minimalanforderungen in den Blick genommen werden,

---

Qualifikation der Mandatsinhaber gestellt werden, sowie, dass das Parlament aufgrund seiner umfassenden Aufgaben und seiner geringen Detailkenntnis Informationsdefizite aufweist (*Gusy*, Fn. 51, S. 297 f.).

[63] So aber *Gusy,* Fn. 51, S. 298. Ähnlich *Roellecke,* HbStR, II, § 53, Rn. 40; skeptisch insoweit auch *Isensee,* HbStR VII, § 162, Rdrn. 68 und 69.

[64] *Schwerdtfeger,* erkennt dies als Problem und möchte es begrenzen, indem er zwischen formellen und materiellen Fehlern des Gesetzes unterscheidet und die Rüge bezüglich der Verfahrensfehler nur innerhalb der Jahresfrist für die Verfassungsbeschwerde zulassen will (Fn. 48, S. 187). Er verallgemeinert damit aber Überlegungen, die sich nur im Grundrechtsbereich anstellen lassen und von der Rspr. des BVerfG auch nur dort oder in ähnlichen Fällen – Art. 28 Abs. 2 GG bei kommunaler Neugliederung – angestellt worden sind (vgl. *Meßerschmidt,* Fn. 58, S. 877 f.). *Mengel,* (Fn. 49, S. 381 f.) will grundsätzlich die Nichtigkeitsfolge eintreten lassen, allerdings nur bei „unabdingbaren“ Verfahrensanforderungen („Grundvoraussetzungen“).

[65] BVerfGE 36, S. 321, 330.

wobei zwischen formellen *(unten a)* und materiellen *(unten b)* Anforderungen an das Gesetzgebungsverfahren unterschieden werden kann,[66] von denen die formellen Anforderungen auf Landesebene kaum einmal praktische Bedeutung erlangen.[67]

a) Da das Entwurfsstadium keiner verfassungsrechtlichen Regelung unterliegt, steht am Beginn des parlamentarischen Verfahrens die ordnungsgemäße Einbringung.[68] Eine allgemeine verfassungsrechtliche Begründungspflicht gibt es für Gesetzentwürfe nicht.[69] Erwägenswert wären allerdings Verfahrensvorkehrungen gegen das zunehmende „Aufpfropfen" von Regelungen auf schon in der Beratung befindliche Entwürfe.[70] Als nicht unwesentliche Elemente der Qualitätssicherung in der ersten Plenarberatung sind das Öffentlichkeitsprinzip (Art. 42 Abs. 1 GG) und das Minderheitenrecht auf Ausschussüberweisung[71] anzusehen, das immerhin ad-hoc-Gesetzesbeschlüsse weitgehend ausschließt. Für die Ausschussberatungen gibt es keine formellen Erfordernisse; für diese sind die materiellen Anforderungen *(unten b)* einschlägig; allerdings könnte das anschließend wiederum für das Plenum geltende (in seinem möglicherweise auch ins Materielle hinreichenden Gehalt aber nicht abschließend geklärte) Öffentlichkeitsprinzip insoweit Vorwirkungen entfalten.[72] Die Verfassungen regeln als abschließende – für Anliegen der Qualitätssicherung aber nachrangige – Gesetzgebungsphasen die Schlussabstimmung mit Mehrheit (Art. 42 Abs. 2 GG) sowie Ausfertigung und Verkündung des Gesetzes (Art. 82 Abs. 1 Satz 1 GG).

---

[66] Zum Folgenden *Schulze-Fielitz,* NVwZ 1983, 709ff, 711.

[67] Auf Bundesebene ist der Regelungszusammenhang ein anderer, weil hier das Zusammenwirken zweier Bundesorgane (Bundestag und Bundesrat) zu regeln ist, was zusätzliche Verfahrensfragen aufwirft (siehe die folgende Fußnote).

[68] Ausführlich dazu *Schürmann,* Grundlagen und Prinzipien des legislatorischen Einleitungsverfahrens nach dem Grundgesetz, Diss. Berlin 1987. Zur Begrenzung des Auftrags des Vermittlungsausschusses unter dem Aspekt der ordnungsgemäßen Einbringung BVerfG DVBl. 2000, 351, und *Bryde,* Fn. 56, S. 115, 117.

[69] *Jarass/Pieroth,* Rn. 3 zu Art. 76 GG m.w.N.; zu dieser Frage und zu Teilausnahmen siehe unten. Ebenfalls dem Einbringungsstadium zuzuordnen wäre das sog. Bepackungsverbot (Art. 110 Abs. 4 Satz 1 GG) mit der interessanten Frage, inwieweit dazu die verbreitete Praxis der Haushaltsbegleitgesetze passt (siehe unten).

[70] Zu diesem Problem siehe unten – (Grundsatz-)Rechtsnormen dazu, vor allem solche mit Nichtigkeitsfolge, wären auch insoweit kaum zu empfehlen, schon weil sich die Unzulässigkeitstatbestände kaum befriedigend abgrenzen und umschreiben lassen dürften.

[71] Der sofortige Eintritt in die zweite Beratung bedarf nach § 80 Abs. 2 Satz 1 GO BT einer Zweidrittelmehrheit; im Niedersächsischen Landtag können 30 Abgeordnete (weniger als 1/5) die Ausschussüberweisung erzwingen, § 27 Abs. 2 Satz 1 GO-LT.

[72] Zu dieser Frage siehe unten 4.

b) Während für die formellen Mindestanforderungen noch eindeutige, aber nicht sehr ergiebige normative Anhaltspunkte vorliegen, ist der Befund bei den materiellen Anforderungen umgekehrt: Die normative Grundlage ist insoweit zweifelhaft und dementsprechend streitig; je nach der Strenge der Anforderungen könnte deren Beitrag zur Qualitätssicherung allerdings beträchtlich sein. Als materielle Mindestbestandteile eines repräsentativ-demokratischen Normsetzungsverfahrens werden angesehen

- die Durchführung einer Beratung mit Abwägung der Argumente,[73] welches
- ein Mindestmaß an Informationsgewinnung und -verarbeitung einschließt, dann
- die Offenheit des Verfahrens für Änderungen[74] und schließlich
- dessen Transparenz.[75]

c) Vollends „materiell" wären Anforderungen, die etwa – in Anlehnung an die verfassungsgerichtliche Rechtsprechung zu Artikel 12 GG – sachgerechte und vernünftige Erwägungen des Gemeinwohls verlangten;[76] dass dies nicht gut rechtssatzförmig regelbar ist, bedarf aber wohl keiner Begründung.

4. Transparenzgebot und Chancengleichheit

In der Kommentarliteratur wird vielfach nicht erörtert, inwieweit der Grundsatz der Öffentlichkeit „materiell" – also im Sinne eines Transparenzgebots – auszulegen ist; diese Frage scheint im Feld zwischen den miteinander korrespondierenden Bestimmungen zum Demokratieprinzip (Art. 20 Abs. 1 GG) und zur Öffentlichkeit der

---

[73] BVerfGE 72, 175, 192; *Schürmann,* (Fn. 68, S. 128) umschreibt dies als „Befassungspflicht". Nach *Zeh,* HbStR II, § 43, Rn. 28 soll „ein Mindestmaß an Aussprache unabdingbar" sein; ähnlich *Klein,* HbStR II, § 40, Rn. 39 und *Linck,* ZParl. 1992, S. 673, 686.

[74] *Schulze-Fielitz,* NVwZ 1983, 714. In der Rspr. behandelt wurde insbesondere die Frage, inwieweit (auf Bundesebene) das Vermittlungsverfahren mit der dafür charakteristischen Beschränkung des Bundestags auf eine Abstimmung über den Vorschlag des Vermittlungsausschusses (§ 10 Abs. 2 und 3 GO VermA; krit. dazu z. B. *Cornil,* DVBl. 2002, 497, 506) den verfassungsrechtlichen Mindestanforderungen noch entspricht (vgl. dazu BVerfG DVBl. 2000, 351; krit. dazu *Masing* in: v. Mangoldt/ Klein, Band 2, 4. Aufl. 2000, Rn. 88 zu Art. 77 Abs. 2 GG und *Cornils,* a. a. O., S. 503).

[75] *Schulze-Fielitz,* NVwZ 1983, 709, 711 („balancierte Öffentlichkeit"), skeptisch aber ders. bzgl. der Postulierung von (darüber hinausgehenden) Missbrauchsgrenzen a. a. O., S. 715 f., *Mengel,* Fn. 48, S. 156 f. (insbes. betr. Einflussnahmen auf den parlamentarischen Bereich von außen); *Bryde,* Fn. 56, S. 115, 118.

[76] Vgl. *Mengel,* Fn. 48, S. 160.

Bundestagsverhandlungen (Art. 42 Abs. 1 Satz 1 GG) öfters als offener Rest „übrig zu bleiben".

a) Den Parlamenten selbst ist diese Überlegung nicht fremd, wie ein Blick auf ihre Geschäftsordnungen zeigt: Dort sind Vorschriften geschaffen worden, mit denen Verluste an Öffentlichkeit ausgeglichen werden sollen, die mit der Verlagerung von Plenarberatungen in die (nichtöffentlich tagenden) Ausschüsse eintreten würden. Im Niedersächsischen Landtag haben die Ausschüsse in den Fällen der „direkten" Überweisung eines Gesetzentwurfs an die Ausschüsse ihren Beratungen eine öffentliche Erörterung voranzustellen, die an die Stelle der ersten Beratung im Plenum tritt, § 24 Abs. 3 Satz 1 GO-LT. Im Bundestag wurde für diese Fälle der umgekehrte Weg beschritten, nämlich die Verlagerung der abschließenden Beratung in den federführenden Ausschuss.[77]

b) Es gibt jedenfalls gute Gründe für die Annahme, dass die Öffentlichkeit der Verhandlungen des Bundestages im Sinne eines Transparenzgebots „materiell" zu verstehen ist und dass diese Auslegung zugleich der Kontrollfunktion des Demokratieprinzips entspricht.[78] Die Rechtsprechung des Bundesverfassungsgerichts hat hierzu wiederholt Ausführungen gemacht, die über den Einzelfall hinausweisen, also nicht ausschließlich bereichsspezifisch begründet sind.[79] Es ist sehr zu erwägen, ob diese Kontrollfunktion nicht dadurch gewahrt werden muss, dass die an das Plenum übermittelten Ausschussempfehlungen *grundsätzlich* eine nachvollziehbare Begründung enthalten.[80]

---

[77] Vgl. den 1995 eingeführten § 69a GO BT mit einem Minderheitsrecht, Plenarberatung zu verlangen, in seinem Absatz 5 Satz 1. Lt. *Roll,* (2001, Rn. 1 zu § 69a GO BT) ist davon bisher wenig Gebrauch gemacht worden.

[78] Insbesondere *Morlok* in: Dreier, Rn. 20f., 24 zu Art. 42 GG m.w.N. („materielle Öffentlichkeit"); ähnlich *Versteyl* in: v. Münch/Kunig, Bd. 2, 2. Aufl. 2001, Rn. 5 zu Art. 42 GG; *Kißler,* Die Öffentlichkeitsfunktion, 1976, S. 297; *Kischel,* Die Begründung, 2003, S. 301ff.; *Hett,* Die Öffentlichkeit der Parlamentsverhandlungen ..., 1987, S. 116ff., 127ff., 135ff., 268, 271; *Klein,* HbStR II, § 40, Rn. 39; *Kloepfer,* HbStR II, § 35, Rn. 18f., *Achterberg/Schulte* in: v. Mangold/Klein, Band 2, 4. Aufl. 2000, Rn. 2 zu Art. 42 GG. *Bryde,* Fn. 56, S. 115, 119; wohl auch Grimm, Habermas-Festschrift, S. 491, 494.

[79] BVerfGE 40, 296, 316f., 327 („Diätenurteil"); die kritische Anmerkung von *Seuffert,* (ebda S. 330, 349) zur Heranziehung auch des Rechtsstaatsprinzips verkennt offenbar die zusätzliche bereichsspezifische Begründung des Gerichts im Hinblick auf die Interessenkollision der Abgeordneten bei der Entscheidung in eigener Sache. Ferner dazu BVerfGE 44, 124, 147f. und E 70, S. 324, 358; Thür. VerfGH NVwZ-RR 1999, 282, 284.

[80] *Kloepfer,* HbStR II, § 35, Rn. 18f.; *v. Arnim,* DÖV 1982, S. 917, 920f.; zur Bedeutung der Berichterstattung *Achterberg/Schulte* in: v. Mangold/Klein, Band 2,

Kein Gegenargument ist, dass nach traditionellem Verständnis – und nach ganz überwiegender Auffassung des Schrifttums – der Öffentlichkeitsgrundsatz für die Ausschüsse nicht gelten soll; im Gegenteil: Gerade weil die Gründe für die Beschränkung der Öffentlichkeit in den Ausschüssen eine Erstreckung der Nichtöffentlichkeit auch über die anonymisierten Ausschussberichte nicht tragen, stellt die Transparenz der Berichterstattung für die Öffentlichkeit eine geeignete Kompensation für die Nichtöffentlichkeit der Ausschusssitzungen selbst dar.

Besondere Bedeutung hätte das Transparenzgebot auf Bundesebene, soweit es um die Tätigkeit des Vermittlungsausschusses oder um die nicht weiter diskutierte Übernahme interfraktioneller Absprachen außerhalb der Ausschussberatungen geht;[81] insofern wäre kritisch zu fragen, ob dieses Gremium seine Funktionsfähigkeit außer seiner besonders streng gehandhabten Nichtöffentlichkeit[82] tatsächlich auch dem Verfahrensprinzip verdankt, seine Empfehlungen nicht zu begründen.[83]

c) Eine weitere Frage in diesem Zusammenhang könnte sein, ob dem Transparenzgebot - ggf. in Verbindung mit dem Rechtsstaatsprinzip – auch der in den Verhaltensrichtlinien[84] verankerte Grundsatz zu entnehmen ist, dass Beeinträchtigungen der Unabhängigkeit durch fortbestehende rechtliche Bindungen an bestimmte Einrichtungen oder Verbände offengelegt werden müssen, wie dies ja

---

4. Aufl. 2000, Rn. 9 zu Art. 42 GG. *Zeh,* (StRHb II § 43, Rn. 28) will schriftliche Parlamentaria vom Öffentlichkeitsgebot ausnehmen (ebenso *Linck,* Fn. 73, S. 673, 686) und hält deshalb ein Mindestmaß an Mündlichkeit für geboten; die Herleitung dieser Einschränkung (aus dem Merkmal „verhandelt") überzeugt aber nicht und wirkt angesichts der heutigen Praxis, weitgehend auf schriftliche Unterlagen Bezug zu nehmen und Ausschussberichte weitgehend zu Protokoll zu geben, nicht mehr zeitgemäß (so schon *Hett,* Fn. 78, S. 271). Ausnahmen von einem solchen Grundsatz sind möglich, bedürfen aber einer Rechtfertigung (*Hett,* Fn. 78, S. 272 und *Hasselsweiler,* Der Vermittlungsausschuss, 1981, S. 87).

[81] *v. Arnim,* Fn. 80, S. 917, 920; *Hasselsweiler,* Fn. 80, S. 212 ff.; *v. Arnim* weist auch auf den Verlust an öffentlicher Kontrolle hin, der durch politischen Konsens in den nichtöffentlichen Ausschussberatungen (oder in informellen Gremien) entstehen kann, und plädiert ausdrücklich dafür, in diesen Fällen nichtöffentlicher Einigung für eine sorgfältige öffentliche Begründung (Fn. 80, S. 921).

[82] Auch Beamte können nach § 6 GO VermA nur durch Ausschussbeschluss zugelassen werden.

[83] In Bezug auf den Vermittlungsausschuss wäre besonders an die Anregung von *Schulze-Fielitz,* DÖV 1988, 758, 768, zu denken, eine Karenzzeit zur nachträglichen fachlichen Überprüfung von ausschließlich „politisch" getroffenen Entscheidungen einzuführen.

[84] § 6 der Anlage 1 zur GO BT; Abschnitt 3 der Verhaltensregeln in der Anlage zur Nds. GO-LT.

auch im kommunalen Bereich ständige Praxis ist (z.B. § 26 Abs. 4 NGO).[85]

Dies mag als verfassungsrechtlicher Überblick ausreichen, um nun zu der Frage überzugehen, inwieweit allgemeine Verfahrensregeln für die Gesetzgebung überhaupt zu empfehlen sind *(unten 6)* und – zunächst – inwieweit dabei Vergleiche mit dem Verwaltungsverfahrensrecht weiterhelfen *(unten 5.)*.

5. Zur Tragfähigkeit der Parallele zum Verwaltungsverfahrensrecht

Der Vergleich mit dem Verwaltungsverfahrensrecht zeigt zunächst, dass sachlich zwischen den Verwaltungsentscheidungen und den Normsetzungen kein striktes Ausschließungsverhältnis besteht, sondern dass sich beide Bereiche überschneiden. Es gibt Normsetzungen auch in der Verwaltung und einzelfallbezogene Regelungen auch in der Gesetzgebung. Auch in der Normsetzung selbst können je nach dem Grad der Allgemeinheit der Norm die Parallelen zum Einzelakt unterschiedlich ausgeprägt sein.[86] Aufschlussreich sind insbesondere die unterschiedlichen Funktionen des Verfahrensrechts bei der Normsetzung und bei Einzelfallentscheidung durch Verwaltungsakt (VA).

Der Erlass eines VA erfordert ein rechtsstaatliches Verfahren, da der VA bestandskräftig werden kann und dann den Rückgriff auf das materielle Recht abschneidet. Soweit kein Rechtsbehelf eingelegt wird, haben also auch fehlerhafte VA eine Wirkung, die sonst nur vollstreckbaren Gerichtsentscheidungen zukommt. Das Gesetz dagegen ist, wenn es gegen höherrangiges Recht verstößt, zwar (praktisch) „vollziehbar", rechtlich gesehen aber (grundsätzlich) nichtig. Zwar ist die isolierte Anfechtbarkeit des Gesetzes (durch Verfassungsbeschwerde) fristgebunden. Für die gerichtliche Inzidentkontrolle von Normen und für den Erlass eines Vorlagebe-

[85] Darüber hinaus geht die Forderung von *Mengel* nach Chancengleichheit bezüglich der Einwirkungsmöglichkeiten Dritter auf das Gesetzgebungsverfahren (Fn. 48, S. 159). Derlei informelle und typischerweise nicht aufgedeckte Einwirkungsmöglichkeiten, etwa gegenüber den am Gesetzgebungsverfahren teilnehmenden Ministerialbeamten oder gegenüber einflussreichen Abgeordneten, dürften einer wirksamen Regelung, die lt. *Mengel* nicht nur Transparenz, sondern auch Chancengleichheit herstellen müsste, kaum zugänglich sein.

[86] Bei dem öfters angestellten Vergleich mit den Anforderungen der Rechtsprechung zum Abwägungsgebot bei Bebauungsplänen wird beispielsweise verkannt, dass es hierbei um nahezu einzelfallbezogene Planungsentscheidungen geht, die sich auf ein gesetzlich – u.a. eben durch das Abwägungsgebot – geregeltes Verfahren beziehen und damit (auch) stark vom Normvollzug geprägt werden.

schlusses (Art. 100 Abs. 1 GG) gibt es aber keine zeitliche Begrenzung. Es besteht daher unter dem Aspekt der Bestandskraft kein Grund, der Kontrolle des Gesetzesinhalts auch noch eine Kontrolle des Gesetzgebungsverfahrens hinzuzufügen.

Eine solche Kontrolle bedürfte wohl auch einer deutlicheren gesetzgeberischen Entscheidung als sie im Rechtsstaatsprinzip zum Ausdruck kommt. Das Rechtsstaatsprinzip ist zu der hier untersuchten Frage nämlich gewissermaßen ambivalent, weil es sowohl die Beachtung der verfassungsmäßig verankerten Verfahrensvorschriften verlangt als auch die Verlässlichkeit der gesetzlichen Regelungen (Rechtssicherheit). Daher bedarf es insoweit des Ausgleichs miteinander konkurrierender Teilrechtssätze des Rechtsstaatsprinzips. Der Gesichtspunkt der Rechtssicherheit hat naturgemäß größere Bedeutung, wenn es um abstrakt-generelle Regelungen für eine Vielzahl von Fällen geht. Verfahrensvorschriften für Gesetze würden, wenn sie zwingend ausgestaltet und die entsprechenden Verfahrensfehler demnach mit der Nichtigkeitsfolge sanktioniert würden, in einem ganz anderen Ausmaß Rechtsunsicherheit zur Folge haben als Verfahrensvorschriften für einzelne Entscheidungen. Vorschriften über Verfahrensanforderungen an Gesetze müssen ja ebenfalls auslegungsbedürftige Merkmale enthalten, und damit erhöht sich erheblich das Risiko von Fehlern, die zu den auf der materiellrechtlichen Ebene möglichen Fehlern hinzu treten. Diese Überlegung legt jedenfalls Zurückhaltung bei der Regelung zwingender Verfahrensanforderungen mit Nichtigkeitsfolge nahe.

Auch die Gegenüberstellung der Ermessensspielräume für die Verwaltung und des anerkannten Gestaltungsspielraums des Gesetzgebers zeigt Unterschiede. Während der Gesetzgeber für seinen nur durch Verfassungsrecht beschränkten, ansonsten aber prinzipiell weiten Gestaltungsspielraum eine uneingeschränkte Legitimation durch direkte demokratische Wahlen bekommen hat, sind die Ermessensspielräume der Verwaltung – schon aus verfassungsrechtlichen Gründen – eng begrenzt. Während sich die Legitimation der Verwaltungsentscheidungen sachlich und personell vom Parlament ableitet, beruht die Legitimation der (Kollektiv-)Entscheidungen des Gesetzgebers auf der Annahme, dass die repräsentative Zusammensetzung des Parlaments, seine kollektive Meinungsbildung und das Mehrheitsprinzip die Richtigkeit des Ergebnisses gewährleisten.[87]

---

[87] Dazu bereits oben S. 12ff. bis 5 m. w. N. – Ähnliche Überlegungen sind anzustellen, wenn (ausnahmsweise) in der Verwaltung kollektive (Auswahl-)Entscheidungen zu treffen sind, z. B. bei kommunalen Wahlbeamten oder bei Richterwahlen (zur Problematik des Ausgleichs zwischen Art. 33 Abs. 2 und Art. 95 Abs. 2 GG in der letztgenannten Fallgruppe *Grigoleit/Siehr,* DÖV 2002, 455, 457ff.).

Im Übrigen ist die Rechtsentwicklung auch im Verwaltungsverfahrensrecht dahin gegangen, die Fehlerfolgen von Verstößen gegen das Verfahrensrecht zu beschränken; sodass die Rechtsprechung zunehmend die inhaltliche Richtigkeit, nicht aber die Einhaltung des Verfahrensrechts kontrolliert. Diese Zurückhaltung könnte ja, so sie denn für das Verfahrensrecht richtig sein sollte,[88] in noch größerem Maße für das Gesetzgebungsverfahren gelten.

Der Vergleich mit dem allgemeinen Verwaltungsverfahrensrecht legt also die Forderung nach einem Gesetzgebungsverfahrensrecht jedenfalls nicht nahe.

6. Sind allgemeine Verfahrensvorgaben für die Gesetzgebung zu empfehlen?

Mit der Anerkennung des rechtlichen wie des politischen Elements des Gesetzgebungsverfahrens ist freilich nicht die Frage beantwortet, wo und wie der „harmonisierende" Ausgleich zwischen beiden Polen zu finden ist.

Grundsätzlich stellt sich hier die verfassungsrechtliche Frage nach dem Verhältnis zwischen der Rechtsbindung der Legislative (Art. 1 Abs. 3, Art. 20 Abs. 3 GG) und ihrer politischen (rechtlich gesehen: repräsentativ-demokratischen) Legitimation; die in verfassungsgerichtlichen Entscheidungen oft – kontrollbegrenzend – zitierte Gestaltungsfreiheit des Gesetzgebers hat in dieser Schnittstelle ihre Rechtfertigung und ihre Grenzen.[89] Zwischen beiden Verfassungswerten muss ein angemessener Ausgleich gefunden werden, der sich im Ausbalancieren der Kompetenzen der ersten und der dritten Gewalt widerspiegelt. Gesetzgebung ist weder bloßer Verfassungsvollzug noch rein politisch-autonomes Verfahren; sie kann auf den Rationalitätsanspruch, der von einer rechtlichen Begrenzung des gesetzgeberischen Ermessens und der Grundidee einer rationalen Entscheidungsfindung ausgeht, nicht verzichten.[90]

Die generelle rechtliche Regelung des Gesetzgebungsverfahrens würde aber dem politischen Charakter der Willensbildung des Par-

---

[88] Dies wird im verfahrensrechtlichen Schrifttum mit guten Gründen bezweifelt; diese – in erster Linie wohl nicht auf rechtspolitischen Gründen, sondern auf Ressourcenknappheit beruhende – Rechtsentwicklung hat ihre schon weiter zurückreichende Entsprechung in der höchstrichterlichen Geringschätzung des Verwaltungsverfahrensrechts beim Herunterspielen der Ermessenskontrolle, in neuerer Zeit z. B. mit der Erfindung des „intendierten Ermessens".

[89] Grundlegend *Meßerschmidt,* Fn. 58, S. 70 ff., 1063 ff.

[90] Grundlegend *Meßerschmidt,* Fn. 58, S. 1067, 1070 ff., der den Begriff des Gesetzgebungsermessens eingeführt und eingehend untersucht hat.

laments nicht entsprechen und die aus den Eigenheiten des politischen Prozesses sich ergebenden Unterschiede zwischen gesetzlichen sowie Verwaltungs- und Planungsentscheidungen verkennen. In einem politisch gesteuerten Verfahren würden verrechtlichte Anforderungen vermutlich alsbald instrumentalisiert.[91] Die Entwicklung rechtlich verbindlicher und übergreifender Gesetzgebungsverfahrensregeln wäre auch deshalb nicht zu empfehlen, weil die daraus folgenden Unsicherheiten für den rechtlichen Bestand der Rechtsnormen und der dadurch eintretende Verlust an Rechtssicherheit beträchtlich wären. Aber auch eine Verfahrensordnung mit Rechtsnormen, bei denen die Nichtigkeitsfolge ausdrücklich ausgeschlossen wird, wäre wohl kaum sinnvoll, weil völlig sanktionslose Rechtssätze in diesem Bereich mehr Schaden als Nutzen stiften dürften. Daher spricht mehr für eine Selbstbindung des Gesetzgebers durch Gesetzgebungsrichtlinien ohne Sanktionscharakter.[92]

Hinsichtlich des Inhalts derartiger Richtlinien dürfte ein vermittelnder Ansatz richtig sein, der die Eigengesetzlichkeiten des politischen Prozesses ernsthaft zur Kenntnis nimmt und deshalb auf ein allgemeines Rationalitäts- (oder gar ein Optimierungs-)Gebot verzichtet,[93] der es angesichts der rechtsstaatlichen Bindungen der Gesetzgebung aber nicht nur bei allerschlichtesten Minimalanforderungen an das Verfahren belässt, sondern – bei Wahrung der Entscheidungskompetenzen der gewählten Amtsträger – das parlamentarische Verfahren so ausgestaltet, dass der politische Prozess möglichst sowohl formell (Verfahrensgestaltung) als auch materiell (Ausrichtung am Gemeinwohl) mit einem gewissen Mindeststandard „rationalisiert" wird.[94]

Das Parlament ist angesichts seiner genannten beschränkten Ausgangsvoraussetzungen hierbei sicher gut beraten, sich auf die Sicherstellung einer angemessenen Plausibilitätskontrolle zu beschränken und Detailregelungen zu vermeiden. Da dieser Leitidee aber insbesondere im Grundrechtsbereich (auch wegen der Rechtsprechung des BVerfG) und auch wegen der Bestimmtheitsanforderungen für Verordnungsermächtigungen gewisse rechtliche – und je nach der

---

[91] So würde etwa die Einführung eines Minderheitenrechts auf Durchführung einer Anhörung die Gefahr begründen, dass dies Recht alsbald zur Verzögerung politisch aufgeladener Gesetzgebungsverfahren eingesetzt wird.

[92] *Schuppert,* Gute Gesetzgebung, Fn. 10, S. 11 ff., insbes. S. 12 und 70; *Meßerschmidt,* Fn. 58, S. 874; *Schulze-Fielitz,* DÖV 1988, 768, ähnlich wohl auch *Pünder,* ZG 2000, 91, 92.

[93] *Meßerschmidt,* Fn. 58, S. 777 ff., 1078.

[94] *Schulze-Fielitz,* Theorie und Praxis, Fn. 4, S. 459 f., 570; *ders.,* DÖV 1988, 760. Zur Bestimmung dieses Mindeststandards grundlegend *Meßerschmidt,* Fn. 58, S. 797 f, 801 ff. mit der Idee einer abgestuften verfassungsgerichtlichen Kontrolle bei dessen Unterschreitung (a. a. O., S. 1078 f.).

Qualität der zugrunde liegenden Gesetzesvorlagen auch tatsächliche – Grenzen gesetzt sind,[95] müssen die vom Parlament zu treffenden Vorkehrungen ihm auch erlauben, unnötige und allzu detaillierte Regelungen zu erkennen und Verordnungsermächtigungen kritisch zu beurteilen.

IV. „Grundsätze-Gesetzgebung" als Zwischenstufe zwischen Verfassungsrecht und anlassbezogener Gesetzgebung?

Einen besonders originellen, aber auch besonders umstrittenen Beitrag zum Thema „Gesetzgebungsverfahrensrecht" hat das Bundesverfassungsgericht in jüngster Zeit in seiner Entscheidung zum Länderfinanzausgleich aus dem Jahre 1999[96] geleistet. Darin hat es gefordert, dass der Bundesgesetzgeber den Länderfinanzausgleich zweistufig regeln muss, zunächst in einem die Verfassungsvorschrift des Art. 107 konkretisierenden, aber allgemein gehaltenen „Maßstäbegesetz" und erst im Anschluss daran in den konkreten Zuteilungs- und Ausgleichsregelungen des Finanzausgleichsgesetzes.[97]

Für unser Thema ist diese Entscheidung in mehrfacher Hinsicht interessant. Zunächst zeigt sie, dass die verfassungsgerichtliche Rechtsprechung hier – wie auch sonst, wenn es um das Gesetzgebungsverfahren geht – bereichsspezifisch vorgeht *(unten a),* sodass die Überlegungen kaum verallgemeinerbar sind *(unten b).* Außerdem scheint diese Rechtsprechung, da sie Überlegungen aus der Literatur zur besonderen Kategorie der Grundlagengesetze aufgreift, einen besonderen Gesetzestyp anzubieten, der auch für konkretere Regelungen des Gesetzgebungsverfahrens in Frage käme. Es überrascht daher nicht, dass die Entscheidung solche Überlegungen neu angestoßen hat,[98] auch wenn der Kontext der verfassungsgerichtlichen Entscheidung für Verallgemeinerungen über die konkrete Fragestellung hinaus wenig hergibt und die neue Gesetzeskategorie zu erheblichen verfassungsrechtlichen Schwierigkeiten führt *(unten c).*

---

[95] Erfahrungsgemäß entstehen die als Beispiele von „Regelungswut" zitierten Bestimmungen meist nicht in den Parlamenten, sondern in den Verwaltungen aufgrund von Verordnungsermächtigungen. Nicht selten schlagen aber die Verwaltungen auch gesetzliche Regelungen vor, die rechtlich an sich nicht zwingend erforderlich wären, etwa um sich politischen „Rückenwind" für bestimmte Auseinandersetzungen zu verschaffen.

[96] BVerfGE 101, 158, 184.

[97] Einen Vorläufer hat diese Rspr. des BVerfG in seinem Urteil zu Art. 115 Abs. 1 Satz 3 GG (BVerfGE 79, 311, 356); vgl. *K. Vogel,* Festschrift Schiedermair, S. 113, 114.

[98] *Lücke,* Fn. 48, S. 1 ff. mit einem Katalog an formellen und materiellen Anforderungen an Gesetzgebungsverfahren, die in einem Grundlagengesetz geregelt werden könnten.

Interessant ist darüber hinaus der Versuch des Gerichts, die beträchtlichen und nur begrenzt justiziablen Regelungsspielräume, die der dürre Verfassungstext des Art. 107 Abs. 2 GG dem Bundesgesetzgeber belassen hat, beim Finanzausgleich durch besondere Anforderungen an das Gesetzgebungsverfahren kompensieren zu wollen. Insofern ist die Entscheidung lehrreich für die nähere Bestimmung des Verhältnisses zwischen dem Gesetzgebungsverfahren als politischem Prozess und dem Gesetzgebungsverfahren als rechtlich strukturiertem Erkenntnis- und Entscheidungsvorgang *(unten d)*. Die Entscheidung und die überwiegende Kritik, die sie gefunden hat, zeigen allerdings auch, dass der Versuch, die Qualität eines Gesetzes (hier der Finanzausgleichsregelungen) durch Anforderungen an das Normgebungsverfahren zu verbessern, rasch an Grenzen stößt und sogar als zweischneidig gewertet werden muss *(unten e und f)*.

a) Das BVerfG hat zunächst an dieser Stelle nicht den Versuch unternommen, über den konkreten Normbereich des Länderfinanzausgleichs hinaus rechtsschöpferisch zusätzliche Anforderungen an das Gesetzgebungsverfahren zu entwickeln. So ist das Verfassungsgericht auch sonst vorgegangen, wenn es Verfahrensanforderungen an die Gesetzgebung formuliert hat; diese Anforderungen werden stets aus einzelnen Grundgesetzvorschriften, hauptsächlich aus einzelnen Grundrechten, abgeleitet und damit stets bereichsspezifisch formuliert, nicht aber einzelnen Verfassungsvorschriften über das Gesetzgebungsverfahren im Allgemeinen zugeordnet. Daher besteht an dieser Stelle wenig Anlass, diese verfassungsgerichtliche Rechtsprechung jeweils in ihrem speziellen Normbereich näher zu behandeln oder gar kritisch zu hinterfragen.

b) Wegen der bereichsspezifischen Vorgehensweise des Gerichts, aber auch wegen der unbestreitbaren Besonderheiten gerade des Länderfinanzausgleichs, liegt es freilich auch nicht nahe, aus der Entscheidung Rückschlüsse für das Gesetzgebungsverfahren im Allgemeinen zu ziehen.[99] Hintergrund der Überlegungen des Gerichts war offenbar die Erkenntnis, dass der Länderfinanzausgleich bislang weniger nach rechtlichen als nach „politischen“ Gesichtspunkten geregelt worden ist und dass daran die bisherigen Entscheidungen des Verfassungsgerichts zu Teilfragen des Länderfinanzausgleichs wenig zu ändern vermochten. Wirtschaftswissenschaftliche Untersuchungen belegen, wie sehr diese Regelungen letztlich von ökonomischen und „politischen“ (d.h.: Verhandlungs- und Verteilungs-)Gesichts-

---

[99] *Weiß*, ZG 2001, 210, 230.

punkten geprägt werden.[100] Insofern lag es aus rechtlicher Sicht nahe zu versuchen, dem bisherigen „Verhandlungsmodell" eines verteilungspolitischen Interessenausgleichs ein an rechtlichen Kategorien ausgerichtetes Erkenntnisverfahren gegenüber zu stellen.

Es ist aber nicht zu verkennen, dass es sich hierbei um eine atypische Gesetzgebungssituation handelt, in der die Bundesländer praktisch in eigener Sache tätig werden und dabei in einem ganz besonderen und aus politischer und haushaltswirtschaftlicher Sicht geradezu existenziellen Interessenkonflikt stehen. Derart ausgeprägte Interessenkonflikte treten in einem Gesetzgebungsverfahren selten auf.[101] Allerdings gibt es eine Reihe weiterer Normbereiche, in denen aus unterschiedlichen Gründen die Versuchung für das Parlament besonders groß ist, um einer gewollten politischen Detailentscheidung willen den größeren rechtssystematischen Zusammenhang zu vernachlässigen. Es sind die Normbereiche, in denen ebenfalls Überlegungen über das Verhältnis eines Grundlagengesetzes zu konkreteren gesetzlichen Ausführungsregelungen angestellt worden sind. Gemeinsam ist diesen Normbereichen in der Tat, dass dafür jeweils ein allgemeineres Regelwerk existiert (oder nach der Rechtsprechung existieren sollte), dass das Parlament aber aus besonderen Gründen auch für die Ausführungsregelungen zuständig ist. Im Bereich des Haushaltsrechts beruht diese Parlamentszuständigkeit auf dem Budgetrecht. Hierbei tritt die Frage auf, wie es zu bewerten ist, wenn der vom Bundestag als Anlage zum Haushaltsgesetz verabschiedete Haushaltsplan in einzelnen Punkten nicht den allgemeinen Vorgaben für das Haushaltsrecht in der – an sich zum Haushaltsgesetz ranggleichen – Bundeshaushaltsordnung entspricht.[102] Wegen des außer-

---

[100] *Homburg* (in: Homburg/Sinn/Nowottny: Fiskalförderalismus in Europa, 1997, S. 61 ff., 73) hat gezeigt, dass der Länderfinanzausgleich – stark vereinfacht – im Ergebnis ziemlich exakt so ausfällt, wie es eine Analyse der Interessenlage der beteiligten Länder und der Mehrheiten im Bundesrat erwarten lässt, bis hin zu dem von ihm dargelegten Effekt, dass der Finanzausgleich in der Tendenz kleinere Bundesländer deshalb privilegiere, weil deren Zustimmung in den Verhandlungen „preiswerter" zu bekommen sei.

[101] Rechtspolitische Überlegungen zur Ausgestaltung des Gesetzgebungsverfahren unter dem Aspekt der Kompensation eines Interessenkonflikts sind bisher vor allem bei den Regelungen zur Abgeordnetenentschädigung angestellt worden; die Überlegungen reichen von der Beteiligung von Sachverständigen-Gremien im Vorfeld über die Ankoppelung der Entschädigung an die Entwicklung einer bestimmten Richter- oder Beamtenbesoldung bis hin zu Versuchen, die Normsetzung wegen des Interessenkonflikts nichtparlamentarisch auszugestalten.

[102] Vgl. *Degenhart,* Systemgerechtigkeit und Selbstbindung des Gesetzgebers als Verfassungspostulat, 1976, S. 35. Aus diesem Bereich stammt auch die Vorläuferentscheidung des BVerfG zum (allerdings: ausdrücklichen) Gesetzgebungsauftrag aus Art. 115 Abs. 1 Satz 3 GG, den für das Ausmaß der Kreditaufnahme maßgeblichen Investitionsbegriff zu konkretisieren (BVerfGE 79, S. 311, 336).

dem in diesem Bereich erlassenen Haushaltsgrundsätze-Gesetzes (HGrG) als Grundtyp eines Grundlagengesetzes gibt es hier sogar drei abgestufte, formal aber gleichrangige Ebenen gesetzlicher Regelung.[103] Weniger bekannt, aber dogmatisch vergleichbar ist das Verhältnis zwischen den allgemeinen Bestimmungen über die Wahlkreiseinteilung und die zulässigen Größenunterschiede von Wahlkreisen (z.B. in § 3 Abs. 1 Satz 1 BWahlG) und der konkreten Wahlkreiseinteilung (für die Bundestagswahl in der Anlage zu § 2 Abs. 2 BWahlG).[104] Auch die kommunalen Neugliederungsgesetze können – im Verhältnis zur gesetzlichen Anordnung der einzelnen Änderung „vor Ort" – solche Grundlagengesetze sein, wenn sie für derartige Änderungen allgemeine Vorgaben enthalten.

c) Der verfassungsdogmatische Erkenntniswert der Entscheidung ist allerdings auch deshalb begrenzt, weil die Einführung einer Gesetzeskategorie der Grundlagengesetze unterhalb der verfassungsrechtlichen, aber noch oberhalb der einfachgesetzlichen Ebene zu rechtsdogmatischen Schwierigkeiten führt. Die Versuche in der Literatur,[105] diese Schwierigkeiten auf der verfahrensrechtlichen Ebene aufzulösen, etwa durch die Annahme, der Gesetzgeber könne mit einem Grundlagengesetz den grundsätzlichen Vorrang späterer Gesetze und damit die grundsätzliche Berechtigung der parlamentarischen Mehrheit, einfachgesetzliches Recht jederzeit zu ändern, aufheben, kollidieren erkennbar mit den differenzierten verfassungsrechtlichen Regelungen über die nötigen Mehrheiten für Verfassungsänderungen einerseits und für den Erlass einfacher Bundesgesetze andererseits.[106]

---

[103] Neuerdings wird hier überwiegend angenommen, dass auch der Bundesgesetzgeber an das HGrG gebunden sei, die „lex posterior"-Regel also insoweit nicht gelte (z.B. *Vogel/Wiebel,* BK, Rn. 170ff. zu Art. 109 GG; *Ossenbühl* in: Festschrift K. Vogel, 2001, S. 227, 232f.). Das beruht allerdings auf einer eindeutigen verfassungsrechtlichen Rechtsgrundlage, kann also nicht andere „Grundlagengesetze" legitimieren, denen eine solche Rechtsgrundlage fehlt (*Pieroth,* NJW 2000, 1086f.). – Rahmengesetze sind keine Grundlagengesetze, weil sie nur die Länder, aber nicht den Bund binden. Dies folgt eindeutig aus dem neu gefassten Wortlaut des Art. 75 Abs. 1 Satz 1 GG.

[104] Rechtlich hat diese Abstufung im einfachgesetzlichen Wahlrecht bisher keine besondere Rolle gespielt, weil die Rechtsprechung die praktisch bedeutsamste Regelung über die höchstzulässigen Abweichungen von der durchschnittlichen Wahlkreisgröße als verfassungsrechtlich verankert angesehen hat.

[105] *Degenhart,* Fn. 102, S. 32ff., 34f. und *ders.,* ZG 2000, S. 79, 82f.; *K. Vogel,* Festschrift Schiedermair, S. 113, 118f. (hier allerdings ohne nähere Auseinandersetzung mit dem dogmatischen Problem); *Huber* in: v. Mangoldt/Klein/Starck, Band 3, 4. Aufl. 2001, Rn. 50ff. zu Art. 107 GG.

[106] Im Einzelnen dazu *Rupp,* JZ 2000, 269, 271 und *Ossenbühl,* Fn. 103, S. 227, 233f. – Dass Art. 109 Abs. 3 GG eine solche Regelung eines Grundlagengesetzes enthält, ist kein Gegenargument, im Gegenteil. Ohne eine verfassungsrechtliche Grundlage ist die Verabschiedung eines Grundlagengesetzes, das den Handlungsspielraum der demokratischen Mehrheit, einschränkt (indem es ihr die Möglichkeit nimmt, ein einfaches

Aber auch die materiellrechtlichen Überlegungen, die im Prinzip in einer Weiterentwicklung des Gleichbehandlungsgrundsatzes bestehen, führen letztlich nicht weiter, weil sich damit eine eigenständige Bedeutung des Grundlagengesetzes nicht mehr vereinbaren lässt. Entscheidend ist dann nämlich nicht mehr, ob das Grundlagengesetz bei der nachfolgenden Ausführungsgesetzgebung beachtet worden ist, sondern ob die Gesamtregelung noch verfassungsrechtlich korrekt, insbesondere mit Artikel 3 GG vereinbar ist.[107] Demnach hätte das Grundlagengesetz allenfalls – wie eine Gesetzesbegründung – eine gewisse Indizwirkung für die Sachgerechtigkeit einer getroffenen Regelung, es schlösse aber modifizierende, sachlich begründete Detailregelungen wohl nicht einmal aus.[108]

d) Die Entscheidung des Bundesverfassungsgerichts ist allerdings in dem hier interessierenden Punkt – also bezüglich der Ausführungen zur Notwendigkeit eines vorherigen Maßstäbegesetzes – ganz überwiegend auf Kritik gestoßen, und zwar nicht nur – wie zu erwarten – unter dem Aspekt der dogmatischen Schwierigkeiten eines Grundlagengesetzes, sondern – bemerkenswerter Weise gerade auch von der Rechtslehre – mit dem skeptischen Hinweis, das Gericht verkenne hier die politischen Eigengesetzlichkeiten bei der Aushandlung des Länderfinanzausgleichs,[109] und schließlich mit dem überspitzten Einwand, der – ja durchaus vorsichtig formulierte – Hinweis des Gerichts auf die Formulierung von Rawls zum „Schleier des Nichtwissens“[110] stehe in eklatantem Gegensatz zur Entwicklung einer Gesetzesfolgenabschätzung.[111]

Diese kritischen Hinweise greifen insofern etwas zu kurz, als das BVerfG sein Regelungsmodell eines Erkenntnisverfahrens offensichtlich gerade im Hinblick auf die von ihm als unzureichend wahrgenommenen Meinungsbildungsprozesse und -ergebnisse entwickelt

Bundesgesetz durch schlichten Mehrheitsbeschluss zu ändern), eben nicht zulässig (*Grzeszick*, JZ 2003, 647, 651).

[107] So wohl *Ossenbühl*, Fn. 103, S. 239.

[108] *Schneider/Berlit*, NVwZ 2000, 841, 844. Ob dann zuvor noch das MaßstäbeG geändert werden müsste (so *Ossenbühl*, Fn. 103, S. 234; anders *Schneider/Berlit*, a. a. O., S. 841, 844), hängt davon ab, ob man die Auffassung des BVerfG über die Notwendigkeit eines MaßstäbeG verfassungsrechtlich (in Art. 107 Abs. 2 GG) begründet sieht.

[109] *Schneider/Berlit*, Fn. 108, S. 841, 843; *Rupp*, Fn. 106, S: 269; *Ossenbühl*, Fn. 103, S. 229 f., 239; *Schuppert*, Gute Gesetzgebung, Fn. 10, S. 64.

[110] Das BVerfG formuliert hier recht elegant („durch die Hintertür“): „Auch wenn sich nicht ein allgemeiner ‚Schleier des Nichtwissens‘ (*J. Rawls, …*) über die Entscheidungen der Abgeordneten breiten lässt, kann (!) die Vorherigkeit des Maßstäbegesetzes eine institutionelle Verfassungsorientierung gewährleisten …“ (BVerfGE 101, 158, 184). Kritisch dazu *Lindner*, NJW 2000, 3757, 3760.

[111] *Schneider/Berlit*, Fn. 108, S. 841, 844.

hat; die Kritik bezweifelt denn auch weniger die sachliche Substanz als die reale Durchschlagskraft der Entscheidung in diesem Punkt, weil sie deren Grundansatz in Anbetracht der hier zu veranschlagenden Intensität politischer Interessen für zu idealistisch und praktisch im Grunde nicht für durchsetzbar hält. Eher fern liegt sogar die Annahme, das BVerfG habe hier Vorbehalte gegenüber einer präzisen Analyse von Gesetzesfolgen äußern wollen;[112] diese Kritik verkennt die Besonderheiten des Normbereichs, der durch einen besonderen, sonst typischerweise so nicht auftretenden Interessenkonflikt gekennzeichnet ist. Ein anderes – verallgemeinerndes – Verständnis dieses Entscheidungsteils stünde im Gegensatz zu dem im Grundrechtsbereich vom BVerfG wiederholt betonten Aufklärungs-, Prüfungs- und Abwägungspflichten des Gesetzgebers,[113] von denen das Gericht mit seiner Bemerkung sicherlich nicht Abstand nehmen wollte.

e) Mangelnde Durchsetzbarkeit einer als richtig erkannten Idee hindert allerdings nicht deren weitere theoretische Überprüfung. Zu fragen ist daher noch, ob die Überlegung des BVerfG nicht doch einen richtigen Anstoß gibt, der über den konkreten Entscheidungssachverhalt hinaus fortgedacht werden kann, zumal die verfassungsrechtlichen Bedenken gegen den Vorrang eines Maßstäbegesetzes durch eine an Art. 109 Abs. 3 GG angelehnte Verfassungsänderung ausgeräumt werden könnten.

Richtig ist sicherlich die Grundannahme des Gerichts, dass der politische Prozess aus rechtlicher Sicht Elemente gebrauchen kann, die auf mehr Rationalität im Gesetzgebungsverfahren hinwirken und die Einhaltung seiner Mindestanforderungen fördern. Dies gilt nicht nur dort, wo die Entscheidungsfreiheit der Parlamentarier erheblich eingeschränkt ist, weil es (auch) um ihre persönlichen Interessen oder um politische Interessen von großer Brisanz geht. Einschränkungen der Entscheidungsfreiheit, wie sie das BVerfG im Urteil zum Länderfinanzausgleich aufzählt (aktuelle Finanzierungsinteressen, Besitzstände und Privilegien), können auch in anderen Normenbereichen *(als den oben unter b genannten)* bestehen, etwa wenn diese Interessen von mächtigen Interessengruppen artikuliert werden, die den politischen Gruppen der parlamentarischen Mehrheit nahe stehen.

Allerdings ist nicht zu erkennen, wie das dem BVerfG vorschwebende Entscheidungsverfahren auf den Regelfall eines Gesetzgebungsverfahrens übertragen werden kann. Es geht dem BVerfG um

---

112 *Schneider/Berlit*, Fn. 108, S. 841, 844 f.

113 Dazu unten S. 124 f.

eine vorherige „institutionelle Verfassungsorientierung". Dem liegt die Vorstellung zugrunde, dass sich die Problemlösung wesentlich durch Konkretisierung der verfassungsrechtlichen Vorgaben gewinnen lässt und dass dieser Erkenntnisvorgang möglichst ungestört vom Blick auf präzise finanzielle Folgen ablaufen soll. Ob dieser Ansatz für den Normbereich des Länderfinanzausgleichs richtig ist, kann hier offen bleiben,[114] jedenfalls kann das reguläre Gesetzgebungsverfahren nicht in erster Linie als bloßer verfassungsrechtlicher Erkenntnisprozess gesehen werden. Die verfassungsgerichtliche Rechtsprechung im Grundrechtsbereich folgt im Gegenteil dem Grundgedanken, dass der Gesetzgeber die entscheidungsrelevanten Sachverhaltselemente zu ermitteln und seine Entscheidung nach einer Abwägung der widerstreitenden Interessen zu treffen habe. Dabei muss der Blick fortlaufend zwischen dem entscheidungsrelevanten Sachverhalt, den zu berücksichtigenden Interessen und dem schon bestehenden (verfassungs- und einfachrechtlichen) Rechtsrahmen hin- und herwechseln.[115] Damit wäre die Idee einer separaten „institutionellen Verfassungsorientierung" oder gar der vom BVerfG (nur) angedeutete „Schleier des Nichtwissens" kaum zu vereinbaren.

f) Das Missverständnis reicht aber noch tiefer, weil es der Doppelnatur des Gesetzgebungsverfahrens als politischen und rechtlichen Prozesses nicht entspricht. Der Ansatz des Gerichts zielt darauf ab, die politische Willensbildung durch Vorschaltung eines primär rechtlichen Erkenntnisverfahrens ganz erheblich einzuschränken. Dieser Ansatz soll den rechtlichen Erwägungen einen (zeitlichen, aber auch hierarchischen) Vorrang sichern, indem die Parlamentarier bewogen werden sollen, sich bereits bei einer von ihnen in den Folgen nicht voll überblickten abstrakten Maßstabsregelung zu einem guten Teil festzulegen. Darin kann man vielleicht sogar rechtlich einen Verstoß gegen Elemente des Demokratieprinzips sehen, weil die Parlamentarier in einem politisch grundlegenden, brisanten Bereich die politische Verantwortung für bewusst nicht vollständig ermittelte Gesetzesfolgen übernehmen müssten;[116] jedenfalls kommt aber bei diesem Ansatz das Element der politischen Willensbildung im Gesetzgebungsverfahren zu kurz,[117] u.a. mit der Folge, dass die politi-

[114] Das Schrifttum hält den Ansatz des Gerichts auch insoweit überwiegend für verfehlt.

[115] Vgl. dazu *Larenz,* Methodenlehre der Rechtswissenschaft, 6. Aufl. 1991, S. 211 f.; und *F. Müller,* Juristische Methodik, 7. Aufl. 1997, S. 306.

[116] *Schneider/Berlit,* Fn. 108, S. 841, 843; *Linck,* DÖV 2000, 325, 329.

[117] Darauf beruht wohl letztlich die überwiegende Einschätzung der (juristischen!) Fachliteratur, dass die Praxis sich wohl nur formal auf das dem BVerfG vorschwebende Verfahren einlassen werde (z.B. *Ossenbühl,* Fn. 103, S. 229 f., 239; *Bull/Mehde,*

sche Bewältigung des schon durchaus komplexen Finanzverteilungsproblems durch die Findung eines politischen Kompromisses gleichsam durch ein „Verbot von Probeberechnungen" ganz erheblich weiter erschwert wird.[118]

Es ist demnach bereits in den bisher erörterten, für Gesetzgebungsverfahren im Allgemeinen nicht einmal typische Normbereichen eher zweifelhaft, ob die Vorschaltung von Grundsatzgesetzen ein geeignetes Mittel zur Qualitätssicherung im Gesetzgebungsverfahren ist. Weiterer Nutzen über diese Fallgruppen hinaus lässt sich daraus aber offenbar nicht ziehen.

V. Institutionelle Sachwalter von Gesetzgebungsstandards

Auch wenn nach alledem gegenüber den Überlegungen, ein bindendes Gesetzgebungsverfahrensrecht zu schaffen, eher Skepsis angezeigt ist, so ist es doch sinnvoll, die Praxis der Gesetzgebung in allen ihren Stadien weiter zu beobachten und auf dieser Basis die bereits bestehenden informellen Gesetzgebungsstandards fortzuentwickeln.

Innerhalb der Ministerialverwaltung befassen sich zumeist spezialisierte Einheiten mit Grundsatzfragen der Rechtssetzung und der Rechtsförmlichkeit. Sie sind in Niedersachsen schwerpunktmäßig in der Staatskanzlei angesiedelt (Arbeitsgruppe Rechtsvereinfachung[119], Amtsblattstelle), können aber je nach der Organisationsentscheidung der jeweiligen Regierung auch an anderer Stelle der Ministerialbürokratie, insbesondere im Justizministerium zu finden sein (z.B. im Bund und in Hessen). Im Ergebnis dieser Tätigkeit hat – um auf die Verhältnisse in Niedersachsen Bezug zu nehmen, z.B. die Arbeitsgruppe Rechtsvereinfachung der Niedersächsischen Staatskanzlei „Prüffragen zur Unterstützung der Rechtsetzungspraxis" entwickelt, die von den Ressorts für die Bedarfsprüfung und den Entwurf von Rechtsvorschriften zu beachten sind; sie ist weiter maßgeblich an der Entwicklung des von der Niedersächsischen Landesregierung bereits

---

DÖV 2000, 305, 308f.; *Linck*, Fn. 116, S. 325, 329; *Schneider/Berlit*, Fn. 108, S. 841, 843f. (mit dem Hinweis, der Gesetzgeber müsse ggf. das MaßstäbeG ändern, wenn der Erkenntnisfortschritt bei der Ausarbeitung des Ausführungsgesetzes dies erfordere), *Rupp*, Fn. 106, S. 269, 271.

[118] So gerade die Hinweise der Rezensenten mit einschlägigen praktischen Erfahrungen *Linck*, Fn. 116 (als persönlicher Referent eines Mitglieds einer Enquetekommission zum Finanzausgleich) und *Berlit*, Fn. 108 (als Koordinator für den Länderfinanzausgleich im Nds. Finanzministerium).

[119] Siehe S. 79f., 88ff.

am 24. 2. 1998 beschlossenen Systems der Gesetzesfolgenabschätzung (Nds. MBl. 1998, S. 579) beteiligt gewesen. Der Amtsblattstelle der Niedersächsischen Staatskanzlei obliegt (in Absprache mit den hierfür zuständigen Verwaltungsstellen des Landtags und des dort eingerichteten Gesetzgebungs- und Beratungsdienstes) die Pflege der „Hinweise zur einheitlichen Gestaltung der Entwürfe von Gesetzen und Verordnungen", die – ähnlich wie die korrespondierenden Hinweise anderer Staaten und Länder[120] – Wesentliches zur Herbeiführung einer klaren und eindeutigen Gesetzessprache geleistet hat.

Auch außerhalb der normvorbereitenden und normsetzenden Staatsorgane befasst sich eine mittlerweile stattliche Zahl von Institutionen mit der Entwicklung abstrakter Regeln und Verfahrensstrategien, die „gute" Gesetzgebung fördern sollen. Unter ihnen sind beispielhaft zu nennen die Hochschule für Verwaltungswissenschaft Speyer mit ihren grundlegenden Arbeiten zur Gesetzgebungslehre[121] und zur Gesetzesevaluation[122], das Deutsche Institut für Menschenrechte[123], die Gesellschaft für Gesetzgebung[124], die Gesellschaft für deutsche Sprache[125]; es ist nicht zuletzt auf die rechtspolitische Pilotfunktion des Deutschen Juristentages hinzuweisen[126]. Zahlreiche weitere Seminare und Forschungsprojekte befassten und befassen sich mit Theorie und Praxis der Gesetzgebung[127]. Auf internationaler Ebene sind z.B. die Österreichische Gesellschaft für Gesetzgebungslehre, die Schweizerische Gesellschaft für Gesetzgebung und

---

[120] Handbuch der Rechtsförmlichkeit – Empfehlungen des Bundesministeriums der Justiz zur einheitlichen rechtsförmlichen Gestaltung von Gesetzen und Rechtsverordnungen nach § 38 Abs. 3 GGO II, Herausgegeben vom Bundesministerium der Justiz, 2. neubearbeitete Aufl. 1999, Bundesanzeiger Verlag.

[121] Z. B. *Hill,* Einführung in die Gesetzgebungslehre, 1982.

[122] Z. B. *Böhret/Hugger,* Der Praxistest von Gesetzentwürfen. Am Beispiel des Referentenentwurfes eines Jugendhilfegesetzes (JHG) vom 15. 8. 1974, 1980, dies. Test und Prüfung von Gesetzentwürfen. Anleitungen zur Vorabkontrolle und Verbesserung von Rechtsvorschriften, 1980; *Böhret,* Gesetzesfolgenabschätzung, Hochschule für Verwaltungswissenschaften, Arbeitsheft 110, 1997.

[123] Siehe *Schuppert,* Gute Gesetzgebung, Fn. 10, S. 101 f., weitere Informationen unter http://www.institut-fuer-menschenrechte.de/seiten/kontakt.htm

[124] Zur Gesellschaft selbst und ihren Tätigkeiten siehe *Karpen,* Herbert Helmrichs Leistung für die Verbesserung der Gesetzgebung, in: Karpen (Hrsg.), Zum gegenwärtigen Stand der Gesetzgebungslehre in der Bundesrepublik Deutschland, Heidelberg 1998, 361, 362 ff.

[125] Herausgeberin (im Einvernehmen mit BMI und BMJ) der „Fingerzeige für die Gesetzes- und Amtssprache".

[126] Siehe auch *Schulze-Fielitz,* Theorie und Praxis, Fn. 4, S. 478.

[127] Siehe die Zusammenstellungen bei *Karpen,* Fn. 18, ZG 1986, 5, 12 f.; in neuerer Zeit z.B. das Vorhaben der Akademie der Wissenschaften zu Göttingen „Die Funktion des Gesetzes in Geschichte und Gegenwart".

insbesondere das Zentrum für Rechtssetzungslehre an der Universität Zürich zu nennen[128].

Es ist also – mit einiger Beruhigung – festzustellen, dass es hierfür an Institutionen nicht mangelt.

---

[128] Siehe *Karpen,* Fn. 18, ZG 1986, 5, 12f.

3. Abschnitt
Qualitätssicherung durch Gesetzesfolgenabschätzung

Die nachfolgenden Ausführungen beschäftigen sich mit der Frage, ob die sogenannte Gesetzesfolgenabschätzung (GFA) in der Praxis den mit ihrer Einführung erhofften Beitrag für eine „bessere" Gesetzgebung erbringt. Hierbei steht die GFA im Kontext mit der parlamentarischen Behandlung der Gesetzentwürfe im Vordergrund. Insoweit wird insbesondere auf parlamentspraktische Erfahrungen mit der bereits 1998 in Niedersachsen eingeführten Gesetzesfolgenabschätzung[129] zurückgegriffen.

I. Aufgabe, Begriff und Adressat der GFA

Der in der nachfolgenden Betrachtung zugrunde gelegte Begriff der GFA bezeichnet Verfahren zur Erkundung und vergleichenden Bewertung von Folgen beabsichtigter und in Kraft getretener Vorschriften[130]. Die GFA dient der expertengestützten Entwicklung von Regelungsalternativen und deren vergleichender Folgenbeurteilung, der Überprüfung von Entwürfen nach bestimmten Kriterien wie Kosten, Wirksamkeit sowie Verständlichkeit und der laufenden oder zeitpunktbezogenen Evaluierung der tatsächlichen eingetretenen Wirkungen in Kraft gesetzter Rechtsvorschriften (Bewährungsprüfung)[131].

In der allgemeinen Gesetzgebungslehre hat sich eine Typologie herausgebildet, die sich an den unterschiedlichen Phasen der Gesetzgebung orientiert.

Die sogenannte prospektive GFA – als eine Art prälegislativer Analytik – dient dazu, in einem noch „offenen Regelungsfeld" alternative Regelungsmodelle zu entwickeln, in ihren Folgen abzuschätzen und zu bewerten[132].

---

[129] Beschluss der Niedersächsischen Landesregierung vom 24. 2. 1998, s. „Vorläufige Grundsätze für die Durchführung von Gesetzesfolgenabschätzungen", Nds. MBl. 1998, S. 759ff.

[130] Bundesministerium des Innern (Hrsg.), Moderner Staat – Moderne Verwaltung „Leitfaden zur Gesetzesfolgenabschätzung", S. 9.

[131] A.a.O. Fn. 130.

[132] Siehe *Böhret*, Gesetzesfolgenabschätzung: Soll sie institutionalisiert werden?, in Festschrift für Willi Blümel, 1999, S. 54; *Böhret/Konzendorf*, Handbuch Gesetzesfolgenabschätzung, (GFA), 2001, S. 5ff.

Die begleitende GFA soll auf der Basis eines rechtsförmigen Entwurfs Vollzugspraktikabilität, Befolgbarkeit, Verständlichkeit, Kosten-Nutzen-Relationen und institutionelle Funktionalitäten so prüfen, „als ob" die Rechtsvorschrift schon in Kraft wäre[133].

Die retrospektive GFA dient dazu, im Rahmen einer ex-post Evaluierung die Bewährung von Rechtsvorschriften in der Praxis zu überprüfen mit Folgerungen für Novellierung, Aussetzung oder Neugestaltung[134].

Als Adressaten einer GFA werden zum einen allgemein „politisch-administrative Entscheidungsträger" genannt, für die sie gehaltvolle Informationen über die potentiellen Wirkungen und bewerteten Folgen von Regelungsalternativen bereitstellen kann[135]. Zum anderen wird als Adressat besonders der Gesetzgeber hervorgehoben, der durch die GFA in die Lage versetzt werden soll, so früh wie möglich darüber Wissen zu erlangen, ob die beabsichtigten Regelungswirkungen eintreten werden, welches die günstigste Regelungsoption zur Erreichung der beabsichtigten Ziele ist und welche sonstigen Folgen zu erwarten sind[136].

II. Übernahme der GFA in die Praxis

In einigen Bundesländern ist die GFA in unterschiedlichen Ausgestaltungen in die Praxis eingeführt[137]. Die Bundesregierung hat die GFA im Zuge der Neufassung der Gemeinsamen Geschäftsordnung der Bundesministerien vom 1. September 2000[138] in § 44 verankert. Gemäß § 43 Abs. 1 Nr. 5 i.V.m. § 44 Abs. 1 GGO sind die wesentlichen Auswirkungen des Gesetzes in den Gesetzesvorlagen des Bundes darzustellen. Hilfestellung für die Erstellung der GFA bietet das Handbuch zur Gesetzesfolgenabschätzung mit dem dazugehörigen Leitfaden[139].

---

[133] Siehe *Böhret,* FS Blümel Fn. 132, S. 55; *Böhret/Konzendorf,* Fn. 132, S. 89ff.

[134] Siehe *Böhret,* FS Blümel Fn. 132, S. 55; *Böhret/Konzendorf,* Fn. 132, S. 255ff.

[135] Siehe *Böhret,* FS Blümel Fn. 132, S. 53; Bundesministerium des Innern (Hrsg.), Moderner Staat – Moderne Verwaltung „Leitfaden zur Gesetzesfolgenabschätzung", S. 11.

[136] *Köck,* Gesetzesfolgenabschätzung und Gesetzgebungslehre, VerwArch 2002, 1, 8.

[137] Siehe den Überblick bei *Karpen,* AöR 1999, 410ff.; s. auch die Beiträge von *Brocker* zu Rheinland-Pfalz und *Lutz* zu Schleswig-Holstein bei Karpen/Hof, Wirkungsforschung zum Recht IV,2003, S. 28ff.

[138] Beschluss der Bundesregierung vom 26. 7. 2000, GMBl. vom 30. 8. 2000, S. 526ff.

[139] *Böhret/Konzendorf,* Fn. 132; Bundesministerium des Innern (Hrsg.), Moderner Staat – Moderne Verwaltung „Leitfaden zur Gesetzesfolgenabschätzung", Stand: Juli 2000 und den Abschlussbericht „Praxistest zur Gesetzesfolgenabschätzung", Juli

III. Einführung der GFA in Niedersachsen

In Niedersachsen ist die GFA vergleichsweise früh eingeführt worden. Der Niedersächsische Landtag hat bereits in einer Entschließung vom 18. Juni 1997[140] zum Thema „Verwaltungsreform – Abbau von Gesetzen und Vorschriften" die Landesregierung aufgefordert, ihre Gesetzentwürfe und sonstigen Rechtsnormen ausnahmslos einem Normprüfungsverfahren zu unterziehen. Die Landesregierung solle die Ergebnisse der Prüfung in der Begründung des jeweiligen Gesetzentwurfs darstellen. Insbesondere seien im Rahmen einer Gesetzesfolgenabschätzung die zu erwartenden Personal- und Sachkosten vollständig und nachvollziehbar zu schätzen und die sonstigen Auswirkungen auf die Landes- und Kommunalverwaltung sowie auf andere Träger der öffentlichen Verwaltung darzustellen. Gleichzeitig erklärt der Landtag in dieser Entschließung, seinerseits auf der Grundlage seiner Geschäftsordnung die für die Normprüfung entwickelten Grundsätze der Notwendigkeit und Zweckmäßigkeit auch bei Gesetzentwürfen zu berücksichtigen, die aus seiner Mitte eingebracht werden.

Die Landesregierung hat daraufhin unmittelbar vor Ende der 13. Wahlperiode mit Beschluss vom 24. Februar 1998 entschieden, zukünftig ihre Gesetzentwürfe einer Gesetzesfolgenabschätzung zu unterziehen und gleichzeitig „Vorläufige Grundsätze für die Durchführung von Gesetzesfolgenabschätzungen" beschlossen, die im Juni 1998 im Niedersächsischen Ministerialblatt veröffentlicht worden sind[141]. Bei diesen „Vorläufigen Grundsätzen" handelt es sich in der Sache um eine begleitende Gesetzesfolgenabschätzung[142]. Nach den „Vorläufigen Grundsätzen" ist eine Wirksamkeitsprüfung sowie eine Finanzfolgenabschätzung durchzuführen. Die „Vorläufigen Grundsätze" enthalten ein differenziertes Prüfprogramm sowohl hinsichtlich der Wirksamkeit[143] als auch hinsichtlich der Kostenfolgen[144]. Grundsätzlich sind für alle Gesetze und Verordnungen in Nieder-

---

2002; Zum Thema Gesetzesfolgenabschätzung beim Bund siehe auch die umfangreiche Antwort der Bundesregierung vom 4. 12. 2003 auf eine Kleine (61 Einzelfragen umfassende) Anfrage der CDU-Fraktion, BT-Drs. 15/2131.

[140] LT-Drs. 13/3022.

[141] Nds. MBl. S. 759ff. Die Verpflichtung zur GFA ist inzwischen ausdrücklich in der Gemeinsamen Geschäftsordnung der Landesregierung und der Ministerien in Niedersachsen vom 30. 3. 2004 (– GGO Nds. – Nds. GVBl. S. 107) – § 38 – verankert

[142] *Neuser,* Mehr Rationalität durch Gesetzesfolgenabschätzungen?, Nds. VBl. 1998, S. 249, 251.

[143] Beschl. der LReg vom 24. 2. 1998 (Nds. MBl. S. 761, Nr. 2).

[144] Beschl. der LReg vom 24. 2. 1998 (Nds. MBl. S. 761, Nr. 3).

sachsen Gesetzesfolgenabschätzungen durchzuführen[145]. Als Adressaten der GFA werden in den „Vorläufigen Grundsätzen" der Landtag, die Landesregierung, betroffene Ministerien und ggfs. in der Anhörung beteiligte Institutionen genannt, denen die wesentlichen Ergebnisse der GFA, teilweise auch die Ermittlungen, im Einzelnen darzulegen oder zugänglich zu machen sind[146].

IV. Erfahrungen mit der GFA in Niedersachsen

In der 14. Wahlperiode sind – abgesehen von den Gesetzgebungsprojekten, die bereits über das Entwicklungsstadium hinaus waren – Regierungsentwürfe ganz überwiegend einer GFA unterzogen worden. In der seit März 2003 laufenden 15. Wahlperiode ist für sämtliche Regierungsentwürfe (mit Ausnahme von Staatsverträgen) eine GFA durchgeführt worden.

In der 14. Wahlperiode enthielten die Gesetzentwürfe, die einer GFA unterzogen worden waren, zum Teil noch entsprechend der Vorgabe in den „Vorläufigen Grundsätzen" deren wesentlichen Ergebnisse. Zum Ende der 14. Wahlperiode beschränkte sich dann die Darstellung der GFA im Wesentlichen auf einen Hinweis im Übersendungsschreiben des Ministerpräsidenten, eine GFA habe stattgefunden. Die Begründung zum Gesetzentwurf enthielt ganz überwiegend keine weiteren Informationen mehr zur GFA. Die Entwicklung am Ende der 14. Wahlperiode hat sich in der 15. Wahlperiode[147] fortgesetzt. In allen bisher eingebrachten Regierungsentwürfen ist lediglich ein Hinweis enthalten, die GFA sei durchgeführt worden.

Der Verzicht auf nähere inhaltliche Darstellungen zur GFA in den Gesetzentwürfen hat in den Fachausschüssen und im Parlament selbst weder in der vergangenen noch in der laufenden Wahlperiode zu Reaktionen geführt. Die Ursache hierfür dürfte in dem Umstand begründet sein, dass die Gesetzesfolgenabschätzung als Erkenntnismittel in den Beratungen der Landtagsausschüsse und im Parlament praktisch keine Rolle spielt. Weder in der 14. noch in der 15. Wahl-

---

[145] Beschl. der LReg vom 24. 2. 1998 (Nds. MBl. S. 759, Nr. 1.3.1); nun auch in § 38 Abs. 1 GGO Nds. vorgeschrieben, s. Fn. 141.

[146] Beschl. der LReg vom 24. 2. 1998 (Nds. MBl. S. 759, Nr. 1.2). § 39 Abs. 1 Nr. 2 GGO Nds. bestimmt nun, dass in einem allgemeinen Teil der Begründung der Gesetz- und Verordnungsentwürfe „wesentliche Teile der Gesetzesfolgenabschätzung" darzustellen sind.

[147] Die Ausführungen berücksichtigen die bis Dezember 2003 eingebrachten Gesetzentwürfe. Die in der neuen GGO Nds. enthaltenen Bestimmungen über die Darlegung der Ergebnisse der GFA sind erst am 1. 5. 2004 in Kraft getreten.

periode hat es in den Ausschüssen oder im Parlament inhaltliche Aussagen oder Nachfragen zu den Ergebnissen der GFA gegeben – auch nicht bei den Gesetzentwürfen, die inhaltliche Ausführungen zur GFA enthielten.

Festzustellen ist danach, dass das mit der Entschließung des Niedersächsischen Landtages aus dem Jahr 1997 dokumentierte Interesse des Landesgesetzgebers an der GFA keine Entsprechung bei der parlamentarischen Behandlung der Gesetzentwürfe findet. Es darf angenommen werden, dass die nicht vorhandene oder zumindest geringe Bedeutung der GFA für die Gesetzesberatung kein landesspezifisches Phänomen ist. Jedenfalls deutet die Entschließung der Landtagspräsidentenkonferenz, mit der sich die Präsidentinnen und Präsidenten der deutschen Landesparlamente für eine Intensivierung der Gesetzesfolgenabschätzung ausgesprochen haben[148], darauf hin, dass es sich eher um ein allgemeines Defizit handeln dürfte.

Der nach den obigen Ausführungen zur praktischen Relevanz der GFA im parlamentarischen Bereich naheliegende Schluss, bei der GFA handele es sich deshalb vorrangig um ein Erkenntnismittel der Exekutive[149], begegnet jedoch ebenfalls erheblichen Zweifeln, wie sich aus den folgenden Beobachtungen ergibt:

Bereits in der 14. Wahlperiode war in Niedersachsen eine deutliche Zunahme der Fraktionsentwürfe festzustellen[150]. Nachdem sich in der 12. und 13. Wahlperiode bei der Zahl der Gesetzesinitiativen zwischen Landesregierung und Regierungsfraktion ein Verhältnis von 89 zu 19 bzw. 58 zu 27 ergab, war in der 14. Wahlperiode ein steter Trend zur Angleichung der Zahl der Gesetzesinitiativen der Regierungsfraktion an jene der Regierung festzustellen[151]. Diese Entwicklung hat sich in der 15. Wahlperiode fortgesetzt hin zu einer Umkehrung der Verhältnisse: Sieben bisher eingebrachten Regierungsentwürfen[152] stehen 15 Fraktionsentwürfe gegenüber. Zwar lassen sich die Ursachen für diese Entwicklung ohne genaue Kenntnis der regierungs- und fraktionsinternen Entscheidungsvorgänge nur vermuten. Ausgehend von der Annahme, dass es sich bei den Fraktionsentwürfen ganz überwiegend um „verkappte Regierungs-

---

[148] Vgl. RhPfLT-Drs. 13/3172; s. hierzu auch die Ausführungen von *Grimm*, Gesetzesfolgenabschätzung – Möglichkeiten und Grenzen – aus Sicht des Parlaments, ZRP 2000, 87, 89 und *Brocker*, Gesetzesfolgenabschätzung – ein Überblick, DRiZ 2002, 462, 465 f. sowie *Karpen*, AöR, 1999, S. 400, 412.

[149] So *Brocker*, Fn. 148, S. 462, 465 f.

[150] Siehe hierzu *Janssen/Winkelmann*, Die Entwicklung des niedersächsischen Verfassungs- und Verwaltungsrechts in den Jahren 1990–2002, JdöR, Bd. 51, S. 301, 329 ff.

[151] Siehe hierzu *Janssen/Winkelmann*, Fn. 150, S. 301, 329 f.

[152] Regierungsentwürfe ohne Zustimmungsgesetze zu Staatsverträgen, Stand Dezember 2003.

initiativen"[153] handelt, wird man aber als eine wesentliche Ursache die mit der Einbringung durch die Fraktion verbundene Zeitersparnis annehmen können. In diesem Zusammenhang erscheint bemerkenswert, dass sich die beschriebene Entwicklung seit Einführung der GFA in Niedersachsen vollzogen hat und dass die Fraktionsentwürfe – trotz der in der o.g. Entschließung enthaltenen Selbstverpflichtung des Landtages, auf der Grundlage seiner Geschäftsordnung die für die Normprüfung entwickelten Grundsätze der Notwendigkeit und Zweckmäßigkeit auch bei Gesetzentwürfen zu berücksichtigen, die aus seiner Mitte eingebracht werden – nur ganz vereinzelt und kursorisch Ausführungen zur GFA enthalten. Man wird deshalb davon ausgehen müssen, dass eine Gesetzesfolgenabschätzung in der ganz überwiegenden Zahl der Fälle nicht stattgefunden hat.

Der Schluss liegt nahe, dass letztlich die arbeits- und damit zeitaufwändige Durchführung einer GFA, die nunmehr neben der bei Regierungsentwürfen schon vor der Einführung der GFA vorgeschriebenen ebenfalls zeitaufwändigen Verbandsanhörung[154] und Ressortmitzeichnung[155] durchzuführen ist, es den politischen Entscheidungsträgern in der Exekutive und im Parlament opportun erscheinen ließ, verstärkt die Möglichkeit des von diesem Aufwand unbelasteten Fraktionsentwurfs zu nutzen. Dies hat zur Folge, dass besonders die nach Auffassung der politischen Akteure einem besonderen Zeitdruck unterliegenden umstrittenen Gesetzesvorhaben[156] einer GFA nicht unterzogen werden. Ein weiterer Grund für die Flucht in den Fraktionsentwurf mag sein, dass gerade bei politisch umstrittenen gesetzgeberischen Vorhaben durch die GFA möglicherweise aufgedeckte Wirksamkeitsprobleme und Handlungsalternativen in der politischen Auseinandersetzung nicht erwünscht sind. Letztlich lässt sich nach den niedersächsischen Erfahrungen mit der GFA feststellen, dass deren Einführung nicht nur ihren Zweck verfehlt hat, sondern durch die Verlagerung der gesetzgeberischen Initiativen in den Fraktionsbereich faktisch weitere qualitätssichernde Verfahrenschritte wie beispielsweise die Verbandsanhörung und die Ressortmitzeichnung weggefallen

---

[153] Siehe zum Begriff und zum Problem allgemein *Masing* in: v. Mangoldt/Klein/Starck, GG Bd. 2, 4. Aufl., Art. 76 Rn. 17f.

[154] Bisher § 27 der Geschäftsordnung der Ministerien und der Staatskanzlei (GOMin), Beschl. d. LReg v. 7. 2. 1995, Nds.MBl. S. 269ff., geändert durch Beschl. v. 29. 2. 2000, Nds.MBl. S. 249f. und durch Beschl. v. 29. 12. 2000, Nds.MBl. 2001, S. 6; nun § 31 GGO Nds.

[155] Bisher § 24 GOMin, nun § 22 GGO Nds.

[156] Bei der überwiegenden Zahl der in der 15. Wahlperiode in Niedersachsen eingebrachten Fraktionsentwürfe handelt es sich um solche zu politisch umstrittenen Themen.

sind[157] und sich damit der Versuch einer Qualitätsverbesserung der Gesetze ins Gegenteil verkehrt.

Die vorstehenden Ausführungen verdeutlichen, dass die Exekutive den mit einer GFA verbundenen möglichen Erkenntnisgewinn vermeintlichen oder tatsächlichen politischen Opportunitäten unterordnet. Das Interesse – oder treffender Desinteresse – von Parlament und Exekutive an der GFA unterscheidet sich also nur marginal. Fraglich bleibt, warum Legislative und Exekutive gleichermaßen zumindest kein originäres Interesse an der GFA zu haben scheinen. Ein naheliegender Gedanke wäre, dass die GFA den politischen Gegebenheiten und Interessen nicht gerecht wird. Hierzu wird die Auffassung vertreten, dass es eine Rationalisierung der Gesetzgebung ermögliche, den Erfolg der Politik an der Wirklichkeit ihrer Gesetze zu messen. Es sei deshalb höchst fraglich, ob Politikerinnen und Politiker überhaupt ein Interesse an einer Rationalisierung der Gesetzgebung haben[158]. Für diese Annahme spricht, dass die politischen Entscheidungsträger zwar abstrakt die Notwendigkeit der GFA betonen[159], die Einführung der GFA in die Praxis aber doch nur sehr zögerlich erfolgt bzw. sie im Fall ihrer Einführung nicht die idealtypisch denkbare Aufmerksamkeit erfährt.

V. Institutionalisierung der GFA

Fraglich ist, ob weitergehende Maßnahmen zur Institutionalisierung der GFA dieser eine größere Geltung verschaffen können.

Nach den oben gemachten Ausführungen muss bezweifelt werden, dass die Art der organisatorischen Institutionalisierung der GFA[160] das Interesse der politischen Entscheidungsträger an der GFA entscheidend zu beeinflussen vermag. Solange die GFA als Dienstleistung dargeboten wird, dürften die geschilderten politischen Interessen das mit der GFA verbundene Erkenntnisinteresse überlagern. Letzteres dürfte auch für den Fall der legislativen Anbindung

---

[157] Siehe hierzu ergänzend die Ausführungen zu weiteren Ursachen für Qualitätsverluste durch die Verlagerung gesetzgeberischer Initiativen in den Fraktionsbereich bei *Janssen/Winkelmann,* Fn. 150, S. 301, 330 ff.

[158] *Kettiger,* Von der ein wenig in Vergessenheit geratenen Kunst der Rechtsetzung, Verwaltung und Management, 2001, S. 226, 231.

[159] Siehe die Entschließung des Niedersächsischen Landtages vom 18. 6. 1997, LT-Drs. 13/3022; s. auch den Beschluss der Präsidentenkonferenz, RhPfLT-Drs. 13/3172; s. hierzu auch die Ausführungen von *Grimm,* Gesetzesfolgenabschätzung – Möglichkeiten und Grenzen – aus Sicht des Parlaments, ZRP 2000, 87, 89 und *Brocker*, Fn. 148, S. 462, 465 f. sowie *Karpen,* AöR 1999, 400, 412.

[160] *Böhret/Konzendorf,* Fn. 132, S. 321 ff.

gelten. Ob eine „zwangsweise" Darbietung der Ergebnisse einer GFA etwa durch einen Gesetzeskontrollbeauftragten oder durch den Landesrechnungshof, denen die Durchführung der GFA übertragen werden könnte[161], den gewünschten Erfolg erbrächte, kann mangels praktischer Erfahrungen nicht eingeschätzt werden. Allerdings lassen die parlamentarischen Erfahrungen in Niedersachsen mit dem – einem Gesetzeskontrollbeauftragten ähnlichen – Datenschutzbeauftragten und den Vertretern des Landesrechnungshofs bei Gesetzesberatungen Zweifel aufkommen, ob sie die Bedeutung der GFA für die gesetzgeberische Entscheidung maßgeblich erhöhen könnten.

Hinsichtlich der rechtlichen Institutionalisierung[162] der GFA ist vor dem Hintergrund der niedersächsischen Erfahrungen festzustellen: Eine Regelung der GFA allein in Verwaltungsvorschriften oder Geschäftsordnungen der Ministerien ist im Zweifel nicht geeignet, der GFA die gewünschte Geltung zu verschaffen. Ein GFA-Gesetz hingegen hätte zumindest eine deutliche Signalwirkung nach außen und wäre auch für die Legislative verbindlich[163]. Eingewandt wird allerdings gegen eine gesetzliche Regelung die mit dieser verbundene eingeschränkte Flexibilität und das aufwändige Verfahren zur Modifizierung der gesetzlichen Bestimmungen[164]. Zudem wird gegen eine Institutionalisierung in Gesetzesform geltend gemacht, dass sie sehr schnell zu gerichtlich kontrollierten Wirksamkeitserfordernissen führen könnte[165]. Dieses Argument spricht auch gegen eine Regelung durch die Verfassung. Als Nachteil einer verfassungsrechtlichen GFA-Vorgabe wird ferner deren mögliche Überfrachtung durch differenzierte Regelungen und die bereits im Kontext der gesetzlichen Bestimmung genannten fehlenden Flexibilität bei Änderungsnotwendigkeiten[166] genannt.

VI. Evaluierung und Befristung von Gesetzen

Einer größeren Akzeptanz bei den politischen Entscheidungsträgern scheint sich die – der retrospektiven GFA zuzuordnenden – Evaluierung sowie die Befristung von Gesetzen zu erfreuen. So ist in der niedersächsischen Gesetzgebungspraxis der 15. Wahlperiode festzustellen, dass Gesetzesentwürfe zum Teil bereits Evaluierungsklauseln und Befristungen enthalten, dass aber die Aufnahme ent-

---

[161] *Böhret/Konzendorf*, Fn. 132, S. 323 f.
[162] *Böhret/Konzendorf*, Fn. 132, S. 319.
[163] *Böhret/Konzendorf*, Fn. 132, S. 319.
[164] *Böhret/Konzendorf*, Fn. 132, S. 319.
[165] *Redeker*, Auf der Suche nach besserer Gesetzgebung, NJW 2002, 2756, 2759.
[166] *Böhret/Konzendorf*, Fn. 132, S. 319.

sprechender Regelungen von Vertretern der die Regierung tragenden Fraktionen auch nachträglich in den Gesetzesberatungen durchgesetzt worden sind. Der Gesetzgeber favorisiert also offenbar die sich durch eine retrospektive GFA bietenden Möglichkeiten[167]. Fraglich ist allerdings, welche Motivation hierfür entscheidend ist. Zunächst einmal bieten sowohl die Evaluation als auch die Befristung in der politisch geführten Deregulierungsdiskussion die Möglichkeit, Problembewusstsein und Handlungsbereitschaft zu signalisieren. Die in die Zukunft verlagerte Prüfung der Wirksamkeit einer rechtlichen Regelung und die offene Entscheidung, sie auslaufen zu lassen oder sie zu verlängern, entlastet zudem die aktuelle politische Entscheidungssituation. Dies dürfte im besonderen Maße gelten, wenn ein kleinerer Koalitionspartner abweichende Gestaltungsvorstellungen oder Bedenken hinsichtlich einer zu treffenden Regelung hegt. Bezweifelt werden muss hingegen, dass die mit diesem Verfahren verbundenen Probleme von den politischen Entscheidungsträgern umfänglich zur Kenntnis genommen worden sind.

Zunächst einmal ist der gegen die retrospektive GFA (Ex-post-Evaluation) geltend gemachte – berechtigte – Einwand zu nennen, sie beobachte zwar ex post die Folgen, habe aber Schwierigkeiten, diese eindeutig auf das Gesetz zurückzuführen[168].

Noch gewichtiger dürften die Einwände gegen die Befristung sein, da der Automatismus des Unwirksamwerdens – abgesehen von der Gefahr einer hoffnungslosen Überlastung der Parlamente –[169]

- auf der Seite der Ministerialverwaltung in Zeiten hohen Arbeitsanfalls oder hohen Problemdrucks in der Nähe des Endes der Geltungsfrist eher zu pauschalen und unreflektierten „Verlängerungsaktivitäten“ führt, die Hoffnung auf eine reflektierte Evaluation sich also in diesen (nicht unwahrscheinlichen) Fällen als vergeblich erweisen wird,
- insbesondere auf der Seite der Parlamente, aber im ersten Arbeitsschritt auch auf der Regierungsseite, zu einem permanenten Zwang führt, selbst bei wechselnden politischen Mehrheiten Entscheidungen früherer Parlamente entgegen den eigenen Konzepten – oder politischen Prioritäten – zu erneuern oder zu bestätigen[170],
- auf der Seite der Rechtsanwender zu zusätzlichen erheblichen Rechtsunsicherheiten führt – nicht einmal sein Vertrauen in die

---

[167] So auch *Böhret,* FS Blümel Fn. 132, S. 55.

[168] *Köck,* Fn. 136, S. 1, 10; *Schulze-Fielitz,* Fn. 20, ZG 2000, 295, 310.

[169] Vgl. *Hans-Peter Schneider,* Gesetzgebung und Einzelfallgerechtigkeit, ZRP 1998, 323, 324.

[170] Vgl. *Hans-Peter Schneider,* Fn. 169, S. 323, 324.

Beständigkeit des Rechts ist ohne eine „Fristenkontrolle“ berechtigt[171].

In der Literatur wird die Befristung von Gesetzen daher eher als „praktischer Holzweg“ angesehen[172]. All dies kann der Glaubwürdigkeit des politischen Systems höchst abträglich sein[173].

Es bleibt abzuwarten, wie die Exekutive und die parlamentarische Praxis mit den nach Ablauf der normierten Fristen zu erwartenden Problemen umgehen wird.

VII. Fazit

Auch wenn die GFA sowohl von der Exekutive als auch vom Parlament bei theoretischer Betrachtung für ein wünschenswertes Erkenntnismittel gehalten wird, zeigen die praktischen Erfahrungen in Niedersachsen, dass die GFA den Interessen politischer Entscheidungsträger offenbar nicht entspricht und deshalb nur sehr eingeschränkt praktische Relevanz entfaltet.

Die Art der organisatorischen Institutionalisierung der GFA vermag das Interesse der politischen Entscheidungsträger an der GFA nicht entscheidend zu beeinflussen.

Eine rechtliche Institutionalisierung unterhalb einer Regelung durch Gesetz ist nicht geeignet, die regelmäßige Durchführung einer GFA sicherzustellen. Die Normierung der GFA durch Gesetz begegnet zwar Bedenken hinsichtlich ihrer Anpassungsfähigkeit an die jeweilige Gesetzgebungssituation und beinhaltet unter Umständen ein weiteres Wirksamkeitsrisiko, stellt aber wohl die einzige Möglichkeit zur verbindlichen Einführung der GFA dar.

Die retrospektive Gesetzesfolgenabschätzung wird vom Gesetzgeber bevorzugt, da sie die aktuelle politische Interessenlage nicht entscheidend tangiert. Die Praxisfolgen sind zur Zeit noch nicht absehbar.

---

171 Vgl. *Hans-Peter Schneider,* Fn. 169, S. 323, 324.
172 *Schulze-Fielitz,* Theorie und Praxis, Fn. 4, S. 513.
173 *Hans-Peter Schneider,* Fn. 169, S. 323, 324.

4. Abschnitt
Qualitätserhöhung durch Optimierung der konkreten Gesetzgebungsverfahren und institutionalisierte Beratung

Waren der 2. und 3. Abschnitt den Ansätzen gewidmet, Verbesserungen in der Qualität von Gesetzen durch generalisierende Regelungen näher zu kommen, so sollen die folgenden Ausführungen den Gang eines Gesetzgebungsverfahrens nachverfolgen und für dessen einzelne Stadien untersuchen, welche verfahrenstechnischen und institutionellen Vorkehrungen zur Sicherung der Normqualität bereits als Standard anzusehen sind und wo aus unserer Sicht Verbesserungsmöglichkeiten bestehen. Entsprechend unserem Erfahrungshintergrund als Gesetzestechniker eines Landesparlaments nehmen wir als Modellfall die Erarbeitung eines von der Niedersächsischen Landesregierung erarbeiteten und sodann eingebrachten Gesetzentwurfs. Die für die Probleme des Gesetzgebungsverfahrens typischen Erscheinungen sind aus unserer Sicht auch an einem landesrechtlichen Gesetzgebungsverfahren erschöpfend zu behandeln. Wo dies nahe liegt, werden wir auf die Verhältnisse der Bundesgesetzgebung eingehen.

I. Qualitätserhöhung auf der Ebene der politischen Problem- und Lösungsdefinition (Agenda-Setting)?

1. Stadien der politischen Problem- und Lösungsdefinition, Rolle von Hilfsdiensten

Das Gesetzgebungsverfahren beginnt damit, dass

- ein Regelungsbedürfnis erkannt wird,
- sodann Leitvorstellungen für die Umsetzung des Regelungsanliegens entwickelt und ggf. vorhandene Alternativen geprüft und verworfen werden, schließlich
- die Details eines für wünschenswert erachteten Regelungskonzepts ausgearbeitet werden.

Diese Phase der politischen Problem- und Lösungsdefinition wird in der politikwissenschaftlichen Typologie auch als Agenda-Setting bezeichnet.

Es versteht sich nahezu von selbst, dass die Phase des Agenda-Setting nicht mit dem Eintritt in die nächste Stufe der Entwurfsverfassung oder mit dem Übergang zu späteren Stufen endet, sondern begleitend zum weiteren Verfahren immer wieder fortgeführt wird, um – im Sinne eines dialektischen Prozesses – den Entwurfsfortschritt mit dem Ursprungskonzept abzugleichen und ggf. nachzusteuern. Schon in dieser Phase zeigt sich, dass ein in den politischen Raum hineinwirkendes Normsetzungsverfahren nicht allein, vielleicht nicht einmal in erster Linie, als Erkenntnisverfahren gesehen werden darf.

a) Die politischen Akteure des Agenda-Setting

Wie ein Gesetzentwurf zustande gekommen ist, entzieht sich mehr oder weniger dem Blick der Öffentlichkeit, auch wenn heute oft bestimmte Vorstadien des Entwurfs offiziell „freigegeben" und von der Verbands- und Medienöffentlichkeit entsprechend wahrgenommen werden. Je nach der Bedeutung der Materie werden bestimmte Eckpunkte einer geplanten Regelung vorab politisch angekündigt und öffentlich erörtert, es wird ein „Referentenentwurf" den Ministerien zur „Ressortbeteiligung" übermittelt und später ein Regierungsentwurf „in die Anhörung gegeben". In diesen Phasen liegen freilich die Kernpunkte der Regelung meist schon fest. Die davor liegende Phase der regierungsinternen oder politikinternen Vorüberlegungen ist dem Blick der Öffentlichkeit in aller Regel und aus guten Gründen entzogen. Aus diesem Grunde können auch nur die verschiedenen Pole benannt werden, zwischen denen sich diese erste Phase des Gesetzgebungsprozesses vollzieht.

aa) Akteur: politische Führung des Regierungsapparats und die die Regierung tragenden Parlamentsfraktionen

Art. 76 Abs. 1 GG nennt an erster Stelle die Regierung als Einbringer von Gesetzentwürfen. *Busse*[174] führt dementsprechend als Grundlage für Gesetzesinitiativen insbesondere die in Regierungserklärungen enthaltenen Festlegungen und – bei Koalitionsregierungen – die ihnen voraufgehenden Koalitionsverträge auf. Dies bezeichnet aber zum einen lediglich Gesetzgebungsverfahren mit mehr oder weniger aktuellen „politischen" Anlässen, sei es, weil eine Antwort auf ein die Öffentlichkeit beschäftigendes Problem gesucht wird, sei es, weil sich auf der politischen Ebene auf andere Weise ein Bedarf

[174] *Busse,* Gesetzgebungseinflüsse – Gesetzgebungsarbeit in der Ministerialverwaltung aus der Sicht der Praxis, in: Brandt/Smeddinck/Tils (Hrsg.), Gesetzesproduktion im administrativen Binnenbereich, 2001, S. 97, 98.

nach „Modernisierung" eines Sachbereichs durch Änderung der dafür geltenden Regeln ergeben hat. Es ist zum anderen offensichtlich, dass hiermit lediglich die formalen, nicht aber die informalen Akteure des regierungsinternen Agenda-Setting bezeichnet sind. Als wesentliche Entscheidungsträger, die in die Entschließung der Regierung eingebunden werden, treten ebenso selbstverständlich die sie tragenden Parlamentsfraktionen, deren Parteiorganisationen sowie zahlreiche weitere Akteure in den Blick.

bb) Akteur: Ministerialverwaltung

Viele Gesetzentwürfe nehmen ihren Ausgang in der Ministerialverwaltung selbst. Dies wird insbesondere dann der Fall sein, wenn

- die unter a) und b) genannten Überlegungen bereits im Rahmen höherrangiger Rechtssetzung (EU-Recht, Bundesrahmenrecht, konkurrierendes Bundesrecht, Staatsverträge) vollzogen wurden und es dem nachrangigem Gesetzgeber aufgegeben oder anheim gestellt ist, die Details zu regeln – hier liegen das Regelungskonzept und oft sogar die Zeitvorgabe für die Umsetzung im übrigen schon mehr oder weniger fest –,
- Entscheidungen der Rechtsprechung zu einer Korrektur oder Ergänzung des Gesetzesrechts nötigen,
- neue Sachlagen oder Fehlentwicklungen im Vollzug von Gesetzesrecht zu einer Korrektur oder Ergänzung des Gesetzesrechts nötigen. Die Bedeutung dieser Fälle ohne wesentliche politische Schwerpunktsetzung, in denen nach geordneten Vorüberlegungen und ohne Anstoß aus dem politischen Raum Normsetzungsvorschläge gemacht werden, sollte allerdings nicht überschätzt werden, weil sich die Verwaltung in unserer schon weitgehend rechtlich geregelten Lebenswelt mit dem überkommenen Normenbestand meist durchaus praktisch zu helfen versteht.

Auf der Ebene des Bundes wie der Länder bleibt ein Bereich, in dem unter politischen Gesichtspunkten zu beurteilen ist, ob ein Regelungsbedürfnis gesehen wird und auf welche Weise ihm genügt wird. Da die Ministerialverwaltung auf die Umsetzung der Politik der Regierung verpflichtet ist, wird sie auch dort von sich aus initiativ werden, wo sich aus den politischen Erklärungen der Regierungsmitglieder, der Regierung insgesamt oder der sie tragenden Fraktionen des Parlaments politische Handlungsbedürfnisse erkennen und in die verschiedenen Aktionsfelder nachzeichnen lassen. Ein Anstoß für die Überlegung, ob politischer Handlungsbedarf besteht, wird im Übrigen häufig auf den Kommunikationswegen zwischen den Interessenverbänden und den Ministerien gegeben werden[175]. Dies hat mit einer unguten Politisierung der Ministerialverwaltungen nichts zu tun, sondern ergibt sich aus ihrer Aufgabenstellung. Es ist also weder zu beanstanden noch ungewöhnlich, dass die Ministerialverwaltung Leitvorstellungen der politischen Führung des Hauses oder der Regierung insgesamt auf den Fachbereich einzelner Abteilungen oder Ressorts überträgt, sie gewissermaßen auf ihre Fachebene „herunterbricht", und die Ergebnisse dieser Überlegungen wiederum an die politische Spitze heranträgt[176].

cc) Akteur: parakonstitutionelle Entscheidungsgremien[177]

Zu den bereits genannten treten weitere – verfassungsrechtlich nicht vorgesehene – Institutionen innerhalb und außerhalb der mit der Gesetzesentstehung befassten Exekutive und Legislative hinzu, die primär oder ausschließlich in die Vorbereitung und Formulierung politischer Zielsetzungen inhaltlicher oder politisch-taktischer Art einbezogen werden.

Koalitionsregierungen und die sie tragenden Fraktionen des Parlaments haben häufig[178] einen erheblichen laufenden politischen Abstimmungsbedarf, der durch zusätzliche extrakonstitutionelle Gremien, insbesondere durch so genannte *Koalitionsausschüsse*[179], gedeckt wird[180]. Immer noch innerhalb des Kreises der jeweiligen, auf Zusammenarbeit angewiesenen politischen Führungsschicht bewegen sich solche Abstimmungsmechanismen wie der so genannte *„Kressbronner Kreis"* der Großen Koalition unter Kiesinger/Brandt

---

[175] Die Interessenverbände sehen in der Ministerialverwaltung ihren Hauptansprechpartner.

[176] Die vom Wissenschaftlichen Dienst des Bundestages untersuchte Frage des Einflusses der Ministerialverwaltung auf die Gesetzgebung (Wiss. Dienst BT, WD 1–109/03 vom 25. 9. 2003) hebt zwar zu Recht die sonst für die Verwaltung wenig typische Politiknähe hervor (a. a. O., S. 4), differenziert aber bei der Analyse zu wenig nach den unterschiedlichen Tätigkeitsschwerpunkten von „Politik" und „Bürokratie" und überschätzt damit den Einfluss der letzteren Ebene. Jedenfalls auf Landesebene können wir deshalb eine Dominanz der Ministerialverwaltung im Agenda-Setting nicht feststellen; es ist aber durchaus möglich, dass dies auf Bundesebene zumindest teilweise anders gesehen werden muss.

[177] Begriffsbildung bei *Schulze-Fielitz,* Der informale Verfassungsstaat – Aktuelle Beobachtungen des Verfassungslebens der Bundesrepublik Deutschland im Lichte der Verfassungstheorie, 1984, S. 95.

[178] Insbesondere wenn zu Beginn der Koalition detaillierte Koalitionsverträge ausgehandelt worden waren, was mittlerweile die Regel ist.

[179] Siehe im Einzelnen *Schulze-Fielitz,* Der informale Verfassungsstaat, Fn. 177, S. 95.

[180] In Niedersachsen während der rot-grünen Koalitionsregierung sogar in Verbindung mit einer Teilnahme der Führer der Regierungsfraktionen an den Kabinettssitzungen.

und ähnliche verwandte Erscheinungen[181]. Ferner gehören in diese Gruppe interner Abstimmungsmechanismen zwischen den unmittelbaren politischen Entscheidungsträgern auch die diversen, mehr oder weniger verfestigten Gesprächskreise und Sonderorganisationen innerhalb der einzelnen Parteien, die spezielle Politikfelder betreuen (so im Bereich der SPD z.B. die Arbeitsgemeinschaft sozialdemokratischer Frauen (ASF) oder die Arbeitsgemeinschaft sozialdemokratischer Juristen (ASJ), im Bereich der CDU/CSU die Frauen-Union der CDU, die Sozialausschüsse der Christlich-Demokratischen Arbeitnehmerschaft Deutschlands (CDA) oder die Kommunalpolitische Vereinigung der CDU und CSU; vergleichbar die entsprechenden Sonderorganisationen anderer Parteien). Schließlich gehören hierhin die diversen informellen Abstimmungsinstrumentarien der Länderregierungen und Länderparlamente *(Ministerpräsidentenkonferenz, Fachministerkonferenzen, Landtagspräsidentenkonferenz)*.

Insbesondere die häufig unterschiedlichen Mehrheitsverhältnisse der Parteien im Bundestag und Bundesrat und die daraus folgenden Blockaden für wichtige Gesetzgebungsvorhaben der Bundesregierung haben darüber hinaus schon in der Vergangenheit, aber bei wachsendem Reformdruck zunehmend in neuerer Zeit zu Versuchen geführt, sich auch über die Grenzen von Regierungs- und Oppositionsparteien hinweg auf bestimmte Gesetzgebungsziele und -inhalte zu einigen (Vergleichbares haben wir auf Länderebene noch nicht beobachtet). Notwendigerweise führt dies nicht stets zu in sich geschlossenen Regelungskonzepten. Vielmehr wird man den Kompromisscharakter dieser Einigungen im Hinblick auf ihren befriedenden Charakter hinnehmen müssen – im Sinne einer second best-Lösung.

Unter dem Stichwort „informaler Verfassungsstaat" ist ferner darauf hingewiesen worden, dass derartige Gremien, die bei im Vorfeld des formalisierten Gesetzgebungsverfahrens zu fällenden Entscheidungen tätig werden, nicht nur auf die demokratisch legitimierten politischen Entscheidungsträger beschränkt sind, sondern sich als Kooperationsform weit in den Bereich der organisierten gesellschaftlichen Kräfte ausgedehnt haben[182]. Zu den früher häufig genannten Beispielen der *Konzertierten Aktion* als „Mitwirkung an der Vorformung der Wirtschaftspolitik", des Nuklearrats und der Konzertierten Aktion im Gesundheitswesen[183] sind mittlerweile unter

---

[181] Siehe im Einzelnen *Schulze-Fielitz,* Der informale Verfassungsstaat, Fn. 177, S. 93 ff.

[182] *Schulze-Fielitz,* Der informale Verfassungsstaat, Fn. 177, S. 95 m. w. N.

[183] *Schulze-Fielitz*, Der informale Verfassungsstaat, Fn. 177, S. 95 m. w. N.; speziell zur Konzertierten Aktion im Gesundheitswesen und deren Nachfolgern *Bandelow*,

dem Stichwort „*Konsensrunden*“[184] ständig weitere mehr oder weniger institutionell verfestigte Gesprächskreise hinzugekommen, die der Interessenauslotung und dem Interessenabgleich zwischen den demokratisch legitimierten Staatsrepräsentanten und den Interessenverbänden im Vorfeld der eigentlich demokratisch legitimierten Entscheidung dienen. Beispiele für derartige, außerhalb des Institutionengefüges der Verfassung stehende Verhandlungsrunden mit den von beabsichtigten staatlichen Regelungen Betroffenen sind das Bündnis für Arbeit, die Gespräche der Bundesregierung mit den Vertretern der Energiewirtschaft im Vorfeld des so genannten „Atomkonsenses“ sowie die Unterhandlungen mit den Spitzenverbänden der Privatwirtschaft, die zur Vereinbarung über Maßnahmen zur Förderung der Chancengleichheit von Frauen geführt haben[185].

Derartige Konsensbildungsprozesse können zur Schaffung eines Regelungskonzeptes im Sinne eines parlamentarischen Gesetzes führen, können aber auch das Ergebnis haben, auf den Eintritt in das Gesetzgebungsverfahren zu verzichten und den erzielten Konsens auf andere Weise, etwa durch ganz oder teilweise normersetzende Absprachen zu ersetzen. Die mit derartigen Absprachen verbundenen Probleme sollen hier nicht erörtert werden[186], die Möglichkeit normersetzender Absprachen hat für die Frage nach der Qualität von parlamentarischen Gesetzen nur eine Bedeutung im Rahmen der Bedürfnisprüfung[187].

b) Die fachliche Beratung des Agenda-Setting

Die soeben beschriebenen Konsensrunden und Abstimmungsinstrumente, die auch im Vorfeld gesetzlicher Regelungen und als begleitende Einrichtung im Verlauf des Gesetzgebungsprozesses tätig werden, sind bei der Erarbeitung einer politisch oder politisch-taktischen Positionsbestimmung der politischen Entscheidungsträger und der Vorbereitung parlamentarischer Mehrheiten unverzichtbar[188]. In der Regel haben sie aber nicht das *primäre* Ziel, einen Beitrag zur sachlichen Richtigkeit, zur gesetzestechnischen Perfektio-

---

Chancen einer Gesundheitsreform in der Verhandlungsdemokratie, Aus Politik und Zeitgeschichte, 2003, B 33–34, S. 14 ff.

[184] Siehe *von Blumenthal,* Auswanderung aus den Verfassungsinstitutionen – Kommissionen und Konsensrunden, Politik und Zeitgeschichte 2003, S. 9.

[185] Siehe *von Blumenthal,* Fn. 184, S. 9.

[186] Zu den Problemen der normersetzenden Absprachen der Exekutive mit der Wirtschaft im Rahmen des sog. kooperierenden Verfassungsstaates eingehend *Michael,* Rechtsetzende Gewalt im kooperierenden Verfassungsstaat – Normprägende und normersetzende Absprachen zwischen Staat und Wirtschaft, 2002.

[187] Siehe dazu S. 23 ff., 73 f.

[188] Hierzu im Einzelnen *Morlok,* Fn. 10, VVDStRL 62, 33, 67 ff.

nierung oder gar der demokratischen Legitimierung der angestrebten Gesetzesbestimmung zu leisten[189]. Wenn überhaupt auf der Ebene des Agenda-Setting in die Detaillierung und Ausarbeitung der beabsichtigten Lösungskonzepte und gar der anzustrebenden Rechtsnormen eingestiegen wird, so werden andere Institutionen unterstützend tätig.

Dies sind auf der einen Seite die Ministerialverwaltungen, die in der Regel bereits von sich aus eine breit angelegte Fach- und Rechtskompetenz zur Verfügung stellen können, ferner die Fraktions- oder Parteistäbe. Auch z.B. die großen Industrie- und Handelsverbände, die Verbände freier Berufe, die kommunalen Spitzenverbände oder die Gewerkschaften verfügen regelmäßig über eigene Organisationseinheiten, die die Regelungsanliegen des jeweiligen Verbandes ausformulieren und argumentativ untermauern.

Es liegt aber auf der Hand, dass die Akteure des Agenda-Setting sich die bei der Erarbeitung von Gesetzen erforderlichen Kenntnisse über den zu regelnden Sachverhalt und dessen wirtschaftliche, gesellschaftliche, kulturelle und andere sachliche Hintergründe nicht allein aus eigenen Ressourcen verschaffen können. Sie sind also stets auf Zuarbeit von außen angewiesen.

An Angeboten wissenschaftlicher Zuarbeit zum politischen Prozess herrscht kein Mangel:

aa) „Think Tanks“

Auf der Ebene der relevanten politischen Themenstellungen, die – auch – zur Formulierung von Gesetzentwürfen und deren Umsetzung in Gesetze führen können, also auf der Ebene der Politikinhalte, sind zahlreiche „Think Tanks“ tätig, also privat oder öffentlich

---

[189] Bei der Aushandelung neuer Länderfinanzausgleichsregeln durch die Ministerpräsidenten der Länder galt trotz der ersichtlichen Defizite der Vorgängerregelung (was die in der Öffentlichkeit herausgestellte Grundsatzdiskussion über Konkurrenzföderalismus einerseits und kooperativen Föderalismus andererseits hervorgerufen hatte) und trotz des Anspruches, eine geschlossene und fachgerechte Regelung zu erarbeiten, als unumstößliches Axiom, dass der Besitzstand der Nehmerländer gewahrt bleiben müsse. Die Landtagspräsidentenkonferenz hatte sich noch 1991 – mit Mühe – auf gemeinsame, detailliert ausformulierte Forderungen zur Änderung der die Länder betreffenden Kompetenzregelungen des Grundgesetzes einigen können; 2002 war dies – unter den verschlechterten Rahmenbedingungen des auf die Wiedervereinigung folgenden Verteilungskampfes – aus letztlich politischen Überlegungen nicht mehr möglich: Kleine Länder fürchteten die Diskussion über eine Länderneugliederung, arme Länder ein Aufflammen der Diskussion über den Konkurrenzföderalismus. Ein der Erklärung von 1991 entsprechendes Papier (siehe ZG Sonderheft 2000 mit Komm. *Janssen,* Wege aus der Krise des deutschen Bundesstaates. Anmerkungen zu einem notwendigen Vorschlag zur Reform des Grundgesetzes) wurde letztlich nur noch als Diskussionsgrundlage akzeptiert.

finanzierte praxisorientierte Forschungsinstitute, die wissenschaftlich fundiert politikbezogene und praxisrelevante Fragestellungen behandeln und im Idealfall entscheidungsvorbereitende Ergebnisse und Empfehlungen liefern[190]. Allein in Deutschland sollen etwa 80 bis 130 dieser Think Tanks existieren, je nachdem, ob man praxisbezogene Universitätsinstitute hinzurechnet[191].

Zu diesen Instituten zählen ca. zwei Dutzend staatlich finanzierte große akademische Denkfabriken wie die sieben großen Wirtschaftsforschungsinstitute, die großen außen-, friedens- und sicherheitspolitischen Denkfabriken und Einrichtungen der praxisorientierten Sozial-, Umwelt- und Technikforschung[192].

Hinzu kommen privat oder mischfinanzierte Organisationen wie die Bertelsmann-Stiftung, das Centrum für Angewandte Politikforschung an der Universität München, das Forschungsinstitut der Deutschen Gesellschaft für Auswärtige Politik (Berlin), das von der Deutschen Post AG ins Leben gerufene Institut zur Zukunft der Arbeit (Bonn) sowie eine Reihe von Stiftungen und Akademien, häufig Unternehmensstiftungen, deren gemeinsames Kennzeichen die herausragende Rolle ist, die bei ihnen die wissenschaftliche Analyse und die Anerkennung in Fachkreisen spielt, und die deshalb als *„akademische Think Tanks"* bezeichnet werden[193].

Schließlich gibt es in Deutschland eine zunehmende Reihe kleinerer Institute, die ihre Aufgabe nicht primär in der wissenschaftlichen Analyse, sondern verstärkt in der politischen Anwaltschaft für bestimmte Themen, sachpolitische Lösungsansätze oder für die von ihnen vertretenen wissenschaftlich-weltanschaulichen Paradigmen (soziale Marktwirtschaft, Nachhaltigkeit usw.) sehen – sie werden als *„advokatische Think Tanks"* bezeichnet, weil sie sich primär als Wissens- und Ideenmakler auf den von ihnen besetzten Themenfeldern betätigen (z.B. die Forschungsakademien der parteinahen politischen Stiftungen oder verbandsnahe Einrichtungen wie das arbeitgebernahe Institut der Deutschen Wirtschaft bzw. das gewerkschaftsnahe Wirtschafts- und Sozialwissenschaftliche Institut der Hans-Böckler-Stiftung, aber auch partei- oder verbandsungebundene, lediglich auf bestimmte Leitbilder zentrierte Institute wie das Öko-Institut, die Stiftung Marktwirtschaft und Politik, das Institut für Wirtschaft und Gesellschaft oder das Oswald-Nell-Bräuning-Institut)[194].

---

[190] Definition von *Thunert,* Think Tanks in Deutschland – Berater der Politik?, Aus Politik und Zeitgeschichte, B 51/2003, 30, 31.

[191] *Thunert,* Fn. 190, 30, 31.

[192] Dazu im Einzelnen *Thunert,* Fn. 190, 30, 31.

[193] *Thunert,* Fn. 190, 30, 31.

[194] Im Einzelnen *Thunert,* Fn. 190, 30, 31 f.

Es wird gesagt, dass kein anderes europäisches Land und – außer den USA – kein Land weltweit für diese Art der Politikberatung durch „angewandte Grundlagenforschung" mehr öffentliche Mittel aufwendet als die Bundesrepublik Deutschland[195].

bb) Expertengremien

Häufig rufen Regierungen bereits von sich aus Kommissionen oder Institutionen ins Leben, die als staatsexterne Berater externen Sachverstand in die Aufbereitung wissenschaftlicher Vorfragen der Gesetzgebung einbringen sollen. So bestanden 2001 insgesamt 125 „wesentliche" Expertengremien der Bundesregierung[196]; im Jahre 1999 waren für derartige Gremien im Bundeshaushalt 15,5 Mio. DM eingestellt[197]. Als Beispiele sind zu nennen die Zuwanderungskommission, die Rürup-Kommission, die Hartz-Kommission zur Arbeitsmarktreform[198]. Derartige Kommissionen und institutionelle Auftragnehmer können je nach dem von ihnen abgedeckten Spektrum die sachlich-faktischen, die rechtlichen oder auch die gesetzestechnischen Aspekte eines Gesetzgebungsverfahrens extern vorbereiten. Dass die Arbeit dieser Experten sich an den Bedürfnissen des jeweiligen Auftraggebers orientiert, versteht sich von selbst. Weil z.B. die Experten des Sachverständigenrats für die Konzertierte Aktion im Gesundheitswesen von der Bundesministerin benannt und die Fragestellungen seiner Studien vom Ministerium vorgegeben werden, entspricht die grundsätzliche Ausrichtung der Studien überwiegend der jeweiligen Zielsetzung des Ministeriums; allerdings enthalten die fachlich fundierten Arbeiten auch umfassende empirische Hintergründe und innovative Vorschläge, die nicht unbedingt die jeweiligen Positionen der Auftraggeberin im Detail stützen müssen[199]. Zu Recht ist darauf hingewiesen worden, dass es sich auch bei diesen so genannten Expertenkommissionen häufig nicht um reine Expertenrunden handelt; vielmehr werden häufig auch Interessengruppen und gesellschaftliche Vereinigungen beteiligt[200], was dann notwendigerweise zu einer stärkeren Überlagerung der sachlich-fachlichen und rechtlichen Überlegungen durch interessenbestimmte

---

[195] *Thunert*, Fn. 190, 30, 33.

[196] Siehe zu diesen Expertengremien ausführlich *Siefken*, Expertengremien der Bundesregierung – Fakten, Fiktionen, Forschungsbedarf, Zeitschrift für Parlamentsfragen (ZParl) 2003, 483 ff.

[197] *Siefken*, Fn. 196, 483, 493 m. w. N.

[198] Siehe *von Blumenthal*, Fn. 184, S. 10;

[199] *Bandelow*, Fn. 183, 17 f.

[200] *Von Blumenthal*, Fn. 184, S. 10; *Bandelow*, Fn. 183, S. 18.

Standpunkte führt, als dies ohnehin auch in Expertenrunden der Fall ist[201].

cc) Kommerzielle Beratungsunternehmen

Auch damit hat es noch nicht sein Bewenden: Zunehmend ist die Beratung von Politik und Verwaltung zu einem Wirtschaftszweig gediehen, in dem sich neben kleinen und mittelständischen auch große Unternehmensberatungen betätigen, um ihre bei privaten Unternehmen entwickelten Beratungskonzepte nun auch auf den öffentlichen Bereich anzuwenden[202].

c) Das Ergebnis des Agenda-Setting

Sind Normsetzungsinitiativen nicht lediglich nachvollziehender, sondern politisch-gestaltender Art, so entscheidet bereits das Agenda-Setting häufig über die Qualität des noch zu erarbeitenden Gesetzes. Je nach der politischen Bedeutung der Sache, die sich aus deren Aktualität ergeben, mitunter aber auch schlicht auf einer politischen Entscheidung beruhen kann, in einem als defizitär dargestellt Bereich politische Handlungsfähigkeit demonstrieren zu wollen, werden die „Eckpunkte" der geplanten Neuregelung auf der „politischen Ebene" gesetzt und sind damit der späteren Mitwirkung der „Fachebene" nur sehr bedingt zugänglich. Es kommt daher sehr darauf an, in dieser Phase nicht eine Problemlösung ohne ausreichende Vorbereitung auf der Fachebene und ohne Zuziehung von sachverständigen Fachbeamten „festzuzurren". Fehlt den an einer solchen Vorfestlegung mitwirkenden Politikern das Gespür für die von der Festlegung berührten Fachfragen, dann können an dieser Stelle bereits Weichenstellungen beschlossen werden, die sich später nur noch in Fällen eklatanter Unzulänglichkeit verändern lassen (z.B. Absprachen ohne Mitwirkung der Haushaltsbeauftragten der Ministerien mit der Folge, dass die ordnungsgemäße haushaltsrechtliche Absicherung der Absprachen [Nachtragshaushalt?] mit nicht bedacht wird).

---

201 Zur Problematik der Zusammensetzung derartiger Kommissionen *Schulze-Fielitz,* Fn. 20, ZG 2000, 295, 312f.

202 Ausweislich einer Antwort der niedersächsischen Landesregierung auf eine Große Anfrage, Nds. LT-Drs. 14/3927, S. 3,wurden in der Zeit von 1994 bis 2002 368 Gutachten und Beratungsleistungen mit einem Gesamtvolumen von insgesamt rund 28,285 Millionen Euro direkt finanziert; ausweislich einer Antwort der Landesregierung Sachsen-Anhalt auf Kleine Anfragen, S-Anh LT-Drs. 3/4839, S. 10, in Sachsen-Anhalt im Zeitraum von 1998 bis 2001 fast 22,8 Millionen Euro für insgesamt 227 Gutachten.

Die vorhandenen Beratungsinstitute und -gremien können, wenn nicht ein interessengeleiteter Ansatz ihre Ergebnisse negativ beeinflusst, ohne Zweifel die fachliche Kompetenz der am Gesetzentwurfs- und Gesetzgebungsverfahren unmittelbar Beteiligten mehren und damit einen Beitrag zur sachlich-fachlichen Richtigkeit von Gesetzen leisten[203].

2. Verfahrensverbesserungen auf der Ebene des Agenda-Setting?

a) Transparenz des Agenda-Setting?

Die Phase der regierungsinternen oder politikinternen Vorüberlegungen ist dem Blick der Öffentlichkeit in aller Regel und aus guten Gründen entzogen. Diese typischerweise fehlende Transparenz in der allerersten Phase der Normentstehung muss freilich nicht im Gegensatz zum Leitbild der Normqualität stehen, denn diese Phase der politischen, nicht notwendig auch rechtlichen Vorüberlegungen wird auf diese Weise davor geschützt, dass schon zur Unzeit die betroffenen Interessengruppen die sachliche Aufbereitung und Verarbeitung des zu bewältigenden Problems behindern oder gar verhindern.

Für denjenigen, der diese Vorüberlegungen fachlich und rechtlich sachkundig begleitet sehen möchte, mag diese fehlende Transparenz des Verfahrens zu einem Zeitpunkt, wo der Handlungsspielraum noch besonders groß zu sein scheint, eher misslich erscheinen. Nach unserer Erfahrung kann allerdings Transparenz schon in dieser frühen Phase der Meinungsbildung die Normverfasser unter ganz erheblichen Kommunikations- und Rechtfertigungsdruck setzen, sodass mit dieser frühen Transparenz die Chancen für eine fachlich befriedigende Vorlage, mitunter auch die Chancen für eine politisch erfolgreiche Initiative überhaupt, eher abnehmen können.

Wenn aus diesem Grund Auskunfts- und Akteneinsichts- und Zugangsrechte, wie sie in Niedersachsen von Verfassungs wegen den Abgeordneten zustehen, u.a. gerade nicht bestehen, soweit dadurch „die Funktionsfähigkeit und Eigenverantwortung der Landesregierung wesentlich beeinträchtigt würden“[204], und hiermit gerade auch der „Kernbereich exekutiver Eigenverantwortung“[205] angesprochen ist, kann man wohl auch nicht generell verlangen, dass sämtliche Entscheidungsbemühungen und Entscheidungsgrundlagen, selbst wenn sie nicht weiter verfolgt worden sind, gegenüber der Öffentlichkeit

---

[203] Der Einfluss wissenschaftlicher Beratung auf die Entscheidungsfindung wird allerdings als gering angesehen, siehe *Morlok,* Fn. 10, VVDStRL 62, 33, 74 f.

[204] Art. 24 NV.

[205] Siehe BVerfGE 67, 100, 139.

ausgebreitet werden. Wie zu Art. 24 der Niedersächsischen Verfassung gelten ja auch insoweit die Feststellungen des Niedersächsischen Staatsgerichtshofs:

„Bestimmend dafür [die Garantie eines vertraulichen, nicht ausforschbaren Initiativ-, Beratungs- und Handlungsbereichs] ist die Notwendigkeit, den behördeninternen, oft – ... – ressortübergreifenden Abläufen der Entscheidungsvorbereitung, Willensbildung und Entscheidungsfindung jenes Maß von sachlicher und persönlicher Unbefangenheit zu geben, das zur sachgerechten Willensbildung und Entscheidungsfindung unerlässlich ist.“[206]

b) Transparenz jedenfalls der Beratungsgremien und ihrer Ergebnisse?

Gerade wegen der Bedeutung der Think Tanks und anderer Beratungsgremien[207] wird – nicht nur als verfassungspolitisch motivierte Forderung, sondern auch im Sinne einer Erhaltung der Erkenntnisressourcen für alle Stadien des Gesetzgebungsprozesses – gefordert,

- dass die Öffentlichkeit über die Einsetzung bzw. die Beauftragung von Expertengremien und deren Zusammensetzung informiert wird,
- dass die Empfehlungen dieser Gremien veröffentlicht werden[208].

Es wird darauf hingewiesen, dass nur dadurch Kritik und Widerspruch möglich wird einschließlich der Kritik an der Zusammensetzung des Expertengremiums – „Sachverstand und Interessenvertretung können bekanntlich unentwirrbar verflochten sein“[209]. Es ist hinzuzufügen, dass selbstverständlich die Kenntnis der Grundlagen einer gesetzgeberischen Aktivität schon für sich genommen einen erheblichen Wert hat, und zwar in erster Linie für das Gesetzgebungsverfahren im Parlament selbst.

Auch hier gilt aber, was bereits zu Buchst. a) zu sagen war: Eine rechtlich bindende Verpflichtung der Regierung, ihre Entscheidungsgrundlagen der Öffentlichkeit vollständig offen zu legen, kann es von Verfassungs wegen nicht geben.

---

[206] Nds. StGH, Beschl. v. 15. 6. 1996, NdsVBl. 1996, 189, 190.

[207] *Morlok,* Fn. 10, VVDStRL 62, 33, 74 f.

[208] *Morlok,* Fn. 10, VVDStRL 62, 33, 75.

[209] *Morlok,* Fn. 10, VVDStRL 62, 33, 75; nach *Siefken,* Fn. 196, 483, 495, sind der Normalfall gemischte Gremien aus Vertretern der gesellschaftlich organisierten Interessengruppen, Vertretern der Wissenschaft und renommierter Forschungsinstitute und Vertretern von Arbeitgebern und Arbeitnehmern, teilweise ergänzt durch Angehörige von Politik und Verwaltung.

c) Zusätzliche institutionelle Hilfen?

Wie unter Buchst. b) aufgezeigt worden ist, besteht an Ressourcen für die sachliche Aufbereitung der mit einem Gesetzgebungsprojekt verbundenen Fragestellungen kein Mangel. Das Problem scheint uns eher in der von *Thunert*[210] beschriebenen Weise darin zu bestehen, dass die Entscheidungsbedürfnisse der Politik mit der ihnen innewohnenden Dynamik und die Erkenntnisprozesse der Berater nicht zueinander finden. Auch die Ressourcen der Ministerialbürokratie, die auf die Wahrung der legistischen Qualität gerichtet sind, sind ja im Prinzip vorhanden und können bereits auf der Ebene des Agenda-Setting eingesetzt werden (ob sie ggf. einer Neuorganisation zur Erhöhung der Effektivität bedürfen, wird noch zu erörtern sein). Es kommt letztlich auf den Willen an, ihnen Gehör zu schenken. In Einzelfällen mögen externe Institutionen noch zusätzlichen Erfolg bringen – auch hierüber ist später noch zu reden.

II. Qualitätserhöhung auf der Ebene der Entwurfserarbeitung

1. Verfahrensablauf und Verfahrensprobleme

Hat sich im Rahmen des Agenda-Setting ergeben, dass zur Bewältigung des erkannten Handlungsbedarfs ein parlamentarisches Gesetz erarbeitet werden soll, beginnt das zuständige Ministerium mit der Erarbeitung eines Referentenentwurfs. Die typische Situation für die Fachebene ist diejenige, dass nun wichtige Vorentscheidungen für die Normsetzung bereits gefallen sind. Dazu gehört vor allem natürlich die Frage, ob überhaupt eine Normsetzung angestrebt werden soll, aber auch die weitere, worin die wichtigsten Regelungspunkte („Eckwerte“) bestehen sollen.

Aus diesen Überlegungen folgt auch, dass die in der Gesetzgebungslehre mitunter besonders betonte Prüfung des *„Bedürfnisses“* nach einer gesetzlichen Regelung[211] für die große Mehrzahl der praktisch vorkommenden Fälle von falschen Voraussetzungen ausgeht, jedenfalls was das Stadium des Referentenentwurfs und die

---

210 *Thunert*, Fn. 190, S. 30.

211 Darum drehen sich schwerpunktmäßig die „Prüffragen“ (s. o.); es wäre aber interessant zu wissen, in welchen Fällen diese Prüffragen tatsächlich „gegriffen“, also eine Gesetzesinitiative als entbehrlich aufgedeckt haben. Der auf Bundesebene eingerichtete Sachverständigenrat „Schlanker Staat“ hat gefordert, die Gesetzesverfasser zu einer schriftlichen Mitteilung des Ergebnisses der Bedürfnisprüfung zu verpflichten (vgl. Wiss. Dienst BT WF III – 52/97, S. 7).

späteren Stadien der Gesetzesentstehung angeht. Eine solche Bedürfnisprüfung ist vor allem dann sinnvoll, wenn sie ergebnisoffen betrieben wird, weniger aber dann, wenn die Bedürfnisfrage auf der politischen Ebene schon bejaht worden ist. Im letzten Falle kann die Bedürfnisprüfung lediglich zum Aufsuchen von Begründungen führen, deren Diskussion aber nicht weiterführen kann. In den Fällen der verwaltungsseitigen Initiative dürfte man hingegen darauf vertrauen können, dass die praktischen Hürden innerhalb eines Ministeriums im Allgemeinen hoch genug sind, dem interessierten Fachreferat eine solche Prüfung schon im wohlverstandenen Eigeninteresse nahe zu legen.

Aus alledem folgt zwar nicht, dass die Prüfung, ob eine gesetzliche Regelung erforderlich ist, vernachlässigt werden kann. Es wird aber deutlich, dass mit dieser Fragestellung für die fachliche Erarbeitung des Gesetzentwurfs und die damit verbundene Rechtsberatung regelmäßig nicht viel zu erreichen ist, unabhängig davon, ob diese Frage auf der politischen Ebene der Entscheidungsvorbereitung bedacht worden ist oder nicht.

a) Erarbeitung eines Referentenentwurfs

Die wichtigste Station für die Bearbeitung von Gesetzentwürfen innerhalb einer Landesregierung ist die Erarbeitung eines sog. Referentenentwurfs. Innerhalb des jeweiligen Ministeriums werden für das Gesetzgebungsprojekt ein oder mehrere kooperierende Referate mit der Erarbeitung dieses Entwurfs betraut. Das zuständige Referat (bzw. eine Arbeitsgruppe aus mehreren Referaten) ist dabei nicht lediglich verpflichtet, die aus fachlicher und rechtlicher Sicht notwendigen Eckpunkte des Gesetzentwurfs zu erarbeiten, sondern es schuldet den kompletten, auch gesetzestechnisch „fertigen" Entwurf. Im Idealfall handelt es sich dabei um einen Lösungsvorschlag, der

- unter Ausschöpfung des der Regierung bekannten Sachverhalts und
- unter Ausschöpfung des fachwissenschaftlichen Erkenntnisstandes eine
- in sich stimmige Regelung („aus einem Guss") herstellt.

Manche Stellungnahmen im Schrifttum scheinen davon auszugehen, dass dies in der Regel gelingt, und die mangelnde Qualität der Gesetze dem späteren unheilvollen Einfluss von Interessenverbänden, parteipolitisch gefärbten Spitzenbeamten oder ganz allgemein „dem politischen Raum" zuschreiben zu wollen. Andere Untersuchungen thematisieren den Einfluss der Ministerialverwaltung auf die Gesetzgebung und stellen die Frage nach einer Steuerbarkeit dieses Einflusses.[212] Unseren praktischen Erfahrungen entspricht eine solche Vorstellung freilich nicht. Ob diese Erfahrungen sich auch auf Bundesebene angesichts der dort viel stärker spezialisierten Fachabteilungen zutreffen, könnte man gesondert untersuchen;[213] die im Schrifttum immer einmal wieder erhobenen Klagen über teilweise geradezu greifbare rechtstechnische Mängel auch in Bundesgesetzen[214] und der praktische Umgang mit diesen Regelwerken spricht aber eher dafür, dass die Unterschiede zwischen Bundes- und Landesebene in diesem Bereich eher graduell als substantiell sein dürften.

aa) Ausreichendes fachliches Anschauungsmaterial?

Am ehesten könnte man meinen, dass einem Fachreferat der zu regelnde Sachbereich vertraut sein müsste, weil ja alle einschlägigen Informationen der Regierung dort zusammenlaufen müssten. Dabei wird aber u.a. vorausgesetzt, dass sich das Fachreferat in einem ständigen und regen fachlichen Austausch mit dem „nachgeordneten Bereich", in dem die Gesetze vollzogen werden, befindet. Aus unseren Diskussionen mit Fachreferaten im Rahmen von Gesetzgebungsverfahren entnehmen wir, dass die genannten guten Bedingungen vorliegen können, aber keineswegs vorliegen müssen[215]. Die Gründe dafür sind vielfältig; sie reichen von der Einschränkung der Spezialisierung und bereichsspezifischen personellen Engpässen, wie sie sich insbesondere im Zuge des länderseitigen Personalabbaus notwendigerweise ergeben, bis zu Gründen aus der Verwaltungsstruktur und fachlichen Unzulänglichkeiten und Fehlbesetzungen von Stellen. Mit den Gründen der Verwaltungsstruktur ist hier[216] gemeint, dass der

---

212 Wiss. Dienst BT (a.a.O., Fn. 2, S. 9). Darin werden die Möglichkeiten der Ministerialverwaltung zur Beeinflussung der politischen Führung zwar richtig beschrieben, aber zu wenig unterschieden zwischen politischen Grundentscheidungen und Detailsteuerung (s.a. ebda S. 14). Zu einer Problembeschreibung wie im Text angedeutet kommt man nur, wenn man der politischen Führung auch dort ein Steuerungsinteresse unterstellt, wo diese ein solches Interesse gar nicht hat und aus tatsächlichen Gründen auch kaum haben kann.

213 Eine eingehende Untersuchung zweier bundesrechtlicher Gesetzgebungsprojekte in der dortigen Ministerialverwaltung hat *Krems* durchgeführt (Grundfragen der Gesetzgebungslehre ..., 1979).

214 Vgl. zum Beispiel den sehr kritischen Hinweis zur Unzulänglichkeit der rechtstechnischen Bewältigung von Verflechtungen des Kindergeldrechts mit „benachbarten" Rechtsgebieten des Sozial-, Familien- und Abgabenrechts. BVerfG NJW 2003, 2733 (2735f.) sowie *Hohmann-Dennhardt,* ZRP 2003, 373.

215 Zur begrenzten Problemverarbeitungskapazität der Ministerialbürokratie auch *Schulze-Fielitz,* Theorie und Praxis, Fn. 4, S. 461 f.

216 Eine deutlich andere Richtung für die Begründung seiner Skepsis gegen die Leistungsfähigkeit der Ministerialverwaltung nimmt die Begründung von *Schulze-Fielitz,* Fn. 61, S. 758, 760ff., der einen Funktionswandel dieser Bürokratie hin zur Detailsteuerung feststellt. Dieser Effekt dürfte sich inzwischen umgekehrt haben.

Verwaltungsvollzug in der Regel (und zwar aus sachlichen Gründen) nicht in den Händen der Ministerialverwaltung, sondern in „nachgeordneten“ Ämtern oder – dies ist aus praktischen, aber auch aus Rechtsgründen (vgl. Art. 57 Abs. 3 NV und Art. 28 Abs. 2 GG) der Regelfall – bei den kommunalen Körperschaften liegt. Das Finden einer optimalen Problemlösung setzt in diesen Fällen also nicht nur einen Rückgriff auf die (möglichst vollständig verfügbaren) eigenen Vorkenntnisse aus den Akten des Fachreferats voraus,[217] sondern eigenständige Bemühungen des Referats um Sachaufklärung bei anderen Regierungsreferaten, nachgeordneten Behörden und im kommunalen Bereich.[218] Dabei gilt auch hier, dass die Normsetzung praktisch ein fortlaufender Kommunikations- und Rückkoppelungsprozess sein muss und dass das zielgerichtete und effektive Betreiben eines solchen Normsetzungsverfahrens hohe Anforderungen stellt. Werden die für ein solches Verfahren vom Fachressort bereit gestellten *Ressourcen* sehr knapp gehalten, sei es weil die betreffenden Mitarbeiter nicht genug personelle und fachliche Unterstützung bekommen, sei es weil sie von ihrer fortlaufenden Dezernatsarbeit nicht ausreichend entlastet werden, so sind suboptimale Ergebnisse vorprogrammiert. Dies gilt verstärkt, wenn der Druck auf die Ressourcen des Ressorts in der Erzeugung von *Zeitdruck* besteht. Sicherlich ist ausreichende Bearbeitungszeit kein Garant für perfekte Arbeitsergebnisse, sicherlich gibt es für eine Beschleunigung außer taktischen[219] oft auch sachliche Gründe und sicherlich muss man beim Hinweis auf das Zeitdruckargument auch ein taktisches (Selbstrechtfertigungs-)Moment in Rechnung stellen. Nach unseren Beobachtungen trifft der Hinweis auf den Zeitdruck (als ein Erklärungselement für unzureichende Gesetzesvorlagen unter mehreren) aber durchaus – und von Jahr zu Jahr in größerem Ausmaß –

---

[217] Damit ist das Problem angesprochen, ob in der Ministerialverwaltung eigentlich noch von einem funktionstüchtigen Langzeitgedächtnis in Gestalt einer gut erschlossenen Registratur ausgegangen werden kann. Die Möglichkeiten der IuK-Technik würden ein solches „Wissensmanagement“ zulassen. Es scheint derzeit aber überwiegend so zu sein, dass die herkömmliche Ablagetechnik nicht mehr und die elektronische noch nicht recht funktioniert. Dieser Sachverhalt wirkt sich jedoch weniger als früher aus, weil die Notwendigkeiten, auf frühere Erkenntnisse zurückzugreifen, aufgrund beschleunigter tatsächlicher Entwicklungen abnehmen.

[218] Auf Bundesebene stellt sich dieses Problem verschärft, weil die Entfernung von den Vollzugserfahrungen noch größer ist; diese müssen über die Landesregierungen und den Bundesrat über weitere Stationen vermittelt werden (*Schulze-Fielitz,* Fn. 61, S. 763).

[219] Nach *Schulze-Fielitz* wird Zeitdruck auch eingesetzt, um das politische Konzept nicht zu gefährden (Fn. 61, S. 763). Er hat diesen Effekt besonders bei Leistungsgesetzen festgestellt; er ist aber auch anderorts zu beobachten, wo eine längere öffentliche Diskussion politisch als allzu nachteilig empfunden wird.

zu.[220] Da politische Überlegungen über straffe Beratungsfahrpläne gerade bei politisch wichtigen Gesetzesvorhaben angestellt werden, bei denen der Beratungsbedarf aber u.U. besonders groß sein wird (wenn es um komplexe Eingriffe ins Wirtschafts- und Sozialstaatsgefüge geht), kommt man zu einem paradoxen Befund: Ausreichend Zeit für die Optimierung einer Gesetzesvorlage wird typischerweise bei Regelungen eingeräumt, auf die es aus politischer Sicht nicht so sehr ankommt, während die Zeitpläne für politisch bedeutsame Vorhaben, die jedenfalls auf Bundesebene oft auch die komplexeren sind, eher so angelegt sind, dass das Qualitätsmanagement nur noch eingeschränkt zum Zuge kommen kann.

bb) Ausreichende fachwissenschaftliche Kenntnisse?

Auch die Möglichkeiten der Ministerialverwaltung zur laufenden Verfolgung der fachwissenschaftlichen Diskussion auf ihrem Fachgebiet dürfen nicht überschätzt werden.[221] Man muss sich dabei schon vor Augen führen, dass – jedenfalls in den für uns überschaubaren Landesministerien – die fortlaufende Sachbearbeitung und damit der erste Zugriff für die Verfolgung eines Fachgebiets keineswegs (und auch nicht im Regelfall) bei Beamten mit einer Präferenz zum wissenschaftlichen Arbeiten liegt. Inwieweit die wissenschaftliche Literatur ihrerseits genug tut, um ihren Erkenntnissen den Weg in die Verwaltungspraxis zu bahnen, wäre eine zweite Frage, die hier offen gelassen werden soll.[222] Auch hier müsste ein tüchtiger Referent sich den entsprechenden Zugang im Bedarfsfall erst verschaffen. Ob es allein mit diesem Umstand zu tun hat, dass auch die Landesregierungen in nicht unerheblichem Umfang den wissenschaftlichen Sachverstand Externer anfordern, mag dahingestellt bleiben, jedenfalls wird daraus deutlich, dass auch die Spitze der Ministerialver-

---

[220] In Einzelfällen wurde der Ministerialverwaltung die Fertigstellung von – keineswegs kleinen – Gesetzentwürfen mit grundsätzlichen landespolitischen Entscheidungen mit der Bearbeitungsdauer eines Wochenendes – und zwar im unmittelbaren Anschluss an einschlägige Parteitagsbeschlüsse des Regierungslagers – übertragen. Auch auf Bundesebene war zu beobachten, dass die zum Teil sehr umfangreichen Gesetzentwürfe zur Reform des Abgaben- und Sozialrechts im Zuge der „Agenda 2010" äußerst kurzfristig vorgelegt und für deren Beratung besonders enge Zeitpläne ins Auge gefasst wurden.

[221] *Maihofer* meint (in Maihofer u.a.: Theorie und Methoden der Gesetzgebung, 1983, S. 36), die Ministerialverwaltung sei meist ausreichend ausgestattet, um die wissenschaftliche Betreuung eines Projekts selbst zu übernehmen. Auf Landesebene halten wir diese Einschätzung für zu optimistisch; sie kann allerdings insofern das Richtige treffen, dass auch der Nutzen, der sich aus der Wissenschaft für die Lösung aktueller politischer Probleme ziehen lässt, vielfach überschätzt wird.

[222] Zuweilen legen die Gutachten, die in Gesetzgebungsverfahren als Entscheidungsgrundlage vorgelegt worden sind, eine skeptische Einschätzung nahe.

waltung in diesem Punkte damit rechnet, die notwendige Sachverhaltsbasis mit eigenen Mitteln nicht schaffen zu können.

cc) Ausreichende Kenntnisse des einschlägigen Rechts und der Gesetzestechnik?

Die weitere Frage ist, inwieweit die rechtliche Ausbildung der Ministerialbeamten in einem Fachreferat typischerweise ausreicht, um ausreichende Kenntnisse des eigenen Fachgebiets, der notwendigerweise zu berücksichtigenden benachbarten Rechtsgebiete und den notwendigen rechtsystematischen Einblick in mögliche rechtliche Problemlösungstechniken im Bereich der Normgebung zu erwerben. Damit ist nicht einmal in erster Linie das Wissen um die notwendigen Förmlichkeiten etwa der Ausarbeitung eines Gesetzes oder gar eines Änderungsgesetzes gemeint. Derlei Wissen kann sich ein engagierter Beamter mittels der einschlägigen Broschüren oder auch durch aufmerksame Durchsicht einiger Gesetzblätter durchaus verschaffen; es lässt sich auch noch verhältnismäßig einfach organisieren, dass eine Stelle innerhalb der Landesregierung – nach unseren Erfahrungen auch durchaus zeitnah – diese Rechtsförmlichkeitsebene „nacharbeitet". Entscheidender für die Rechtsanwendung sind aber die zuvor genannten fachlichen und rechtsystematischen Kenntnisse und Erfahrungen, zu deren Erwerb nicht einmal die juristische Ausbildung – allein – allzu viel beiträgt. Welche Leistungsunterschiede die Fachreferate hierbei aufweisen, hängt auch davon ab, wie oft sie Normsetzungsprojekte zu betreiben haben. Ist dies nur ausnahmsweise einmal der Fall, müsste von der Regierung erwartet werden, dass sie den betreffenden Bereich zur Durchführung des Normsetzungsprojekts vorübergehend personell um eine insoweit erfahrene Kraft verstärkt. Dies geschieht auf Landesebene teilweise, aber keineswegs durchgängig. Unsere Erfahrungen zeigen, dass die Benennung eines solchen geeigneten Projektleiters auch für den späteren Projektverlauf – also im parlamentarischen Verfahren – von entscheidender Bedeutung ist, weil davon die rasche Aktivierung des Sachverstands der Stellen der Regierung und die reibungslose Abstimmung von Alternativvorschlägen wesentlich abhängt.

Es zeigt sich, dass die genannten Idealvoraussetzungen für Normsetzung eben nicht selbstverständlich in jedem Arbeitsbereich einer Regierung vorliegen – jedenfalls in dem für uns überschaubaren Landesbereich –, sondern vielfach erst durch besondere Vorkehrungen geschaffen werden müssen. Inwieweit das möglich ist, hängt bisher vor allem von dem Verständnis der jeweiligen „Hausspitze" für die Besonderheiten und Anforderungen der Normerzeugung zusammen.

dd) Antizipierung politischer Handlungskategorien?

Eine weitere komplexe Frage ist, inwieweit die Ministerialverwaltung dadurch einen eigenständigen Beitrag zur mangelhaften Normenqualität liefert, dass sie – in Verkennung ihres Auftrags – das Denken der politischen Entscheidungsträger – auch in seinen Schattenseiten der nur kurzen Zeitperspektive für die Erarbeitung und für die Reichweite von Problemlösungen und der raschen Fixierung auf die eine, politisch gewollte und rasche Lösung – vorwegnimmt und damit bereits frühzeitig den objektiv gegebenen Entscheidungsspielraum der politischen Ebene (im eigenen Haus, aber im Grunde auch schon für das spätere parlamentarische Verfahren) einschränkt.[223]

b) Kommunikationsphase

Üblicherweise werden die Referentenentwürfe ressortintern und mit den anderen – zumindest den in ihren Geschäftsbereichen betroffenen[224] – Fachministerien abgestimmt[225]. Auf diese Weise wird der in der Regierung vorhandene, aber oft auf mehrere Regierungsstellen verteilte Sachverstand gebündelt; es findet eine „Abstimmung" derjenigen Belange dar, die von diesen Stellen repräsentiert werden. In der Kommunikation der beteiligten Fachreferate werden also Lösungen gesucht, die im Idealfall den bekannten Grundsätzen der praktischen Konkordanz entsprechen.

c) In Niedersachsen: Überprüfung des Entwurfs durch die Arbeitsgruppe Rechtsvereinfachung, Einigungsverfahren

Anschließend, also noch bevor der Entwurf durch Kabinettsbeschluss den betroffenen Interessenverbänden vorgelegt wird, erfolgt in Niedersachsen die Überprüfung des Gesetzentwurfs in der Normprüfungsstelle der Staatskanzlei[226]. Eine – im Jahre 1981 eingerichtete – sog. Arbeitsgruppe Rechtsvereinfachung, bestehend aus drei Juristen, sieht die Entwürfe anhand eines Prüfschemas durch. Dabei geht es vor allem um die Notwendigkeit der angestrebten Regelung, ihre Vollzugseignung sowie um die Einhaltung der Regeln

[223] Näher zur Forderung nach Entwicklung von Alternativen unten 3. am Ende.
[224] Siehe in Niedersachsen bisher § 24 GOMin, nun § 22 GGO Nds. (siehe Fn. 141).
[225] In Niedersachsen werden zugleich mit der Übersendung des Referentenentwurfs an die in ihren Geschäftsbereichen berührten Häuser die Staatskanzlei (Arbeitsgruppe Rechtsvereinfachung und Amtsblattstelle, siehe Buchst. c), und der Landesrechnungshof unterrichtet (§§ 24, 26 GOMin, nun §§ 22, 27 GGO Nds.).
[226] § 1 der Anlage zu § 43 GOMin.

der Rechtsförmlichkeit.[227]. Die Arbeitsgruppe unterbreitet Änderungsvorschläge und leitet diese den beteiligten Ministerien zu. Die notwendige Verhandlungsmacht dieser Arbeitsgruppe beruht auf deren Beteiligung vor der ersten Kabinettsbefassung in Verbindung mit der Regelung, dass dann, wenn zwischen der Arbeitsgruppe und den Ministerien kein Einvernehmen erzielt werden kann, der Streitstand mit den Lösungsvorschlägen in der Kabinettsvorlage darzulegen ist. Die Zuordnung der Arbeitsgruppe zur Staatskanzlei[228] stellt im Regelfall sicher, dass diese Verfahrensvorschriften auch eingehalten werden, dass also keine Kabinettsvorlagen auf die Tagesordnung gesetzt werden, bei denen dieses Verfahren nicht eingehalten wurde.

Eine gut besetzte Normprüfungsstelle kann in dieser Phase noch ganz erheblich zur Rechtsvereinfachung und -verbesserung beitragen, indem sie die vorliegenden Regelungsvorschläge vor dem Hintergrund ihrer ständigen Erfahrungen mit der Normsetzung durchsieht und charakteristische Schwächen herausfiltert. Es kann dabei zu einem sehr fruchtbaren Dialog zwischen Fachleuten in der Sache und den Fachleuten in der Regelungstechnik kommen. An dieser Stelle ist im bestehenden System wohl noch der geeignetste und effektivste Standort für die *Erforderlichkeitsprüfung*.

Mit der Arbeitsgruppe Rechtsvereinfachung und vergleichbaren Normprüfungsinstitutionen innerhalb der Ministerialverwaltung ist aber wohl noch nicht die optimale Gestaltungsform gefunden worden. Darauf wird in der Folge noch einzugehen sein[229].

d) Erste Kabinettsentscheidung (Freigabe des Entwurfs zur Anhörung)

Der erste (regierungsinterne) Teil der Kommunikationsphase endet mit einer ersten Kabinettsentscheidung, durch die der Gesetzentwurf „zur Anhörung freigegeben wird". Mit dieser Entscheidung legt sich die Landesregierung freilich hinsichtlich der „Eckpunkte" des Entwurfs gegenüber der Öffentlichkeit fest. Die Medien berichten bei Themen, die mit einer gewissen öffentlichen Aufmerksamkeit rechnen können, über diese Entscheidung; ansonsten gelangt die Thematik wenig später durch besonders von dem Regelungsvorhaben betroffene Verbände in die (Medien-)Öffentlichkeit.

---

[227] Bisher § 43 GOMin, nun §§ 40, 41 GGO Nds. Das Prüfschema wird als „Gelbe Prüffragen" bezeichnet.

[228] Ähnliche Institutionen sind im Bund und in anderen Ländern dem Justizministerium zugeordnet.

[229] Siehe S. 88 f.

e) Kommunikationsphase (Anhörung der Interessenverbände, Auswertung der Anhörung); Zweite Kabinettsentscheidung (über die Einbringung des Gesetzentwurfs)

Die in Niedersachsen bisher durch § 27 GOMin, nun durch § 31 GGO Nds. vorgesehene Anhörung der Interessenverbände zu einem Gesetzentwurf kann ein wesentliches Erkenntnishilfsmittel im Normsetzungsverfahren darstellen, wenn eine sorgfältige Auswertung der (meist schriftlich eingereichten) Stellungnahmen erfolgt. Auch wenn in dieser Phase nach der ersten Kabinettsbefassung der politische Spielraum für grundlegende Änderungen gering sein wird, kann die Anhörung durchaus viele Erkenntnisse für die Konkretisierung der Regelungsabsichten und damit Anlässe für Korrekturen im Detail bieten, und zwar auch dann, wenn Grundzüge des Entwurfs schon zuvor mit den Verbänden erörtert worden sein sollten. Die Anhörung bildet damit ein wichtiges Element der Qualitätssicherung. Zu den anzuhörenden Verbänden gehören insbesondere auch die kommunalen Spitzenverbände, die im Allgemeinen wichtige praktische Erfahrungen und wertvolle Hinweise für den Gesetzesvollzug beisteuern können.[230] Es spricht daher eine gewisse Wahrscheinlichkeit dafür, dass qualifizierte Hinweise von dieser Seite zumindest im parlamentarischen Verfahren Aufmerksamkeit finden werden. Dies legt eine sorgfältige Auseinandersetzung gerade mit diesem Vorbringen auch schon auf der Ebene der Landesregierung nahe. Außerdem liegt es vor diesem Hintergrund nahe, dass die Auseinandersetzung jedenfalls mit den Stellungnahmen der kommunalen Spitzenverbände auch in der Begründung des Regierungsentwurfs dargestellt wird.[231]

Bis hierhin weist das von der Ministerialverwaltung betriebene Normsetzungsverfahren also schon eine Reihe von Verfahrensstationen und Merkmalen auf, die ein gewisses „Qualitätsmanagement" leisten könnten.

---

[230] In Niedersachsen ist deshalb im Jahr 1997 den kommunalen Spitzenverbänden auf Verfassungsebene ein Anhörungsrecht vor dem Erlass von Rechtsvorschriften eingeräumt worden, durch die „allgemeine Fragen geregelt werden, die die Gemeinden oder Landkreise unmittelbar berühren" (Art. 57 Abs. 6 NV). In eine ähnliche Richtung geht – allerdings auf anderer Ebene und nur als „Soll-Regelung" – § 69 Abs. 5 GO BT. Den kommunalen Spitzenverbänden kommt über ihren Sachverstand hinaus auch deshalb erhebliches politisches Gewicht zu, weil die meisten Abgeordneten in irgendeiner Weise (auch) im kommunalen Bereich politisch verankert sind; in den Landtagen, in denen dies nicht ausgeschlossen ist, haben Abgeordnete überwiegend auch kommunale Mandate.

[231] In Niedersachsen liegt dies auch vor dem Hintergrund des in der vorangegangenen Fußnote erwähnten Anhörungsrechts nahe, denn auf diese Weise kann u. U. das parlamentarische Verfahren beschleunigt werden, in dem ja zu prüfen ist, ob die Anhörung durch die Landesregierung auch für das parlamentarische Verfahren als ausreichend angesehen werden kann.

Nach der Anhörung und deren Auswertung erwartet man als weitere Schritte die Verarbeitung der dabei gewonnenen Erkenntnisse und die als notwendig erkannten Anpassungen des Regelungstextes und der Begründung des Entwurfs. [232]In der Lehre wird zudem die Entwicklung von *Regelungsalternativen* gefordert.[233] Tatsächlich werden diese Schritte oft nur mit Einschränkungen oder nur teilweise durchgeführt. Gründe dafür mögen der schon dargestellte Zeitdruck auf das Verfahren, möglicherweise aber auch die Einsicht sein, dass es für die politische Bewertung der Initiative auf die in der Anhörung markierten Detailänderungen letztlich nicht ankommt, oder auch die Zuversicht, dass das Material noch später – im parlamentarischen Verfahren – aufgearbeitet werden kann. Dass die Erkenntnisse aus der Anhörung noch in die Gesetzesbegründung aufgenommen werden, dürfte noch eher der Regelfall sein, eher eine Ausnahme ist es allerdings, wenn daraus eine neue Gesetzbegründung „aus einem Guss" entwickelt wird.[234]

Den Abschluss des regierungsinternen Gesetzentwurfsverfahrens bildet die Kabinettentscheidung über die Einbringung ins Parlament.

f) Überlassen ausgearbeiteter Regierungsentwürfe an die Regierungsfraktionen zur Einbringung als Fraktionsentwürfe – ein Überlastungssignal?

An dieser Stelle soll ein bereits oben (S. 55f.) angesprochenes Phänomen noch einmal aufgegriffen werden, das in der Gesetzgebungspraxis häufiger zu werden scheint: Das Überlassen ganzer, fertig ausgearbeiteter Gesetzentwürfe an die Regierungsfraktionen, damit diese sie als eigene Fraktionsentwürfe ins Parlament einbringen.

Dass solche Entwürfe in einem früheren oder späteren Entwicklungsstadium als Fraktionsentwürfe eingebracht werden können, ist ja auch auf Bundesebene kein außergewöhnliches Phänomen. Der damit angestrebte Beschleunigungseffekt hat auf Bundesebene den

---

232 So sieht es in Niedersachsen § 4 Abs. 2 der Anlage zu § 43 GOMin auch vor.

233 *Schulze-Fielitz*, Theorie und Praxis, Fn. 4, S. 573.

234 Wir beobachten zunehmend, dass Textänderungen aufgrund der Anhörung in der Entwurfsbegründung nicht mehr nachvollzogen werden; in diesen Fällen stimmen Regelungsvorschlag und Begründung also nicht überein. Auf Bundesebene werden insoweit weitgehend nur noch Versatzstücke elektronisch zusammengefügt. Die Forschung nach den gesetzgeberischen Motiven stößt auf Bundesebene aber auch deswegen früh an Grenzen, weil bei politisch brisanten Projekten die Weichen im Vermittlungsausschuss – der keine für Dritte einsehbare Niederschriften hervorbringt – oder sogar in informellen Gremien (Arbeitsgruppen) gestellt werden; für weniger brisante Vorhaben gibt das parlamentarische Beratungsverfahren mitunter über die Entwurfsbegründung hinaus ohnehin nicht mehr viel her.

Hintergrund, dass Regierungsentwürfe zuerst dem Bundesrat zuzuleiten sind, wobei dem Bundesrat bestimmte Mindestfristen für seine Beteiligung eingeräumt sind (Art. 76 Abs. 2 GG), während für Entwürfe „aus der Mitte des Bundestages" diese Verfahrensmaßgabe nicht gilt, sodass die Ausschussberatungen schneller begonnen werden können. Für dieses Bundesratsverfahren gibt es auf Landesebene aber keine Entsprechung.

Eine entsprechende Entwicklung hin zu den Fraktionsentwürfen der Regierungsparteien gibt es aber auch auf Landesebene; das Beschleunigungsinteresse hat dort allerdings einen anderen Hintergrund. Unser Eindruck ist, dass die Verbesserungen im Qualitätsmanagement der Regierung deshalb nur begrenzt wirken, weil sie offenbar Zeit kosten und deshalb nicht ausreichend bedachte Nebenwirkungen zeitigen. Besonders eindrucksvoll zeigt sich dies seit der Einführung des (aufwändigen) Verfahrensschritts der Gesetzesfolgenabschätzung, in Niedersachsen eingeführt mit Erlass vom 24. 2. 1998.[235] Abzulesen ist die verdeckte Verlagerung von Gesetzesentwürfen auf die Regierungsfraktionen auch an einer neueren, in ihrer zeitlichen Entwicklung auffälligen Veränderung in den Regelungsgegenständen der Haushaltsbegleitgesetze,[236] zum anderen in der Zunahme des – freilich nicht neuen – „Aufpfropf-Effekts", mit dessen Hilfe selbständige Gesetzgebungsverfahren eingespart werden. Die Entwicklung der niedersächsischen Haushaltsbegleitgesetze seit 1995 lässt erstens erkennen, dass an die Stelle von Abweichungsmaßgaben für das betreffende Haushaltsjahr seit 1997 zunehmend Gesetzesänderungen mit Dauerwirkung treten. Zweitens nehmen diese Gesetze trotz ihrer in eine andere Richtung weisenden Überschrift mehr und mehr „sonstige" Bestimmungen ohne wesentliche haushaltsmäßige Auswirkungen auf. Drittens gewinnen diese Gesetzentwürfe im Landtag noch erheblich an Umfang, indem zusätzliche und völlig neue Regelungsgegenstände auf Fraktionsanträge hin einbezogen („aufgepfropft") werden. Den Wendepunkt für die letztgenannten Entwicklungen bildet jeweils das Haushaltsbegleitgesetz 1999.[237]

---

[235] Zu diesem Effekt, den Angaben zu den Zahlenverhältnissen und den mutmaßlichen Ursachen *Janssen/Winkelmann*, Fn. 150, S. 301, 329 ff. und oben S. 54 ff.

[236] „Haushaltsbegleitgesetze" gibt es in Niedersachsen (nach einem ersten Vorläufer eines „Haushaltsanpassungsgesetzes" von 1982) erst seit 1995; seither ist von diesem Instrument nahezu in jedem Haushaltsjahr (mit einer Ausnahme nur für das Jahr 1998) Gebrauch gemacht worden; also oft auch dann, wenn wegen eines für zwei Jahre geltenden Haushaltsplans an sich kein Haushaltsgesetz zur Beratung stand.

[237] Daher belegt auch diese Entwicklung unseren Eindruck, dass das im Jahr 1998 beschlossene Verfahren zur Gesetzesfolgenabschätzung eine wesentliche Ursache dafür bildet.

Das „Aufpfropfen“ von Regelungsgegenständen zeigt sich auch außerhalb der Haushaltsbegleitgesetze, wobei die nachträglich ins parlamentarische Verfahren eingebrachten Änderungen den ursprünglichen Entwurfsumfang durchaus deutlich überschreiten können.[238]

Rechtspolitisch sind diese Entwicklungen bedenklich, denn sie führen in aller Regel zumindest zu einer Verkürzung und einer anderen Strukturierung des parlamentarischen Beratungsverfahrens, bei den Haushaltsbegleitgesetzen vor allem dadurch, dass der eigentliche Fachausschuss nicht die „Federführung“ für das Haushaltsbegleitgesetz hat, was sich nicht nur auf einzelne Verfahrensschritte,[239] sondern auch auf das Beratungsergebnis[240] auswirkt. Unsere Erfahrungen sprechen jedenfalls dafür, dass die Zeitdauer, die für ein „geordnetes Verfahren“ zu veranschlagen ist, auf der Ebene der politischen Leitung zunehmend als zu hoch empfunden wird.

2. *Ausformulierung von Regelungsalternativen?*

Schon nach den bisherigen Ausführungen wird der verständliche Wunsch des Schrifttums nach Entwicklung von Regelungsalternativen innerhalb des Gesetzentwurfs,[241] vermutlich beschränkt auf bedeutsame Weichenstellungen mit annähernd gleichwertigen Lö-

---

[238] Ein besonders eindrucksvolles Beispiel war ein Änderungsgesetz zum HeilberufekammerG aus dem Jahr 1999, das ursprünglich aus einem einzigen Änderungsbefehl (betreffend § 14 a HKG) bestand, während die Beschlussempfehlung 14 Paragrafen (darunter ein neues Gesetzeskapitel) erfasste; hinzu kam noch ein kleineres selbständiges Gesetz zur Errichtung einer Psychotherapeutenkammer. Die Folgeanpassungen im Nds. Mediengesetz an Änderungen des Rundfunkstaatsvertrages erfolgen inzwischen fast schon durchgängig auf diese Weise, nämlich durch Einfügung weiterer, durch Fraktionsanträge in das Zustimmungsgesetz eingebrachte Zusatzartikel. Dabei werden durchaus auch weitere Gegenstände mitgeregelt, die mit den aktuellen Änderungen des Rundfunkstaatsvertrages nichts zu tun haben.

[239] So wird die bei gesetzlichen Neuregelungen gebräuchliche und als Erkenntnisquelle wertvolle Anhörung im Fachausschuss schon aus Zeitgründen kaum durchgeführt werden können, wenn der Fachausschuss nur mitberatend tätig wird.

[240] Die auf diesem Wege vorgenommenen punktuellen Änderungen von Fachgesetzen führen, wie auch auf Bundesebene bereits beobachtet worden ist, vermehrt zu rechtssystematischen Brüchen in diesen Gesetzen; zu diesem Problem *Janssen*, Über die Grenzen des legislativen Zugriffsrechts, 1990, S. 93 ff., 101 ff. (m. w. N. auf S. 93 f.), der die Haushaltsbegleitgesetze auch in verfassungsrechtlicher Hinsicht Bedenken ausgesetzt sieht, allerdings nicht in erster Linie unter dem Aspekt eines eingeschränkten Beratungsverfahrens, sondern (eher umgekehrt) unter dem haushaltsverfassungsrechtlichen Gesichtspunkt, dass die punktuellen (Korrektur-)Eingriffe in Leistungsgesetze Ausdruck ungenügender Abstimmung dieser Leistungsgesetze mit der Haushaltsplanung seien.

[241] *Schulze-Fielitz*, Theorie und Praxis, Fn. 4, S. 567.

sungsmöglichkeiten, kaum noch realistisch erscheinen. Dies hat nicht zuletzt seinen Grund darin, dass diese Forderung die politischen Eigengesetzlichkeiten des Normsetzungsverfahrens nicht ausreichend berücksichtigt. Werden zum Gesetzentwurf Regelungsalternativen angeboten, so sorgt das nicht nur im eigenen Lager für Unruhe, sondern provoziert auch Kritik am politischen „Erscheinungsbild“ der Regierung sowie ggf. taktisch motivierte Versuche, diese Darstellungsschwächen auszunutzen und die Diskussion im „Regierungslager“ anzuheizen oder gar die betreffenden Gruppen in der Debatte gegeneinander auszuspielen.

3. Verbesserungspotential „Detaillierung der Begründung von Gesetzentwürfen“

Dass ein Gesetzentwurf eine Begründung haben muss, wird von Verfassungs wegen kaum jemals grundsätzlich ausgesprochen: Es versteht sich nahezu von selbst. In Niedersachsen bestimmt Artikel 48 Abs. 1 Satz 2 der Niedersächsischen Verfassung allein in Bezug auf ein Volksbegehren, das den Erlass eines Gesetzes zum Inhalt hat, dass ihm „ein ausgearbeiteter, mit Gründen versehener Gesetzentwurf“ zugrunde liegen müsse. Im Übrigen findet sich in der Niedersächsischen Verfassung nur eine Einzelbestimmung, Art. 68 Abs. 1 NV, aus der sich, weil sie einen bestimmten Minimalinhalt der Gesetzentwurfsbegründung fordert[242], die Vorstellung entnehmen lässt, dass Gesetzentwürfe generell zu begründen sind. Dass Gesetzentwürfe schriftlich begründet sein müssen, ergeben hingegen die Parlamentsgeschäftsordnungen[243].

Im Hinblick auf dieses Begründungserfordernis, aber selbstverständlich auch als Grundlage der eigenen Überzeugungsbildung fordert der am 1. 5. 2004 in Kraft getretene § 39 Abs. 1 GGO Nds. in Niedersachsen bereits für die erste Kabinettsbefassung eine detaillierte Entwurfsbegründung:

---

[242] Art. 68 Abs. 1 NV: „Wer einen Gesetzentwurf einbringt, muss die Kosten und Mindereinnahmen darlegen, die für das Land, für die Gemeinden, für die Landkreise und für betroffene andere Träger öffentlicher Verwaltung in absehbarer Zeit zu erwarten sind.“ Entsprechend bestimmt § 22 Abs. 3 GO-LT: „Führt ein Gesetzentwurf zu Mehrausgaben oder Mindereinnahmen, so muss er Angaben über deren Höhe und Deckung enthalten (Art. 68 der Verfassung).“

[243] Für den Bundestag siehe § 76 Abs. 2 GO BT; für den Niedersächsischen Landtag siehe § 22 Abs. 2 Satz 2 GO-LT; keine Begründungspflicht besteht für Änderungsanträge zu Gesetzentwürfen – für den Bundestag siehe § 82 Abs. 2 Satz 2 GO BT, z.B. für Niedersachsen siehe § 23 Abs. 2 GO-LT).

„(1) [1]Gesetz- und Verordnungsentwürfe der Landesregierung werden mit einer Begründung versehen. [2]In einem allgemeinen Teil sind darzustellen:

1. Anlass, Ziele und Schwerpunkte des Entwurfs,

2. wesentliche Ergebnisse der Gesetzesfolgeabschätzung,

3. Auswirkungen auf die Umwelt, den ländlichen Raum und die Landesentwicklung,

4. Auswirkungen auf die Verwirklichung der Gleichstellung von Frauen und Männern.,

5. die Auswirkungen auf Familien und

6. die voraussichtlichen Kosten und die haushaltsmäßigen Auswirkungen des Entwurfs.

[3]In einem besonderen Teil sind die einzelnen Regelungen zu begründen[244].“

Für die Ebene der zweiten Kabinettsentscheidung bestimmt in Niedersachsen § 39 Abs. 2 GGO Nds.:

„(2) [1]Die Begründung ist nach der Verbandsbeteiligung um deren wesentliche Ergebnisse zu ergänzen. [2]Dabei sind in den allgemeinen Teil der Begründung die angehörten Verbände und die sonstigen Stellen sowie eine Darstellung und Würdigung allgemeiner, die Einzelvorschriften übergreifender Verbandsforderungen aufzunehmen. [3]Das Ergebnis der Verbandsbeteiligung ist für jede Bestimmung im besonderen Teil der Begründung mitzuteilen.“

Viel gewonnen wäre für ein rationelles Gesetzgebungsverfahren schon, wenn Vorschriften dieser Art nicht nur formal erfüllt, sondern inhaltlich gewissenhaft ausgeführt würden, wenn also der Gesetzentwurf am Ende der Kommunikationsverfahren eine *aussagekräftige Begründung* erhielte, die im Verlauf des Normsetzungsprojekts nachgearbeitet wird und die wesentlichen Veränderungen, die sich im Verlauf der Abstimmungsverfahren ergeben haben, nachzeichnet und auch die gefundenen Lösungen begründet.[245] Es liegt auf der Hand, dass eine erhellende Begründung aus rechtsstaatlicher

---

[244] Siehe hierzu ergänzend § 9 Abs. 3 GGO Nds.: „(3) [1]Die voraussichtlichen Kosten und die haushaltsmäßigen Auswirkungen für das Land, die kommunalen Körperschaften, den Bund oder andere Träger öffentlicher Verwaltung sind vollständig und nachvollziehbar möglichst unter Einbeziehung der Finanzfolgenabschätzung darzulegen. [2]Die Mehr- oder Minderausgaben oder Mehr- oder Mindereinnahmen des Landes sind unter Verwendung eines Vordrucks für das laufende und das nächste Haushaltsjahr sowie den Zeitraum der Mittelfristigen Planung darzustellen. [3]Zudem ist anzugeben, auf welche Weise die notwendige Deckung erreicht werden kann.“

[245] Zum Sinn von Begründungen eines Gesetzentwurfs s. *Schulze-Fielitz,* Theorie und Praxis, Fn. 4, S. 574.

Sicht nicht nur eine Grundbedingung für ein transparentes parlamentarisches Verfahren, sondern auch eine wertvolle Hilfe für die Rechtsanwendung sein kann. Nach unseren Einschätzungen wird dies aber oft nicht geleistet, wobei wir nicht beurteilen können, ob defizitäre Begründungen wirklich allein auf Zeitdruck beruhen. Tatsächlich sind die Gesetzentwürfe oft mit eher nichtssagenden knappen Begründungen ausgestattet, die sich lediglich in einer – teilweise nicht einmal in der Formulierung abgewandelten – Wiederholung des Normtextes erschöpfen. Diese Begründungen werden im Verlauf des regierungsinternen Abstimmungsverfahrens dann häufig nicht mehr an geänderte Regelungsvorschläge angepasst; in diesen Fällen passen der Vorschlag und seine Begründung nicht mehr zueinander. Noch bedenklicher ist die dürre Begründungstechnik, wenn der Regelungstext tatsächlich sachliche Änderungen gegenüber dem bisherigen Recht enthält, die Begründung hierüber aber hinweggeht oder sogar knapp behauptet, die Änderung „entspreche" dem bisherigen Recht. Dabei handelt es sich keineswegs nur um seltene Ausnahmefälle, bei denen man an ein Versehen denken könnte. Fehlt im parlamentarischen Verfahren eine wirksame rechtliche Überprüfungsmöglichkeit, die derartige Abweichungen transparent macht und damit wenigstens auf die notwendige Ergänzung der Gesetzesbegründung durch die Materialien über das parlamentarische Verfahren hinwirkt, dann werden Rechtsnormen verabschiedet, denen eine angemessene Begründung fehlt; enthalten diese Vorschriften Unklarheiten, enden die Auslegungsversuche anhand der Gesetzesmaterialien also rasch im Niemandsland.

Rechtsvorschriften, die das rechtspolitische Anliegen einer ausreichenden Entwurfsbegründung umsetzen, laufen häufig ins Leere, wie sich am Beispiel des Art. 68 Abs. 1 NV zeigt: Danach muss derjenige, der einen Gesetzentwurf einbringt, „die Kosten und Mindereinnahmen darlegen, die für das Land, für die Gemeinden, für die Landkreise und für betroffene andere Träger öffentlicher Verwaltung in absehbarer Zeit zu erwarten sind." So sinnvoll diese Darlegungslast ist, so schwer ist sie durchzusetzen. Obwohl in Niedersachsen der Landtagspräsident nach § 20 Abs. 1 Satz 1 i.V.m. § 22 Abs. 3 GO-LT sogar die Möglichkeit hat, einen Gesetzentwurf ohne hinreichende Kostenanalyse als Verstoß gegen die Geschäftsordnung zurückzuweisen, ist ihm damit angesichts der großen Wertungsspielräume eine schwer zu handhabende und politisch schwer tragbare Prüfungspflicht auferlegt. Praktisch ist dieses Instrument – auch in Zweifelsfällen – nicht genutzt worden. Erst in den Ausschussberatungen selbst ist verschiedentlich ein Verstoß gegen Art. 68 geltend gemacht worden, was dann allerdings meist zu (mehr oder minder detaillierten) Nachbesserungen geführt hat. Rechtsfolgen für die

Wirksamkeit eines Gesetzes können aus einem Verstoß gegen Art. 68 Abs.1 NV, da die Anforderung sich auf die Einbringung bezieht und an die Einbringenden wendet, kaum hergeleitet werden; solche Rechtsfolgen wären unter dem Aspekt der Rechtssicherheit wohl auch kaum wünschenswert.

4. Qualitätserhöhung durch regierungsinterne Strukturveränderungen? Weiterentwicklung der reinen Normprüfungsstelle zu einem „Gesetzentwurfshilfsdienst"?

a) Schwachstellen des bisherigen Systems der regierungsinternen Normprüfung

Es ist am Beispiel der niedersächsischen Arbeitsgruppe Rechtsvereinfachung bereits darauf hingewiesen worden, dass eine gut besetzte Normprüfungsstelle ganz erheblich zur Vereinfachung und Verbesserung von Gesetzentwürfen beitragen kann, indem sie die vorliegenden Regelungsvorschläge vor dem Hintergrund ihrer ständigen Erfahrungen mit der Normsetzung durchsieht und charakteristische Schwächen herausfiltert[246]. Dies gilt insbesondere dann, wenn sie hinsichtlich ihrer fachlichen Vorschläge und Anmerkungen von Weisungen freigestellt ist und dadurch gewährleistet wird, dass dem von den Ressorts vertretenen Interesse an der Durchsetzung bestimmter fachlicher und politischer Gestaltungsanliegen das Anliegen rechtlicher und legistischer Qualität unbehindert gegenübergestellt werden kann.

Am niedersächsischen Modell einer Normprüfungsstelle werden aber zugleich einige Faktoren sichtbar, die das Ergebnis der Entwurfsarbeit nachhaltig verschlechtern können:

aa) Eine Besetzung mit drei Juristen (ohne weitere juristische Hilfskräfte) lässt in Zeiten großer Gesetzgebungsaktivität auch auf Landesebene keine ausreichend intensive Befassung mit den

---

[246] Ihre Arbeit wird in Niedersachsen ergänzt durch die sog. Amtsblattsstelle der Staatskanzlei. Wie wohl in jedem anderen Bundesland überprüft diese Stelle an sich in erster Linie die Einhaltung der Rechtsförmlichkeitsregeln bei einem vom Landtag beschlossenen und nun (in Niedersachsen) vom Landtagspräsidenten auszufertigenden und vom Ministerpräsidenten zu verkündenden Gesetz (siehe Art. 45 Abs. 1 der Niedersächsischen Verfassung). Diese Leistung, die zusammen mit der Landtagsverwaltung zu erbringen ist, wird in letzter Zeit zunehmend auch bereits als Serviceleistung im Vorfeld des Gesetzesbeschlusses angeboten und in Anspruch genommen. Auf diese Weise wird zusätzlich sichergestellt, dass dem Landtag bereits bei Beginn der Beratungen, spätestens aber vor dem Gesetzesbeschluss eine Vorlage zur Verfügung steht, die jedenfalls gesetzestechnisch einwandfrei ist.

Entwürfen zu, zumal wenn der Normprüfstelle auch noch die Stellungnahme zu Verordnungen obliegt.

bb) Die Offenheit und damit die Erfolgsaussichten eines Dialogs zwischen den ministeriellen Fachbeamten und den Rechts- und Gesetzestechnikern der Normprüfungsstelle sind davon abhängig, wie stark die Regelungsziele und ihre Umsetzung bereits festgelegt sind. Dies legt eine möglichst frühe Einbeziehung der spezialisierten Rechts- und Gesetzestechniker in den Entwurfsprozess nahe. Insbesondere die Frage nach der Erforderlichkeit von Regelungen, wenn sie denn nicht bereits politisch vorweg entschieden worden ist, muss möglichst früh gestellt und möglichst ergebnisoffen diskutiert werden. Die niedersächsische Arbeitsgruppe Rechtsvereinfachung wird mit ihrem spezifischen legistischen Sachverstand aber sehr spät, nämlich erst nach Abschluss der Ressortbeteiligung, in die Erarbeitung des Gesetzentwurfs einbezogen. Dieser Prozess ist zum Zeitpunkt der Einschaltung der Arbeitsgruppe bereits weit vorangeschritten:

- Im federführenden Ministerium haben sich Personen oder Arbeitsgruppen, deren tägliches Brot möglicherweise nicht unbedingt im Entwerfen von Gesetzen oder Verordnungen, sondern eher im Administrieren des betreffenden Sachgebiets besteht, monate- oder jahrelang um die Entwicklung eines in sich geschlossenen und widerspruchsfreien Gesetzentwurfes bemüht, der den politischen Ansprüchen ihres Hauses entsprach. Dabei hat sich das federführende Referat schon hausintern mit anderen beteiligten Referaten über eine gemeinsame Linie verständigen müssen. Dies alles vollzieht sich zwischen Personen, die man nicht durchweg als Spezialisten im Entwerfen von Normen ansehen darf und die sich deshalb vielfach das hierzu nötige Wissen erst mühsam angeeignet haben.[247]
- Ist dieser Arbeitsgang zum Abschluss gekommen, so hat sich das federführende Ministerium dem Verfahren zur Beteiligung der anderen in ihren Aufgabenbereichen berührten Ministerien gestellt. Es liegt in der Natur der Sache, dass es im Rahmen des Beteiligungsverfahrens zum Widerstreit divergierender Sachinteressen, insbesondere bei Koalitionsregierungen auch zur Kollision verschiedener, in der Phase des Agenda-Setting nicht koordinierter politischer Ansätze kommen kann. Es liegt nahe, dass, um überhaupt zu einem konsensfähigen Ergebnis zu gelangen, bereits auf dieser Stufe mancher mühsame Kompro-

[247] Dies ist nach unseren Beobachtungen allerdings in den Ministerien sehr unterschiedlich.

miss geschlossen wird – nicht durchweg ohne den Verlust an Schlüssigkeit und Klarheit der Formulierungen.

– In diese möglicherweise nur mühsam gewahrte Balance tritt die Normprüfungsstelle mit ihren Änderungsvorschlägen. Hätte sie bei einer früheren Beteiligung am Entwurfsprozess noch eine gute Chance gehabt, die Qualitätsstandards guter Gesetzgebung frühzeitig einzubringen und gleichwohl von den Fachleuten der Ministerien als Dienstleister empfunden zu werden, so spielt sie nun häufig die Rolle des alles wieder in Frage stellenden Störenfrieds. Entsprechend dieser undankbaren Rolle haben sich Vermeidungs- und Abwehrstrategien der Ministerien entwickelt (es wird z.B. versucht, den unabgestimmten Entwurf der Regierungsfraktion oder den Regierungsfraktionen schmackhaft zu machen, damit diese ihn als eigenen einbringen).

cc) Je nach politischer Bedeutung der zu regelnden Materie stehen die für die Entwurfserarbeitung verantwortlichen Ministerien in der Normprüfungsphase bereits unter einem gewissen *Zeitdruck*.[248] Die starke Position der Arbeitsgruppe als notwendiger Durchgangsstation zum Kabinett[249] kann dann dazu führen, dass sich die betroffenen Ressorts taktisch verhalten, indem sie sich der offenen Diskussion mit der Arbeitsgruppe entziehen. Dies kann zum einen durch sparsame Auskunftserteilung, zum anderen durch vorschnelle Übernahme von Arbeitsgruppenvorschlägen allein unter dem Aspekt geschehen, dass dies aus Sicht des Fachressorts den wesentlichen Inhalt des Vorhabens nicht gefährdet oder in der Hoffnung, dass dieser Gegenvorschlag vielleicht in einem späteren Bearbeitungsstadium noch geändert werden kann. Solche unvollständige Kommunikation kann zu suboptimalen Regelungen („faulen Kompromissen“) führen, ebenso auch der Umstand, dass die Arbeitsgruppe Rechtsvereinfachung durch politisch verabredete „Projektfahrpläne“ ihrerseits bestimmten Bearbeitungsfristen unterworfen werden kann.

b) Modelle eines das ganze Entwurfsverfahren begleitenden regierungsinternen Gesetzentwurfshilfsdienstes

„Jede für eine hohe Entwicklungsstufe geeignete Regierung sollte als eins ihrer Grundelemente in einem kleinen Kollegium von Männern, deren Zahl nicht über die der Mitglieder eines Kabinetts hinausgehen dürfte, eine Gesetzgebungskommission besitzen, die speziell für den Zweck, Gesetze zu

---

[248] Hierzu und zur Kurzfristperspektive der Politik *Schulze-Fielitz*, Theorie und Praxis, Fn. 4, S. 570f.

[249] Siehe S. 79f.

machen, ernannt werden sollte. Wenn die Gesetze unseres Landes, wie es sicherlich bald der Fall sein wird, einmal revidiert und in eine zusammenhängende Form gebracht werden, so sollte die Kodifikationskommission, die mit dieser Arbeit betraut sein wird, als dauernde Institution fortbestehen, um über ihr Werk zu wachen, es vor Verschlechterung zu bewahren und die Verbesserungen vorzunehmen, die sich als nötig herausstellen würden. Niemand würde wünschen, dass diese Kommission an sich befugt sein sollte, Gesetze zu erlassen; sie wäre nur dazu bestimmt, bei ihrer Abfassung das Element der Einsicht zu vertreten, während das Parlament das des Willens vorstellen würde." *(John Stuart Mill, 1863)*

Während ein „oberstes Amt für Gesetzgebung" als Clearing-Stelle für alle Gesetzgebungsvorhaben in Deutschland offenbar weithin nicht für erforderlich gehalten wird[250], findet sich gerade in einer der ältesten europäischen Demokratien, dem Vereinigten Königreich von Großbritannien, ein klassisches Beispiel für ein funktionsfähiges, in seiner Art vorbildliches „oberstes Amt für Gesetzgebung" – das Parliamentary Counsel Office[251]:

Das seit 1869 bestehende Parliamentary Counsel Office ist dem Regierungsapparat (zuletzt seit 1980 dem Cabinet Office) zugeordnet. Der Dienst besteht aus zur Zeit 55 Counsel, also hauptamtlichen Gesetzgebungsspezialisten mit hoher beruflicher Qualifikation (17 Parliamentary Counsel, 10 Deputy Parliamentary Counsel, 10 Senior Assistant Parliamentary Counsel und 18 Assistant Parliamentary Counsel), und 25 Personen als nachgeordnetem Personal.

Das Parliamentary Counsel Office befasst sich im Wesentlichen mit folgenden Aufgaben:

- Verantwortliche Fertigung sämtlicher Gesetzentwürfe der Regierung mit Ausnahme derjenigen, die Schottland betreffen, und weniger Spezialgesetzentwürfe,
- regierungsseitige Betreuung der Gesetzentwürfe während der Behandlung im Parlament (einschließlich der Fertigung der während der parlamentarischen Behandlung notwendigen Änderungen und Ergänzungen, der Beratung des mit dem Gesetz befassten Fachministeriums bei Änderungs- oder Ergänzungswünschen der Opposition oder Abgeordneter der Regierungsfraktion und der Beratung in Fragen des parlamentarischen Verfahrens),
- auf Anforderung die Teilnahme an Plenarsitzungen und Ausschusssitzungen des Ober- wie des Unterhauses,

---

250 Siehe die Nachweise bei *Hill*, Fn. 121, S. 7.

251 Nähere Informationen unter http://www.cabinett-office.gov.uk/parliamentary-counsel.

- die Zusammenarbeit mit den für den Gesetzgebungsprozess zuständigen Parlamentsbeamten beider Häuser.

Daneben befassen sich die Mitglieder des Parliamentary Counsel Office

- auf Anforderung mit dem Entwerfen einzelner untergesetzlicher Rechtsnormen,
- mit der Überprüfung von Ausführungsgesetzen, vor allem aufgrund europäischen Rechts,
- mit der Beratung der Regierung in Fragen des einfachen Rechts, des Parlamentsrechts und des Verfassungsrechts, soweit sie hierin spezielle Erfahrungen haben.

Für die Suche nach einer besonders effektiven und sachgerechten Form der Normentwicklung besonders interessant ist das Zusammenspiel des Parliamentary Counsel Office und der beteiligten Ministerien bei der Entwicklung eines Gesetzentwurfs:

Das Gesetzentwurfsverfahren wird eingeleitet durch die Rechtsabteilung des zuständigen Fachministeriums. Sie verfasst aus der Sicht des Ministeriums eine kurze Beschreibung des zu regelnden Sachverhalts und des Regelungsziels, ergänzt durch eine Beschreibung der für die Regelung sonst wichtigen Hintergründe. Auf dieser Basis entwirft ein Entwurfsteam des Parliamentary Counsel Office eine erste Fassung des Gesetzentwurfs, der sodann, wenn nötig, in einem dialektischen Prozess zwischen dem Parliamentary Counsel Office und den Juristen und Verwaltungsfachleuten des Fachministeriums oder mehrerer beteiligter Ministerien im Sinne des politischen Regelungsziels optimiert wird. Dies geschieht ggf. in mehrstufigen Konsultationen auf der Basis von Zwischenfassungen des Entwurfs. Das Parliamentary Counsel Office beschränkt sich dabei nicht nur auf eine sprachliche Optimierung und die Wahl eines dem Regelungsanliegen adäquaten Regelungskonzepts und -aufbaus, sondern es versucht darüber hinaus, im Dialog mit den Fachministerien ggf. das politische Regelungsziel in seinen Einzelelementen deutlicher herauszuarbeiten oder unklare Vorstellungen hierüber durch Nachfrage zu klären und auf dieser Basis die dieses Ziel umsetzenden Regelungen detailliert auszuarbeiten[252].

---

[252] Siehe die Darstellung bei *Geoffrey Bowman*, counsel magazine 2003, 14f.; einen ähnlichen Weg hat Kanada beschritten: In Kanada besteht bei der Bundesgesetzgebung eine klare Trennung von Grundsatzentscheid und Gesetzesredaktion. Der mit der Gesetzesredaktion ausschließlich befasste zentrale Gesetzgebungsdienst des kanadischen Justizministeriums erhält einen ausführlichen Gesetzgebungsauftrag in der Form eines Kabinettsbeschlusses, der alle wesentlichen Konzepte und Elemente enthält, die im neuen oder zu ändernden Gesetz zu berücksichtigen sind. Die Formulierung des Gesetzestextes erfolgt in speziell eingerichteten Räumen durch jeweils zwei

Für die Diskussion auch der deutschen Verhältnisse ist wichtig, dass der in Großbritannien unbestritten hohe Wert der Arbeit des Parliamentary Counsel Office offensichtlich auf folgenden Umständen beruht:

- Sorgfältige Auswahl und interne Heranbildung erfahrener Counsel: Jedes Gesetzgebungsprojekt wird von einem Senior Counsel (Parliamentary Counsel oder Deputy Parliamentary Counsel) verantwortlich betreut, unter seiner Federführung bearbeiten ein oder zwei Junior Counsel (Senior Assistant Parliamentary Counsel oder Assistant Parliamentary Counsel) den Gesetzentwurf. Die Counsel sollen in der Lage sein, Gesetzentwürfe jedweden Inhalts zu betreuen. Eine Spezialisierung gibt es nur für die Bearbeitung der jährlichen Haushaltsgesetze,
- Aufteilung der im Verlauf des Entwurfsprozesses anfallenden Arbeiten auf zwei Partner: auf der einen Seite steht das Parliamentary Counsel Office als spezialisierter Sachwalter der rechtswissenschaftlich und gesetzestechnisch korrekten Umsetzung des politischen Gesetzgebungsziels, der die gesamte rechtstechnische Ausgestaltung des Entwurfs bestimmt und letztlich zu verantworten hat, auf der anderen Seite stehen die Beamten der beteiligten Fachministerien als Sachwalter der von dem Gesetzentwurf zu regelnden Sachinteressen.
- Art und Weise der Entwurfserarbeitung, nämlich eine dialektische Entwicklung des Entwurfs durch einen ggf. mehrstufigen Dialog zwischen Gesetzestechnikern und Fachbeamten, wobei sich jede Seite auf die Geltendmachung der von ihr zu vertretenden Anliegen beschränkt,
- Unabhängigkeit im Urteil über die Vereinbarkeit von Regelungen mit höherrangigem Recht und in der Wahl der zweckmäßigsten Gestaltung der Vorschriften; diese Unabhängigkeit fließt sowohl aus der Autorität der Institution als auch aus der organisatorischen und rangmäßigen Sonderstellung des Office.

---

erfahrene Redaktoren gleichzeitig in englischer und französischer Sprache (Koredaktion). Die ebenfalls anwesenden Spezialisten des fachlich zuständigen Ministeriums können das Entstehen des Gesetzes am Bildschirm mitverfolgen und ihr Fachwissen laufend einbringen. Bevor die Gesetzentwürfe auf den Instanzenweg gehen, werden sie durch den zentralen Gesetzgebungsdienst einer strengen redaktionellen, systematischen und terminologischen Kontrolle unterzogen (nach *Kettiger,* Wer soll Gesetze vorbereiten? – Organisationsformen der legistischen Arbeit, ZG 2002, 269, 271).

c) Übertragbarkeit des britischen Modells

Aus dem britischen Modell eines Parliamentary Counsel Office kann man im Hinblick auf deutsche Verhältnisse folgendes lernen:

- Es ist sinnvoll, innerhalb des Regierungsapparats eine spezialisierte Organisationseinheit zu schaffen, die nach dem (ggf. vorläufigen) Abschluss des Agenda-Setting für die gesetzestechnische Ausformulierung und die rechtliche Überprüfung des in Aussicht genommenen Gesetzentwurfes zur Verfügung steht.
- Es ist sinnvoll, diese Organisationseinheit und die für den Gesetzentwurf zuständigen Einheiten des federführenden Fachministerium wie auch der in ihren Geschäftsbereichen berührten Ministerien darauf zu verpflichten, den Entwurf gemeinsam in einem dialektischen Zusammenspiel zwischen politischen und fachlichen Anliegen einerseits und rechtlichen und gesetzestechnischen Anliegen andererseits zu entwickeln. Unsere eigenen Erfahrungen mit einem vergleichbaren Arbeitsverfahren – allerdings übertragen auf die Bearbeitung der beim Parlament bereits eingebrachten Regierungs- und Fraktionsentwürfe – gemacht haben, bestätigen dies.
- Aus unserer Sicht sind auch der Status, die Personalausstattung und die Qualität des Personals des britischen Parliamentary Counsel Office als Vorbild durchaus geeignet (wenn sich auch für die Gesetzentwurfsarbeit der Landesregierungen eine wesentlich geringere Kopfzahl denken lässt).

5. Qualitätserhöhung durch externe Erarbeitung von Gesetzentwürfen?

In letzter Zeit wird häufiger der Nutzen hervorgehoben, den eine externe oder gemeinschaftlich extern/interne Erarbeitung ganzer Gesetzentwürfe habe. Die Beispiele hierfür erscheinen uns – gemessen an der Gesamt„produktion“ von Normen – zahlenmäßig eher gering[253].

Extern erarbeitete Gesetzentwürfe oder weitgehende konstruktive und inhaltliche Einflussnahmen auf Gesetzentwürfe werden mit unterschiedlicher Motivation von unterschiedlichen Institutionen an die Ministerialverwaltung herangetragen:

---

[253] Anders dagegen im Bereich untergesetzlicher Normen: Hier gehört es zu den gängigen Gestaltungsmitteln guter Gesetzgebung, z. B. die Bestimmung „guter fachlicher Praxis“ den betreffenden fachlichen Normierungen zu überlassen, Rechtsfolgen an die Einhaltung fremdgesetzter technischer Normen anzuknüpfen u. ä.

a) Entwurfsarbeit durch Interessenträger

In einigen uns aus Niedersachsen bekannten Fällen hat es Initiativen der Interessenträger selbst gegeben, einen Gesetzgebungsakt zu fordern und den Entwurf auch bereits vorzuformulieren, so im Falle des Gesetzes über die Region Hannover[254]. Gerade weil durch diesen Gesetzentwurf erhebliche Interessengegensätze der beteiligten Gebietskörperschaften überwunden worden sind, kann man das Gesetzesprojekt politisch durchaus als erfolgreich ansehen. Als Beispiel gelungener externer Gesetzentwurfsarbeit im Sinne gesteigerter Qualität kann man es aber wohl nicht heranziehen, was die andauernden Auseinandersetzungen um die Zuständigkeits- und Mittelverteilung in der Region Hannover zeigen – diese Verteilung ist aber einer der wesentlichen Inhalte jenes Gesetzes.

Häufiger ist – jedenfalls auf Landesebene –, dass insbesondere die berufsständischen Kammern oder Verbände mit ihren Verwaltungen Rechtsnormen entwerfen und der Ministerialverwaltung zur Übernahme andienen. Trotz der unbestrittenen Sachkunde dieser Institutionen gelingt es diesen vom Interessenbezug geprägten Entwürfen eher weniger häufig, die Gesamtheit der zu regelnden Interessen zu einem angemessenen Ausgleich zu bringen.

Im Ergebnis sind die Regelungsvorstellungen der Interessenten nicht nur für das Agenda-Setting, sondern auch für die detaillierte ministerielle Entwurfsarbeit immer wichtig, sie sind, was die Einzelkritik an den Regelungsabsichten der Ministerialverwaltung angeht, auch unverzichtbar. Sie können aber wegen ihres offenkundigen Interessenbezugs die ministerielle Entwurfsarbeit nicht ersetzen.

b) Entwurfsarbeit durch externe „Think Tanks" oder kommerzielle Beratungsunternehmen

aa) Entwürfe „auf Bestellung"

Verschiedentlich sind die unterschiedlichen Formen von „Think Tanks" in die Entwicklung von Gesetzen einbezogen worden. Als Beispiele hierfür können der Entwurf einer übergreifenden Verwaltungsprozessordnung, der Entwurf eines Umweltgesetzbuchs, der Alternativentwurf zum Strafgesetzbuch und die Schuldrechtsreform, aber auch die Arbeiten von *C. Böhret* im Rahmen von Projekten der Gesetzesfolgenabschätzung, z.B. zu einem Zeugenschutzgesetz, genannt werden. Regelmäßig handelt es sich dabei um letztlich unvollendet gebliebene Arbeiten.

---

[254] Hier war sowohl die konstruktive Grundidee als auch die wesentliche Frage der Kompetenzverteilung innerhalb der aus dem Landkreis Hannover und der kreisfreien Stadt Hannover gebildeten Region unter den Beteiligten ausgehandelt und vorformuliert worden.

Aus Niedersachsen ist uns an Vorarbeiten außerhalb des öffentlichen Bereichs nur die Beteiligung einer von Betroffenen beauftragten Anwaltskanzlei an dem Gesetz über die Harzwasserwerke bekannt geworden; auch dieser atypische Vorgang belegt nicht die Tauglichkeit derartigen „outsourcings".

Zweifelsohne gibt es aber zahlreiche Beispiele, in denen die Einbindung externer Institutionen in den Gesetzentwurfsprozess gelingt.[255] Grundvoraussetzung für ein solches Projekt scheint zu sein, dass der kognitive Entwurfsprozess des externen Entwurfsverfassers mit dem Entscheidungsprozess innerhalb der Ministerialbürokratie verschränkt und beide Teile aufeinander abgestimmt sind.

bb) Entwurfserarbeitung als Gesetzgebungsangebot

Eine interessante Variante externer Entwicklung von Rechtsnormen repräsentiert das *International Institute for the Unification of Private Law (UNIDROIT)* mit Sitz in Rom[256]. Es soll als Beispiel für eine aus unserer Sicht offenbar gelungene Verschränkung der – extern – kognitiven und -regierungsintern – voluntativen Seiten eines Gesetzentwurfsprozesses dargestellt werden. Hierbei ist bemerkenswert, dass viele der Kommunikationsprobleme offenbar dadurch vermieden werden, dass UNIDROIT zunächst lediglich vorlaufende kognitive Arbeit für spätere konkrete Gesetzgebungsprojekte leistet.

Bei UNIDROIT handelt sich um ein 1926 als Hilfsorgan des Völkerbundes gegründetes und 1940 auf der Basis eines multilateralen Vertrages wieder eingerichtetes unabhängiges zwischenstaatliches Institut. Es wird von den 59 Staaten getragen, die dem UNIDROIT Statute beigetreten sind. UNIDROIT hat einen von anderen zwischenstaatlichen Einrichtungen unabhängigen Status. Dies begründet nach der eigenen Einschätzung des Instituts seine besondere Eignung als Forum für die Lösung von Problemen, deren Schwerpunkt eher auf der gesetzestechnischen, also auf der kognitiven, als auf der politischen, der voluntativen Seite liegt.

UNIDROIT hat sich zum Ziel gesetzt, unter Berücksichtigung der neuen Entwicklungen in Handel und Technologie international harmonisierte oder gar einheitliche Regeln auf dem Gebiete des Zivilrechts in weiterem Sinne zu entwickeln und den Mitgliedsstaaten zur Übernahme anzubieten. Wo dies nötig ist, wird auch der Grenzbereich zum Öffentlichen Recht abgedeckt. Die traditionelle Form derartiger Entwürfe ist zunächst diejenige internationaler Konven-

---

[255] Zum Beispiel das von *Maihofer,* (a.a.O., S. 34) dargestellte „schwedische Modell" einer externen Entwurfserarbeitung; weitere Beispiele für externe Normvorbereitung bei *Kettiger*, Fn. 252, ZG 2002, 269ff.

[256] Informationen unter http:\\www.unidroit.org/english/presentation/main.htm.

tionen gewesen. Wegen der geringen Neigung der Mitgliedstaaten, sich derartigen Konventionen anzuschließen, ist UNIDROIT jedoch dazu übergegangen, seine Vorschläge in Form von Mustergesetzen zur Umsetzung in nationales Recht oder auch nur in Form von allgemeinen Grundsätzen zu formulieren, die Richtern, Schiedsrichtern und Vertragsparteien zur Verfügung gestellt werden. Rechtliche Hinweise für die Behandlung neuer Handlungsformen des Wirtschaftslebens werden insbesondere für Teilnehmer am Wirtschaftsleben in solchen Ländern ausgearbeitet, in denen diese Handlungsformen noch nicht bekannt sind[257].

Das Institut handelt über eine Generalversammlung[258], einen Verwaltungsausschuss[259] und ein Sekretariat[260]. Die Umsetzung eines Forschungsprojektes vollzieht sich auf drei Stufen:

Stufe 1: Einrichtung von Arbeitsgruppen

Das Sekretariat, ggf. unterstützt durch einen Experten des fraglichen Sachgebiets, erstellt einen vorläufigen Rechtsvergleich, der die Notwendigkeit und Umsetzbarkeit einer Rechtsvereinheitlichung absichern soll. Dieser Rechtsvergleich, der bisweilen bereits einen ersten Rohentwurf solcher einheitlicher Regeln enthält, wird dem Verwaltungsausschuss vorgelegt. Ist der Verwaltungsausschuss davon überzeugt, dass die Angelegenheit reif ist für die Erarbeitung einheitlicher Rechtsregeln, so bittet er üblicherweise das Sekretariat, eine Arbeitsgruppe unter Vorsitz eines Mitglieds des Verwaltungsausschusses zusammenzuziehen. Diese erarbeitet dann einen vorläu-

---

[257] Jüngste Beispiele für von UNIDROIT entwickelte oder noch in der Entwicklung befindliche Rechtsnormen sind die UNIDROIT-Konvention über internationale Sicherungsrechte an beweglicher Ausrüstung, die UNIDROIT-Grundregeln der Internationalen Handelsverträge, ein UNIDROIT-Modellgesetz über die Offenlegung beim Franchising, Richtlinien und Regeln für ein transnationales Zivilprozessrecht (in Vorbereitung) und die Entwicklung von Regeln über die Transaktionen in grenzüberschreitenden und verbundenen Kapitalmärkten (in Vorbereitung).

[258] Bestehend aus je einem Repräsentanten der Mitgliedsstaaten; sie beschließt jährlich über das Budget, hat alle drei Jahre das Arbeitsprogramm von UNIDROIT zu genehmigen und wählt alle fünf Jahre die zu wählenden Mitglieder des Verwaltungsausschusses.

[259] Bestehend aus dem Präsidenten des Instituts (ernannt von der Italienischen Regierung) und 25 gewählten Mitgliedern, üblicherweise hervorragenden Richtern, Praktikern, Hochschullehrern und Staatsbeamten. Der Verwaltungsausschuss überwacht die Erfüllung der satzungsgemäßen Ziele der Organisation, insbesondere beschließt er über das Arbeitsprogramm des Instituts und wacht über dessen Ausführung durch das Sekretariat.

[260] Bestehend aus einem Generalsekretär, der auf Vorschlag des Institutspräsidenten vom Verwaltungsausschuss gewählt wird, und einem international besetzten Stab von Staatsbeamten, ferner aus weiterem, untergeordneten Personal. Aufgabe des Sekretariats ist die geschäftsmäßige Abwicklung der Arbeitsprogramme.

figen Konventionsentwurf (bzw. den vorläufigen Entwurf eines Mustergesetzes oder Richtlinien). Die weiteren Mitglieder der Arbeitsgruppe werden üblicherweise unter dem Personal des Sekretariats ausgewählt – nach Möglichkeit unter Berücksichtigung der für das zu lösende Problem relevanten unterschiedlichen Rechts- und Wirtschaftssysteme und geografischen Regionen.

Stufe 2: Verhandlungsstadium auf Regierungsebene

Hat die Arbeitsgruppe den vorläufigen Entwurf erstellt, legt sie ihn dem Verwaltungsrat zur Billigung und zur Entscheidung vor, wie weiter vorgegangen werden soll. Bei einem vorläufigen Konventionsentwurf über einheitliche Rechtsregeln wird typischerweise das Sekretariat gebeten, einen Ausschuss von Regierungsexperten aus den Mitgliedsstaaten (ggf. anderer betroffener oder vermutlich interessierter Staaten und Organisationen) einzuberufen, der den Konventionsentwurf so weit fertig stellt, dass er einer diplomatischen Konferenz zur Annahme unterbreitet werden kann (bei Mustergesetzentwürfen oder Richtlinienentwürfen ist lediglich die Veröffentlichung und Verbreitung in der Zielgruppe zu autorisieren).

Stufe 3: Umsetzung des Verhandlungsergebnisses

Die vom Ausschuss der Regierungsexperten fertiggestellten Konventionsentwürfe werden sodann dem Verwaltungsausschuss zur Billigung und Entscheidung über die angemessenen weiteren Schritte vorgelegt. Ist der Verwaltungsausschuss der Meinung, dass der Konventionsentwurf einen Konsens der Staaten wiederspiegelt, die im Ausschuss vertreten waren, und deshalb eine gute Chance besteht, dass er auf einer diplomatischen Konferenz als internationale Konvention angenommen werden könnte, so wird der Verwaltungsausschuss den Entwurf entsprechend autorisieren. Die Einberufung einer Konferenz, die den Konventionsentwurf zum Gegenstand hat, muss allerdings von einem der Mitgliedsstaaten initiiert werden.

Dieses Verfahren auf einer vom politischen Tagesgeschäft getrennten, unabhängigen Experten-Ebene hat sich offenbar in den von UNIDROIT ausgewählten Themenfeldern (eher rechtstechnischer denn politischer Schwerpunkt) bewährt. Das Institut verweist auf mittlerweile über 70 Studien und Entwürfe, von denen viele zu in Kraft getretenen internationalen Konventionen geführt haben.

cc) Schlussfolgerungen

Was die sachlich-fachliche Richtigkeit und die technische Normqualität angeht, so kann die Fremdvergabe eines Gesetzentwurfsprojekts je nach der Qualität der externen Zuarbeit Gewinn bringen.

Ist der extern mit einem Gesetzentwurf Beauftragte von Interessenbindungen weitgehend frei und hinreichend in dem zu regelnden Fachgebiet, in dem relevanten rechtlichen Szenario und in der Gesetzestechnik qualifiziert, so wird er möglicherweise ein besseres Produkt abliefern können als dies die Ministerialverwaltung selbst kann. Ein solches Verfahren ließe sich auch praktikabel gestalten. Die praktischen Erfahrungen mit derartigen „Fremdvergaben“ zeigen aber, dass einem solchen Vorgehen die politischen Ausgangsbedingungen doch in der Regel entgegen stehen. Denn die Fremdvergabe ist mit einigen typischen Nachteilen verknüpft, die sich häufig auch auf das Ergebnis auswirken:

- Da ist zunächst der Faktor Zeit: Die Vorstellungen von Wissenschaftlern und politischen Entscheidern und der Ministerialbürokratie als deren Hilfsinstrument über die Gestaltung der Zeitachse gehen notwendigerweise häufig auseinander. Sind „think tanks“ notwendigerweise primär an der Qualität des Ergebnisses interessiert, so spielt die rasche Verfügbarkeit im politischen Kontext eine überragende Rolle. Wie sich den Klagen der beteiligten Wissenschaftler entnehmen lässt, hätte z.B. die Kommission für die Erarbeitung der Schuldrechtsreform nach eigener Einschätzung noch einige Zeit benötigt, um den von ihr vorzulegenden Entwurf von Redaktionsfehlern und Ungereimtheiten zu befreien. Der Entwurf ist ihr aber buchstäblich „unter den Händen weggerissen“ worden.
- Es kommen die unterschiedlichen Vorverständnisse der „think tanks“ und der Ministerialverwaltung hinzu: Bei der externen Erarbeitung von Rechtsnormen klaffen das Wissen um das vom Externen vertretene Wissensgebiet einerseits und das ministerielle Erfahrungswissen und die Kenntnisse über die Strukturen und Prozesse im ministeriellen und parlamentarischen Raum andererseits mehr oder weniger auseinander. Vom sog. „Flurfunk“ sind Externe ohnehin ausgeschlossen. Es müssen also häufig erst einmal Verständigungsbrücken geschaffen werden, was zeitaufwändig ist und wohl auch nicht immer hinreichend gelingt.
- Es kommt weiter hinzu: Externe Bearbeiter stehen außerhalb des Ministerial- und Parlamentsapparats. Sie nehmen an den gruppendynamischen Prozessen nicht teil und stehen in der Gefahr, als Gruppenfremde behandelt zu werden. Wird diese Barriere nicht überwunden, so leidet nicht nur die Bereitschaft der Ministerialbürokratie, den zugelieferten Entwurf konstruktiv aufzunehmen, sondern auch die Fähigkeit der externen Bearbeiter, den weiteren Gesetzgebungsprozess zu moderieren.
- Schließlich kommt hinzu: Die externen sachverständigen Stellen sind meist nicht eng genug mit den Akteuren des politischen Pro-

zesses verzahnt, die über deren Arbeitsergebnis (den Gesetzentwurf) zu entscheiden haben. Auch Versuche, in der Normsetzung die politischen Vorgaben von der rechtstechnischen Umsetzung zu trennen, indem die Normherstellung unter Vorgabe der politischen Eckwerte „ausgeschrieben“ wird, dürften ohne einen ständigen Kontakt und ohne ständige weitere (Einzel-) Abstimmung kaum Erfolg haben. Erst die Einzelbearbeitung zeigt meist, dass sich einzelne Vorgaben als nicht zielführend herausstellen, sich widersprechen oder dass sich daraus jedenfalls in Detailfragen keine klaren Richtungsangaben gewinnen lassen. Die Entwicklung von Vorschriften stellt also eher einen fortlaufenden Kommunikations-, Aufklärungs- und Rückkopplungsprozess dar. Nicht zuletzt verlangt dieser Prozess einen ständigen Blick auf das praktisch und politisch Durchsetzbare. Dieses notwendige Hintergrundwissen lässt sich politikfernen Einrichtungen nur begrenzt erschließen.

c) Fazit

Vorteile einer externen Vergabe für die Qualität von Gesetzentwürfen ergeben sich gerade daraus, dass die Gesetzentwürfe nach den politischen Eingangsvorgaben zunächst ausschließlich wissenschaftlich-kognitiv, nicht auch bereits politisch oder interessengerichtet (voluntativ) erarbeitet werden. Aus all diesen Gründen scheint sich für die Fremdvergabe von Gesetzesentwurfsaufträgen nur eine sehr schmale Bandbreite relativ politikferner, auch nicht bereits zeitlich drängender Themenstellungen zu eignen, für die die Interessenlagen klar zutage liegen und für die das Faktenwissen nicht von den Interessenträgern selbst monopolisiert wird. Die für uns erkennbaren Beispiele erfolgreicher Modelle halten sich offenbar ganz bewusst an diese Erkenntnis.

Es ist aber offensichtlich, dass bestimmtes Fachwissen nur bei den Interessenträgern selbst vorhanden ist. In diesem Fall müssen die Interessenträger notwendigerweise in die Entwurfserarbeitung einbezogen werden. Es erscheint uns dann aber sehr schwierig für die politischen Entscheider wie für die ihnen dienende Ministerialverwaltung, „kontrollierte Arbeitsbedingungen“ der externen Entwurfserarbeitung zu schaffen, damit die Interessenebene sauber von der kognitiven Ebene getrennt werden kann. Gelingt das nicht, so ist der extern entwickelte Entwurf für den weiteren Gesetzgebungsprozess nicht mehr einschätzbar und damit auch wenig brauchbar.

Für die große Masse der Gesetzgebungsprojekte halten wir es für erfolgversprechender,

– den rechtswissenschaftlichen und legistischen Sachverstand durch interne Umorganisation im Sinne eines spezialisierten Gesetzent-

wurfshilfsdienstes nach britischem und kanadischem Modell zusammenzufassen,
- diesen Dienst möglichst frühzeitig in den Entwurfsprozess einzubeziehen (spätestens am Beginn der Arbeit am Referentenentwurf),
- die Arbeit am Gesetzentwurf konsequent zu „tailorisieren", die gesetzestechnische Arbeit am Entwurf und die rechtliche Überprüfung also bei dem Gesetzentwurfshilfsdienst zu monopolisieren und den Fachministerien und ihren Rechtsreferenten die Aufgabe der sachlichen Vorgaben und Einwände und der Rechtsargumentation aus ihrem Blickwinkel zuzuweisen, schließlich,
- beide Partner des Entwurfsprozesses zu einem dialogischen Vorgehen zu verpflichten.

III. Parlamentarisches Gesetzgebungsverfahren

1. Probleme des gegenwärtigen Verfahrens am Beispiel Niedersachsens

a) Vorprüfung des Entwurfs

Das eigentliche parlamentarische Gesetzgebungsverfahren beginnt in Niedersachsen mit der Prüfung, ob der eingereichte Entwurf gegen die Geschäftsordnung des Landtags oder Formvorschriften der Verfassung verstößt (§ 20 Abs. 1 Satz 1 GO-LT), insbesondere, ob er die nach Art. 68 NV erforderlichen Angaben über Höhe und Deckung von Mehrausgaben oder Mindereinnahmen hat (§ 22 Abs. 3 GO-LT). In diesem Sinne fehlerhafte Gesetzentwürfe hat der Parlamentspräsident zurückzuweisen[261]. In der Praxis ist es bisher zu keiner Zurückweisung gekommen. Die Zurückweisungsmöglichkeit gibt aber in den wenigen Fällen, in denen sie zum Zuge käme, einen rechtlichen Fußpunkt, um Bedenken bereits auf der Arbeitsebene informell zu erörtern und auszuräumen.

b) Einbringung und erste Beratung

Die Einbringung selbst mit der anschließenden Aussprache stellt, gleichgültig ob im Plenum oder erstmals im Rahmen einer öffentlichen Erörterung im Fachausschuss durchgeführt, eine nahezu aus-

---

[261] Auf Bundesebene (GO BT und GO BR) gibt es zu dieser Bestimmung keine Entsprechung.

schließlich dem politischen Prozess zuzuordnende Verfahrensstation dar.[262] Es werden die Argumente ausgetauscht, die für und gegen das Vorhaben insgesamt sprechen. Einzelheiten der Initiative werden im Allgemeinen nicht thematisiert.

Unter dem Gesichtspunkt der Gesetzesqualität könnte von dieser öffentlichen Beratung eine gewisse qualitätssichernde Präventivwirkung ausgehen, wenn im politischen Raum Konsens über die Einhaltung gewisser Mindestanforderungen an Gesetzentwürfe bestünde und deren Verletzung mit Aussicht auf öffentliche Wahrnehmung gerügt werden könnte. Tatsächlich ist dies aber – jedenfalls auf Landesebene – kaum der Fall. Schon unter den Abgeordneten selbst scheinen selbst eklatante handwerkliche Fehler des Entwurfstextes oder des zu ihm hinführenden Verfahrens[263] regelmäßig nicht als durchschlagendes Argument zu gelten, dessen öffentliche Verwertung sich anböte. Die Berichterstattung der Medien scheint dieser Bewertung eher zu folgen. Offenbar herrscht der Eindruck vor, dass rechtstechnische Mängel in unserer komplizierten Rechtsordnung entweder als nicht völlig zu vermeiden oder vielleicht sogar als in gewissen Grenzen hinnehmbar angesehen werden. Möglicherweise fehlt aber auch einfach das Bewusstsein, wie stark rechtstechnische Mängel eines Gesetzes letztlich dessen Effektivität mindern können und wie schnell dadurch anstelle eines „guten" lediglich ein „gut gemeintes" Gesetz entsteht, das mehr schadet als nützt.

Diese eher indifferente Haltung ist selbst dort zu beobachten, wo es rechtliche Mindestanforderungen an Gesetzentwürfe bereits gibt. In Niedersachsen ist im Jahre 1993 die Anforderung in die Verfassung aufgenommen worden, dass derjenige, der einen Gesetzentwurf einbringt, die Mindereinnahmen und Mehrausgaben darlegen muss, die für die kommunalen Körperschaften und andere Träger öffentlicher Verwaltung „in absehbarer Zeit zu erwarten sind" (Art. 68 Abs. 1 NV).[264] Diese Anforderung wirkt in der Tendenz auf einen gewissen Mindeststandard einer Gesetzesfolgenabschätzung[265] hin. Durchgängig befolgt wird sie aber nicht. Ob dies im Rahmen der parlamentarischen Aussprache kritisch vermerkt wird, hängt wohl

---

[262] Vgl. § 79 Satz 2 GO BT, wonach in der ersten Beratung eines Gesetzentwurfs nur die „Grundsätze der Vorlagen" besprochen werden.

[263] Mit wenigen Ausnahmen – so wird der Vorwurf, wichtige Interessenverbände seien nicht angehört worden, häufiger zur Geltung gebracht.

[264] Die Vorschrift verlangt also strenggenommen nicht, dass diese Anforderung bereits mit dem Entwurfstext erfüllt wird; sinnvollerweise muss eine derartige Darlegung der Kosten aber natürlich in einem frühen Stadium des Gesetzgebungsverfahrens erfolgen.

[265] Näher dazu und zum Interesse des Parlaments an den von der Regierung durchgeführten Gesetzesfolgenabschätzungen bereits im 3. Abschnitt, S. 51 ff.

hauptsächlich davon ab, welche politischen Argumente sich sonst noch anbieten.

Am Ende der ersten Beratung mit ihrem eher allgemeinen (rein politischen) Charakter steht regelmäßig die Ausschussüberweisung, die an sich bereits der Sicherung der formalen und inhaltlichen Qualität der Gesetzgebung, jedenfalls des parlamentarischen Gesetzgebungsverfahrens, dient. Dass die Geschäftsordnungen sie auch in diesem Sinne ansehen, ergibt sich daraus, dass bereits eine Minderheit die Ausschussberatungen erzwingen kann.[266]

c) Ausschussberatungen

Das weitere Verfahren nach der Einbringung hängt in Niedersachsen davon ab, ob nach der Vorstellung der Einbringenden[267] eine erste Beratung im Plenum erfolgen soll oder nicht. Ist dies – wie in der Praxis meist der Fall[268] – nicht geschehen, geht der Ausschussberatung eine öffentliche Erörterung voran.[269]

aa) Verfahrensberatung, Zeitplanung

Üblicherweise beginnen die Ausschussberatungen mit einer Beratung über das weitere Verfahren. Dabei geht es zum einen um die Verabredung eines Beratungszeitplans. Falls dieser Plan nicht von der Ausschussmehrheit bereits im Entwurf vorgelegt wird, wird

---

[266] Der Verzicht auf die Ausschussüberweisung erfordert nach § 80 Abs. 2 Satz 1 GO BT u.a. eine Zweidrittelmehrheit der (anwesenden) Parlamentarier, nach § 27 Abs. 2 Satz 1 GO-LT können bereits 30 Mitglieder des Landtags eine Ausschussüberweisung durchsetzen (knapp ein Fünftel der gesetzlichen Regelzahl von Abgeordneten).

[267] Es gibt nach der Geschäftsordnung zwar keinen Anspruch auf „Direktüberweisung" an die Ausschüsse; hierüber entscheidet der Präsident nach Ermessen. Praktisch wird aber dem Antrag auf Direktüberweisung formularmäßig entsprochen.

[268] Insoweit weichen die Rechtslage nach der Geschäftsordnung, die die Plenardebatte als Regelfall behandelt (§ 24 Abs. 1 GO-LT), und die Praxis deutlich voneinander ab. § 78 GO BT hält zwar an der ersten Plenarberatung von Gesetzentwürfen als Regelfall fest; demgegenüber kehrt § 79 GO BT aber das Regel-Ausnahme-Verhältnis um, indem er in der ersten Beratung die „allgemeine Aussprache" von einer entsprechenden Willensbildung abhängig macht. Bemerkenswert ist, dass bei den Entschließungsanträgen die Entwicklung umgekehrt verlaufen ist. Hier ist die Regel, dass der Antrag nur einmal (und zwar erst nach den Ausschussberatungen) im Plenum behandelt wird (§ 39 GO-LT; anders insoweit § 78 Abs. 2 Satz 1 und § 88 GO BT). Tatsächlich wird aber regelmäßig auch die Durchführung der anfänglichen Plenardebatte beantragt. Hieran zeigt sich möglicherweise auch der Stellenwert, der den Gesetzesberatungen im Verhältnis zu den mit Entschließungsanträgen behandelten (oft bundespolitischen) Themen politisch zugemessen wird.

[269] § 24 Abs. 3 Satz 1 GO-LT. Die GO BT enthält dazu keine Entsprechung, sieht aber – zur Entlastung des Plenums – eine öffentliche Schlussberatung im Ausschuss als Regelfall vor (s. im Einzelnen § 69a GO BT).

von ihr zumindest eine Zielvorgabe bezüglich des Inkrafttretens genannt; erörtert wird lediglich die Realisierbarkeit dieser Vorstellungen. Regelmäßig hat sich die parlamentarische Detailbearbeitung der Gesetzentwürfe an diesen Zeitplänen terminlich und damit notwendigerweise auch hinsichtlich des Prüfungsumfangs auszurichten.

Das Problem dieser Art der Zeitplanung ist, dass sie vor dem eigentlichen Einstieg in die Sache erfolgt und zumeist auf den Terminwünschen der Exekutive und auf deren Einschätzung beruht, ob der Gesetzentwurf eingehender Beratung bedürfe oder voraussichtlich ein „Selbstläufer" sei. Es werden daher oft zu knappe Zeitpläne beschlossen, die – natürlicherweise – die Intensität der Beratung und damit die Qualität des Beratungsergebnisses von vornherein behindern. Schon an dieser Stelle kann sich als hilfreich erweisen, wenn den Parlamentariern in der Ausschusssitzung Hilfskräfte zur Verfügung stehen, die den voraussichtlich mit dem Gesetzentwurf verbundenen Diskussionsbedarf einschätzen können.

Der zweite Punkt der Verfahrensberatung ist üblicherweise die Frage, ob zum Gesetzentwurf eine Anhörung durchgeführt werden muss oder soll. Sieht man einmal von dem atypischen Fall ab, dass die von einem Maßnahmegesetz unmittelbar Betroffenen angehört werden, dann kommen drei Gruppen von Anzuhörenden in Frage, nämlich Interessenverbände, Sachverständige und erfahrene Praktiker aus der Verwaltung oder der Justiz.

bb) Anhörungen

aaa) Interessenverbände

Ein wichtiges Mittel im Rahmen der parlamentarischen Gesetzesberatung, sich über die fachlichen und sozialen Hintergründe des Vorhabens und die dabei berührten Interessen jenseits der Darstellung der Exekutive ein eigenständiges Bild zu machen, ist die Anhörung. Von Verfassungs wegen vorgeschrieben ist in Niedersachsen die Anhörung der kommunalen Spitzenverbände, wenn „allgemeine Fragen geregelt werden, die die Gemeinden oder Landkreise unmittelbar berühren" (Art. 57 Abs. 6 NV). Im Übrigen gibt es in Niedersachsen zur Frage, ob eine Anhörung durchzuführen ist, weder in der Verfassung noch in der Geschäftsordnung Vorgaben.

Die Entscheidung über eine fakultative Anhörung hängt in erster Linie von der sachlichen und politischen Bedeutung der geplanten neuen Regelungen ab, aber auch davon, inwieweit bereits bei der Landesregierung eine Anhörung stattgefunden hat und inwieweit zu erwarten ist, dass eine Anhörung im parlamentarischen Verfahren weitere Erkenntnisse bringen wird.

Im Allgemeinen zeigt sich dabei ein Interessengegensatz zwischen Regierungslager und Opposition. Während die Regierungsparteien oft eher dazu neigen, eine von der Regierung bereits durchgeführte Anhörung für ausreichend zu halten und den durch ihren Fortfall gewonnenen Zeitvorteil vorzuziehen, wird die Opposition regelmäßig für die Durchführung einer Anhörung im Rahmen der Ausschussberatungen sein. Dies geschieht nicht nur aus – verständlichen – taktischen Überlegungen und wegen der erhofften politischen Unterstützung ihrer kritischen Haltung durch ihr nahestehende Verbände und durch die Medienöffentlichkeit. Nach unserer Erfahrung steht dahinter auch und nicht zuletzt die Erwartung, die Anhörung werde gerade ihr, der Opposition, die ohne intensive Kontakte zum Regierungsapparat auskommen muss, einen Eindruck aus erster Hand verschaffen und zumindest gute Argumente für die Forderung nach einer Umgestaltung des Entwurfs liefern.

Trotz dieses „natürlichen" Interessengegensatzes zwischen Regierungslager und Opposition ist die Entscheidung *für* eine Anhörung bei größeren und bedeutsamen Novellen eher die Regel. Ebenso regelmäßig werden die Wünsche der Opposition bei der Auswahl der Anzuhörenden respektiert – der Umstand, dass der Kreis der Anzuhörenden durch Mehrheitsbeschluss festgesetzt wird, führt ohnehin bereits zu einer Mäßigung der Forderungen der Minderheit und notfalls zum informellen Aushandeln des Kreises der zu Beteiligenden.

Mündliche Anhörungen auch zu bedeutsamen und umfangreichen Landesgesetzen dauern in Niedersachsen kaum länger als ein oder zwei Sitzungstage. Folgerichtig bleiben den einzelnen Verbänden oft nur zehn bis fünfzehn Minuten Zeit für ihr Vorbringen und für die Beantwortung der Nachfragen der Parlamentarier – zu einer womöglich recht komplexen Novelle. Ob dieses Verfahren bei den Anzuhörenden stets das Gefühl aufkommen lässt, dass es auf die Anhörung (noch) entscheidend ankommt, mag im Einzelfall bezweifelt werden können[270]. Die anzuhörenden, oft sehr professionell vertretenen Verbände wissen jedoch im Allgemeinen nicht nur um die im Rahmen des vorangegangenen politischen Willensbildungsverfahrens getroffenen Weichenstellungen, sondern auch um die dabei noch verbliebenen Spielräume und stellen ihren Vortrag darauf ab, diese Spielräume in ihrem Sinne zu nutzen.

---

[270] Gerade dann, wenn – wie in der Vergangenheit wiederholt geschehen, die abschließende Beratung des Gesetzentwurfs im federführenden Ausschuss sich bereits dicht an die Anhörung anschließt.

bbb) Sachverständige

Unter dem Stichwort Anhörung wäre auch an die Einschaltung von Sachverständigen zu denken. Von dieser Möglichkeit wird auf der Landesebene punktuell Gebrauch gemacht. Sachverständigenanhörungen können wesentlich zur Rationalität der Gesetzesberatungen beitragen, weil die Sachverständigen nicht nur fachlich ausgewiesen sind, sondern auch dem wissenschaftlichen Rationalitätsanspruch unterliegen[271], der dann als „Kontrastprogramm“ den rein politischen Entscheidungsmustern gegenübersteht. Auch wenn der Informationsvorsprung der im Gesetzgebungsprozess bereits seit längerem mit dem Entwurf befassten Politiker und Fachbeamten von einem Sachverständigen erst einmal – ad hoc – aufgeholt werden muss, stellt dies in seinem spezifischen Fachgebiet kein Problem dar. Er müsste sich allerdings mit der Einbettung dieser Fachfragen in den Kontext des Gesetzentwurfes und mit ihrer Relevanz für ihn auseinandersetzen, was im Sinne einer eingehenden Befassung mit Fug und Recht nur erwartet werden kann, wenn der Sachverständige dafür auch eine *angemessene* Entschädigung erhält. Dazu kommt es – jedenfalls bei den Gegenständen der Landesgesetzgebung – nur in Ausnahmefällen. Für den Ertrag einer solchen Anhörung für die Parlamentarier ist es ebenso entscheidend, dass den mündlichen Ausführungen des Sachverständigen gebührende Zeit und Aufmerksamkeit geschenkt wird; diesem Anspruch wird manche Anhörung nicht gerecht.[272]

ccc) Praktiker aus Verwaltungsvollzug und Justiz

Ebenfalls grundlegende Erkenntnisse kann eine Anhörung vermitteln, wenn es gelingt, für einen Sachbereich Sachverständige mit praktischen Erfahrungen aus dem Verwaltungsvollzug oder der Justiz zu gewinnen, möglichst solche mit unterschiedlichem Erfahrungshorizont und unterschiedlichen Meinungen dazu.[273] Es spricht

---

[271] Auch wenn nicht zu bestreiten ist, dass es in den ernsthaft umstrittenen Fragen den Streitenden meist ohne Schwierigkeiten gelingt, jeweils namhafte Hochschullehrer mit kontroversen Stellungnahmen aufzubieten. Die Benennung der Sachverständigen ist häufig eher politisch motiviert, etwa um eine politische Initiative durch Verknüpfung mit einem namhaften Gutachter aufzuwerten oder den Ruf eines Gelehrten zur Bekämpfung einer solchen einzusetzen.

[272] Etwa wenn die Anhörung mit derjenigen der Interessenverbände verbunden und die dafür verfügbare Zeit entsprechend knapp bemessen wird.

[273] *Schulze-Fielitz* setzt sich insoweit für eine „Dialogisierung“ der Sachverständigenanhörung ein (Theorie und Praxis, Fn. 4, S. 573). In einem niedersächsischen Fall hat immerhin eine eingehende Anhörung zweier erfahrener Verwaltungsbeamten mit kontroversen Auffassungen zu einem Gesetzentwurf, in dem es um die teilweise Abschaffung des Widerspruchsverfahrens nach den §§ 68 ff. VwGO ging, wesentlich dazu beigetragen, dass der Entwurf nicht weiter verfolgt wurde.

daher viel dafür, diese sachverständigen Praktiker mit Vollzugserfahrung als eigene dritte Erkenntnisquelle neben den Verbänden und den wissenschaftlichen Sachverständigen stärker ins Bewusstsein der Parlamentarier einzubringen.[274] Problematisch ist es allerdings, Fachleute aus dem nachgeordneten, weisungsgebundenen Bereich der eigenen Exekutive zu Fragen zu hören, die sie selbst betreffen. Mit einigem Recht werden deshalb in unserem Erfahrungsbereich regelmäßig Versuche von Oppositionsfraktionen zurückgewiesen, „Kronzeugen“ für die von ihnen vertretenen Auffassungen aus dem nachgeordneten Verwaltungsbereich in eine Anhörung einbeziehen zu lassen.

ddd) Wert parlamentarischer Anhörungen

In der Literatur wird die Anhörung vielfach wegen des ihr innewohnenden „Rationalisierungs“-Moments positiv beurteilt; teilweise werden diese positiven Beurteilungen auch mit deutlichen Fragezeichen versehen.[275]

Bewertet man den durch Anhörungen bewirkten Gewinn an Rationalität, so wird man nicht aus dem Auge verlieren dürfen: Man kann in Anbetracht des fachlichen und politischen Vorlaufs während der Entwurfsentstehung schwerlich erwarten, dass die grundlegenden, bereits im vorlaufenden Verfahren gefällten Entscheidungen eines Gesetzentwurfs in der Anhörung – durch noch so überzeugende Argumente – wieder umgekehrt werden könnten[276]. Deswegen ist die Anhörung aber noch keine ertragsarme Pflichtveranstaltung vor der Öffentlichkeit. Sie macht zum einen auch im parlamentarischen Gesetzgebungsverfahren noch einmal das Spektrum der von dem Gesetzentwurf betroffenen Interessen und der hierzu geäußerten Standpunkte deutlich. Betrachtet man die in aller Regel verbleibenden Regelungsspielräume unterhalb der Ebene der grundlegenden politischen Weichenstellungen, dann kann zum anderen die Anhörung durchaus wertvolles Material liefern, um Schwachstellen des Regelungsentwurfs zu erkennen und auszuräumen.[277]

Die nach der Anhörung nicht selten gestellten Änderungsanträge auch der Regierungsfraktionen belegen den Nutzen dieses Instruments. Dies setzt freilich voraus, dass die Anhörung sachkundig und sorgfältig ausgewertet und die Ergebnisse so aufbereitet werden, dass sie in der weiteren Beratung eine Rolle spielen können. Die Wahr-

---

[274] Diese Erkenntnisquelle hat wohl auch *Böhret* im Auge, wenn er im Zuge der Gesetzesfolgenabschätzung von „Referenzverwaltungen“ spricht.

[275] Einen guten Überblick mit einem eher skeptischen Resumee gibt *Mengel,* DÖV 1983, 226ff.

[276] Zutreffend *Mengel,* Fn. 275, S. 227ff.

[277] Ähnlich die Einschätzung von *Schulze-Fielitz,* Theorie und Praxis, Fn. 4, S. 568.

scheinlichkeit eines solchen „Anhörungsgewinns“ nimmt naturgemäß zu, wenn in den Fachreferaten der Regierung eine Tendenz zur unvollständigen, womöglich gar durch politische Vorweg-Festlegungen eingeschränkten Informationsverarbeitung bestanden hat;[278] derartige Defizite können in der Anhörung aufgedeckt werden, und dies ist jedenfalls auf der „zweiten Ebene“ der im Entwurf getroffenen Sachentscheidungen keineswegs selten.

Abgesehen davon hat die Anhörung bei den (auf Landesebene selteneren) Gesetzesvorhaben, die auf großes Interesse der Öffentlichkeit rechnen dürfen (z.B. im Schulrecht oder im Gefahrenabwehrrecht), eine nicht zu unterschätzende und von den Oppositionsfraktionen auch zielgerichtet angestrebte politische Funktion, deren Effekt freilich ganz wesentlich von der Bereitschaft der Medien zur vertieften und sachgerechten Berichterstattung abhängt.[279] Jedenfalls in diesen Fällen trägt die Anhörung zur Transparenz und zur Legitimation des parlamentarischen Verfahrens gegenüber der Öffentlichkeit bei.[280]

Anhörungen haben daneben einen für die Entkrampfung des Beratungsverfahrens sehr erwünschten Nebeneffekt: Das Gesetzgebungsverfahren erhält schon dadurch mehr Zeit, die für eine intensivere fachliche Behandlung des Entwurfs genutzt werden kann. Sie wirkt daher ähnlich wie die in der Literatur geforderte, aber kaum in allgemeiner Form verbindlich regelbare *Mindestberatungszeit*.[281]

Letztlich hängt der Nutzen der Anhörung entscheidend davon ab, ob sie als Veranstaltung ernstgenommen wird, ob eine sorgfältige Auswertung zeitlich eingeplant und durchgeführt wird und ob sichergestellt ist, dass eine ernsthafte Auseinandersetzung mit dem Ergebnis der Anhörung stattfindet. Sind diese Rahmenbedingungen nicht gegeben, spricht dies noch nicht gegen die Anhörung an sich, sondern gegen die Art und Weise ihrer konkreten Verwendung.

Ein wesentlicher Einwand ist schließlich, dass die Anhörung insofern ein schiefes Bild vermitteln kann, als professionell unter den Augen der Öffentlichkeit wirkende Verbände dadurch bessere Einwirkungsmöglichkeiten erhalten können als weniger durchsetzungsstarke Gruppen und dass nicht angemessen repräsentierte Interessen

---

[278] Die von *Mengel* dargestellte Tendenz der Fachreferate zur Verteidigung des einmal fertig gestellten Entwurfs (Fn. 275, S. 231) entspricht auch unseren Beobachtungen; allerdings weckt eine allzu deutliche Hervorkehrung dieser Grundeinstellung den Widerspruchsgeist der Abgeordneten und mehrt eher die Bereitschaft, Nachbesserungsvorschläge zu akzeptieren.

[279] Zutreffend *Mengel,* Fn. 275, S. 229f., auch hinsichtlich der kritischen Anmerkungen zur Medienberichterstattung.

[280] Zu diesen Funktionen *Mengel,* Fn. 275, S. 226/227 und 229ff., 231f.

[281] So *Schulze-Fielitz,* Theorie und Praxis, Fn. 4, S. 571.

dabei noch weiter in den Hintergrund treten können. Auch dieser Einwand spricht aber nicht gegen die Anhörung an sich, sondern nötigt zu deren reflektierter Durchführung. Wünschenswert ist vor allem die Artikulation von Gemeinwohlbelangen, die unzureichend durch Verbände vertreten werden. Einen gewissen Ausgleich können hier die in den letzten Jahrzehnten entstandenen öffentlichen Beauftragten schaffen.[282] Wesentlich ist ferner eine Einbeziehung der Verwaltungsebene, die eine Regelung vollziehen soll; daher kommt regelmäßig der Anhörung der kommunalen Spitzenverbände besondere Bedeutung zu.[283] Außerdem können Prüfungserfahrungen des Rechnungshofs hilfreich sein.[284]

Zur Abqualifizierung der Anhörung als nicht völlig wertloses, aber sachlich doch weitgehend ertragsloses Ritual[285] kann man daher nur gelangen, wenn man entweder darin ein Allheilmittel gegen politisch nicht erwünschte Grundsatzentscheidungen sieht, was die Anhörung nach dem oben Ausgeführten nicht sein kann, oder deren missliche Handhabung in einzelnen Parlamenten als unabänderlich ansehen müsste. Sieht man dagegen in der Anhörung nüchtern ein nützliches Optimierungsinstrument für die Normgebung, dann fällt das Resumée eindeutig positiv aus.

cc) Fachliche Vorbereitung der Ausschussberatungen

Es ergibt sich aus der Natur der Sache, dass Ausschussberatungen die fachliche und technische Qualität ebenso wie die politische Treffsicherheit und Überzeugungskraft der beratenen Gesetzentwürfe nur dann stärken können, wenn sie alsbald, möglichst noch vor einer etwaigen Anhörung, gründlich vorbereitet werden. Auch wenn die bisweilen beschworene Rolle der Intuition für die Entscheidungen des Parlamentariers[286] nicht herabgespielt werden soll, so bedarf diese Intuition doch außer der durch den Gesetzentwurf ohnehin vorgegebenen Struktur weiterer Ansatzpunkte durch Information. Die Diskussion über Fach- und Rechtsfragen lässt sich nun einmal ohne

---

[282] Z.B. für Behinderte oder – rechtlich wesentlich stärker verankert – für den Datenschutz. Der Umweltbereich wird durch die auf diesem Gebiet agierenden Bundes- und Landesverbände, teilweise auch durch Stellen der Umweltverwaltung, vertreten.

[283] Vgl. Art. 57 Abs. 6 NV (s.o. S. 104)

[284] Die Vertreter des LRH haben deshalb in den Ausschussberatungen des niedersächsischen Landtags traditionell ein Rederecht. Sie können auch am ehesten, z.B. im Rahmen der Haushaltsplanungen, die ansonsten nicht repräsentierten Interessen der nachfolgenden Generationen an einer nachhaltigen (Haushalts-)Wirtschaft artikulieren.

[285] *Mengel*, Fn. 275, S. 233 zu Beginn seiner Ergebnisbetrachtung, allerdings mit den auch in unserem Text folgenden Einschränkungen seiner (wesentlich) skeptischeren Grundhaltung.

[286] *Zeh*, Fn. 18, 173, 181.

ein Eindringen in die spezifischen Probleme des Entwurfes nicht bewältigen. Davon ist letztlich auch der Erfolg der mit dem Entwurf verbundenen politischer Gestaltungsvorstellungen abhängig, denn nur das technisch gute und sachlich-fachlich zutreffende Gesetz ist als ihr Transmissionsriemen geeignet. Diese nötige Vorbereitung muss, soweit sie nicht von den Abgeordneten selbst erfolgt, von Hilfskräften geleistet werden. Auf die Formen einer solchen Zuarbeit wird noch einzugehen sein.

Besondere Bedeutung hat eine qualifizierte Zuarbeit bei der Behandlung von Änderungsgesetzen. Diese sind im Allgemeinen aus sich heraus nicht verständlich, weil der Zusammenhang der Änderungen mit dem Grundtext des zu ändernden Gesetzes aus dem Gesetzentwurf selbst nicht deutlich wird. Eine gewisse Hilfestellung bieten hier schriftliche Ausschussvorlagen, die von der Landesregierung oder der Parlamentsverwaltung erstellt werden und eine Gegenüberstellung des geltenden Rechts und der Änderungen enthalten. Allerdings darf sich die Zuarbeit auf derlei schriftliche Vorarbeiten nicht beschränken, weil die Verarbeitungskapazitäten und die Fähigkeit, in den Sitzungen einen Überblick über die verschiedenen Beratungsunterlagen[287] zu behalten, begrenzt sind. Eine wirkliche Beratung setzt vielmehr auch voraus, dass die Abgeordneten in den Ausschüssen in die mitunter schwer zugänglichen Regelungsmaterien mündlich – möglichst verständlich – eingeführt werden.

Da die parlamentarische Behandlung vielfach auf Sachgebieten erfolgt, für die die Abgeordneten und ihre Hilfskräfte die nötigen Fachkenntnisse und den erforderlichen Einblick in die einschlägigen bundes- und landesrechtlichen Rahmenbedingungen erst erwerben müssen, hängt die Qualität der Vorbereitung ganz entscheidend vom Kontakt mit den zuständigen Fachreferaten der Regierung, mitunter auch von Kontakten mit Stellen aus dem nachgeordneten Bereich ab.[288] Dies gilt erst recht, wenn die Analyse des Entwurfs und die Aufbereitung des Ergebnisses der Anhörung die Erarbeitung ergänzender oder alternativer Lösungsvorschläge nahe legen. Hier hat die Kommunikation mit der Regierung nicht nur die Funktion der Informationsbeschaffung, sondern auch der Vorabstimmung. Erfah-

[287] Neben dem Gesetzentwurf und der eben im Text genannten Gegenüberstellung desselben mit dem bisherigen Recht steht in Nds. regelmäßig noch eine Beratungsvorlage des parlamentarischen Gesetzgebungshilfsdienstes; zu diesen drei Gesamtvorlagen können dann noch die schriftlichen Änderungsvorschläge der politischen Gruppen kommen.

[288] Die verbreitete Tendenz zu Aufgabenkritik und Stellenabbau führt gerade im Bereich der Selbstverwaltung dazu, dass die Landesregierung die nötigen praktischen Kenntnisse und Erfahrungen nicht mehr selbst vorhält, sondern auf den nachgeordneten Bereich verweisen muss.

rungsgemäß haben in den Ausschussberatungen Detailvorschläge gute Erfolgschancen, über die sachlich und hinsichtlich der Ausformulierung zwischen den parlamentarischen Zuarbeitern und den zuständigen Stellen der Landesregierung Einvernehmen erzielt worden ist. Einen noch weitergehenden Gewinn gibt die zusätzliche Kommunikation mit anderen sachverständigen Stellen, zumal wenn sie in die Verfolgung des gesetzgeberischen Anliegens nicht unmittelbar eingebunden sind (z.B. dem Rechnungshof und dem Datenschutzbeauftragten[289], den kommunalen Spitzenverbänden).

dd) Ausschussberatungen

In dem „ersten" Beratungsdurchgang im federführenden Ausschuss (was ein mehrfaches „Durchberaten" des Entwurfs und der dazu vorgelegten Änderungsvorschläge keineswegs ausschließen muss) werden typischerweise die politischen Diskussionen im Grundsatz und im Detail geführt und das Ergebnis der Anhörung und das Ergebnis der parlamentarischen Vorarbeiten am Gesetzentwurf verarbeitet. Dazu gehört auch die Überarbeitung und Einarbeitung von Änderungsanträgen, die von den Fraktionen im Anschluss an die Anhörung oder aus anderen Gründen eingereicht werden.[290] Ergebnis des „ersten Beratungsdurchgangs" ist typischerweise eine geänderte Fassung des Gesetzentwurfs, in der möglicherweise einige Punkte noch mit Alternativen versehen oder als nicht endgültig geklärt ausgewiesen werden. Dieses Ergebnis wird von den parlamentarischen Hilfskräften schriftlich fixiert und bildet die Grundlage der Mitberatung.

Während der Ausschussberatungen greifen für die parlamentarischen Hilfskräfte die Aufgaben der Beratungsvorbereitung, der Beratungsbegleitung und der Ergebnissicherung fortlaufend ineinander. In den heutigen knapp terminierten Normsetzungsverfahren kann die Vertiefung von Rechtsfragen, die im Rahmen der Entwurfsanalyse aufgetreten sind, aus Zeitgründen aber nicht abschließend beurteilt werden konnten, oft erst am Rande der Mitberatungen erfolgen, insbesondere bei der Vorbereitung der Sitzung des Rechtsausschus-

---

[289] Zu deren Aufgaben es in Niedersachsen ohnehin gem. § 88 LHO bzw. § 22 Abs. 1 Satz 3 NDSG gehört, den Landtag zu beraten.

[290] Solche Anträge werden nicht selten auch vom Regierungslager gestellt, um Ergebnissen aus der Anhörung Rechnung zu tragen, mitunter aber auch, um eine Novelle um inzwischen nachgereifte Punkte anzureichern (zu diesem „Aufpfropf-Effekt s. o.). Man darf nicht vergessen, dass parallel zum parlamentarischen Beratungsverfahren im engeren Sinne auch die Arbeitskreise der Fraktionen das Verfahren vor- und nachbereitend begleiten, ihrerseits zusätzlichen Sachverstand aktivieren und fortlaufend ihre Folgerungen daraus ziehen. Darauf hat bereits *Schulze-Fielitz* hingewiesen (Theorie und Praxis, Fn. 4, S. 569).

ses.[291] In Zeiten, in denen die Gesetzgebung Konjunktur hat, hängt es freilich wesentlich von der Sitzungsvorbereitung und dem Vortrag in der Sitzung ab, wie intensiv sich der Rechtsausschuss mit einzelnen – meist verfassungsrechtlichen – Rechtsfragen auseinandersetzt. Auf Landesebene kommt dieser Prüfungsstation, wie schon angedeutet, besondere Bedeutung zu, weil die Bindung durch das engmaschige Bundesrecht die Prüfung der Vereinbarkeit des vorgesehenen Landesgesetzes mit dem höherrangigen Recht praktisch zu einer regelmäßigen Pflichtstation werden lässt. Hinzu kommt nun auch die Prüfung, ob das europäische Recht korrekt umgesetzt wird; eine Prüfung, die angesichts der andersartigen Rechtssprache und Systematik sowie nicht zuletzt der Unübersichtlichkeit der europäischen Rechtssetzungsakte durchaus aufwändig sein kann[292] und auch quantitativ fortlaufend an Bedeutung gewinnt. Ebenso kann die Mitberatung den nötigen Raum dafür verschaffen, die haushaltsrechtlichen Komplikationen, die aus dem absehbaren Beratungsergebnis folgen werden, genauer zu untersuchen und dem Haushaltsausschuss vorzutragen.

Es hat sich bei größeren Gesetzesvorhaben bewährt, nach Abschluss der Mitberatung eine aktualisierte Synopse mit allen bis dahin empfohlenen Änderungen und noch nicht erledigten Änderungsvorschlägen zu fertigen, sowohl aus dem federführenden Ausschuss wie aus den mitberatenden Ausschüssen; diese Synopse ist dann die Grundlage der Schlussberatung im federführenden Ausschuss.

Man kann den Erfolg der parlamentarischen Arbeit am Gesetzentwurf sicherlich nicht allein danach bemessen, wie umfangreich die beschlossenen Änderungen sind. Änderungen können aufgrund neuerer Erkenntnisse auch aus Sicht der Gesetzesinitianten erforderlich sein; andererseits kann eine fachliche Aufbereitung des Entwurfs auch zeigen, dass dessen Qualität keine Änderungen erforderlich macht. Unseren Erfahrungen entspricht es freilich eher, dass kaum ein Gesetzentwurf das Parlament so verlässt wie er eingebracht wurde[293] und dass – in Niedersachsen – die Vorbereitungsarbeiten der Fachreferate in der Landesregierung an den Gesetzentwürfen der Regierung oder der sie tragenden Fraktionen sogar zunehmend von

---

[291] Im Niedersächsischen Landtag entspricht es gutem Brauch, dass der Rechtsausschuss an nahezu allen Gesetzesberatungen beteiligt wird.

[292] Zur Rechtssprache der EU und zu den beträchtlichen Schwierigkeiten bei der Umsetzung von EU-Richtlinien vgl. *Reinhardt,*. NJW 2003, 3449 ff., das dort (S. 3452) abgehandelte Beispiel (zu § 25 d WHG) stellt aus unserer Sicht eher einen typischen als einen Ausnahmefall dar.

[293] Tendenziell ähnlich, aber noch ein gutes Stück zurückhaltender in seiner Einschätzung der Wirkungen der parlamentarischen Normsetzungsarbeit *Schulze-Fielitz*, Theorie und Praxis, Fn. 4, S. 568.

dem Vertrauen auf die Nacharbeit im Parlament bestimmt werden. Allerdings zeigt sich auch, dass die politischen Weichenstellungen eines Entwurfs davon im Allgemeinen nicht berührt werden; weitergehende Erwartungen, die in Schrifttum und Öffentlichkeit immer wieder mitschwingen, wenn die Normsetzung kritisiert wird, unterschätzen die politischen Vorfestlegungen und überschätzen daher die Möglichkeiten, diese in einem auf eine gewisse Rationalisierung angelegten Normsetzungsverfahren noch ändern zu können.

ee) Ergebnissicherung der Ausschussberatungen

Am Ende der Ausschussberatungen steht die Fixierung des Beratungsergebnisses des federführenden Ausschusses in einer übersichtlichen, die vorgeschlagenen Änderungen kenntlich machenden Beschlussempfehlung und die Formulierung eines mündlichen, bei größeren Gesetzesvorhaben auch eines schriftlichen Berichts über die Ausschussberatungen.[294] Der mündliche Bericht enthält die für die Plenarentscheidungen notwendigen Begleitinformationen; dieser Bericht wird am Rande des Plenums auch der Presse übergeben. In der Praxis werden diese mündlichen Berichte vielfach nicht vorgetragen, sondern ganz oder teilweise zu Protokoll gegeben, um mehr Raum für die Diskussion zu schaffen.

Der bei größeren Gesetzesvorhaben übliche schriftliche Bericht enthält die für die Rechtsanwendung notwendigen näheren Auskünfte über die Einzelberatung in den Ausschüssen. Dieser Bericht bildet in Niedersachsen einen Ausgleich dafür, dass die Ausschussniederschriften von Außenstehenden erst nach Ablauf von zwei Wahlperioden eingesehen werden können. Über die Beweggründe, die den Änderungsvorschlägen der Ausschüsse zugrunde liegen, gibt dieser Bericht im Allgemeinen hinreichend Auskunft.[295] Er hat daher eine ähnliche Bedeutung wie die dem Gesetzentwurf beigegebene Begründung. Diese Anforderungen an den schriftlichen Bericht können freilich dazu führen, das in Zeiten angespannter Gesetzgebungstätigkeit die Arbeitskapazitäten für die Erstellung dieser ausführlichen Berichte nicht ausreichen, sodass diese meist nicht bereits zum Zeitpunkt der Verabschiedung des Gesetzes, sondern erst zu ei-

---

[294] Zur Bedeutung der Ergebnissicherung für die Gesetzesauslegung s. *Schulze-Fielitz,* Theorie und Praxis, Fn. 4, S. 574 und ausführlicher *Schwerdtfeger,* Fn. 48, S. 173 ff., 185, der die Begründungsdefizite den Abwägungsdefiziten gleichstellen will und in Begründungsdefiziten zudem einen Verstoß gegen Demokratie- und Rechtsstaatsprinzip sieht. Einer besonders lückenlosen Ergebnissicherung dienen in Nds. zusätzlich die ausführlichen stenografischen Niederschriften über die Ausschusssitzungen.

[295] Zu der Frage, ob dies auf Bundesebene ebenso der Fall ist, hat sich *Schwerdtfeger,* (Fn. 48, m. w. N.) bereits im Jahre 1977 skeptisch geäußert; zumindest diese Skepsis ist auch aus heutiger Sicht durchaus berechtigt.

nem späteren Zeitpunkt veröffentlicht werden. Die Verantwortung für den Inhalt der Berichte trägt ausschließlich der vom Ausschuss bestimmte Berichterstatter; praktisch werden diese Berichte in der Verwaltung erstellt und mit wenigen Ausnahmen vom Berichterstatter auch so übernommen.

Der Abfassung des Ausschussberichtes kann gar nicht genügend Aufmerksamkeit geschenkt werden, konfrontiert doch der Ausschussbericht das Parlament mit dem Ergebnis der Beratungen, die ein Teil seiner Mitglieder in seinem Auftrag durchgeführt hat. „Der Ausschussbericht hält damit für die beratenden Ausschüsse wie für das Parlament als Ganzes ein „zurechenbares“ Ergebnis fest, von dem sich zu distanzieren die zweite und dritte Lesung des Gesetzes im Plenum die Möglichkeit bietet.“[296]

d) Abschließende Beratung(en) im Plenum, Ergebnissicherung

Die abschließende Beratung im Plenum (in einer zweiten oder einer zweiten und dritten Lesung) ist das Feld der Politik. Sachlich-fachliche oder legistische Veränderungen am Gesetzentwurf sind in diesem letzten Verfahrensabschnitt nur noch in Ausnahmefällen – über Änderungsanträge – herbeizuführen. Praktisch ist dies eher ein Ausnahmefall; so wird von der Ministerialverwaltung mitunter noch „in letzter Minute“ ein Mangel der Beschlussempfehlung entdeckt, der durch eine reine Korrekturmaßnahme[297] nicht beseitigt werden kann, sondern eine sachliche Änderung bedeutet.

Die Ergebnissicherung am beschlossenen Normtext besteht in der Herstellung einer bereinigten Gesetzesfassung,[298] wobei in die Beschlussempfehlung die im Plenum noch angenommenen Änderungen eingearbeitet werden. Anschließend wird der Text zur Veröffentlichung an die Amtsblattstelle gegeben. Nur bei Gesetzen, die erhebliche verfassungsrechtliche Bedenken auslösen, ist in dieser Phase noch spezifisch juristische Arbeit zu leisten, wenn nämlich zu klären ist, ob diese Bedenken so schwer wiegen, dass der für die Ausfertigung Zuständige[299] seine Beurkundung ablehnen muss.[300]

---

[296] *Janssen,* Fn. 240, S. 196.

[297] Nur offensichtliche und rein technische Mängel (etwa Schreib- oder Zitierfehler) können bei der Ausfertigung noch „im Verwaltungswege“ behoben werden; für die Feststellung der Offensichtlichkeit ist ein strenger Maßstab anzuwenden.

[298] Die Bereinigung besteht hauptsächlich in einer neuen Durchnummerierung der Vorschriften und in einer darauf aufbauenden Korrektur der Verweisungen sowie in einer letzten Rechtsförmlichkeitsüberprüfung bezüglich der Änderungsbefehle.

[299] Auf Bundesebene ist dies der Bundespräsident, in den Ländern der Landtagspräsident oder der Ministerpräsident.

[300] Zu dieser Frage auf Bundesebene eingehend *Hederich,* ZG 1999, 123 ff. – m. w. N. – und auf Landesebene derselbe NdsVBl. 1999, S. 77; zuletzt dazu Bundespräsident *J. Rau* in Festschrift für D. Tsatsos, 2003, S. 562 ff. und *Lutze,* NVwZ 2003, 323.

2. Aufgabe der Parlamente: Legitimationswirkung des Gesetzesbeschlusses glaubwürdig halten, Chancen eigener Einflussmöglichkeiten nutzen

Wir betrachten es auch als Kriterium „guter" Gesetzgebung, dass das Parlament nicht nur einen nach formellem und materiellem Verfassungsrecht ordnungsgemäßen Gesetzesbeschluss fasst, sondern dass dem auch ein Verfahren vorausgeht, das die Legitimationswirkung des Gesetzesbeschlusses mit inhaltlichem Gehalt erfüllt. Ein „gutes" parlamentarisches Gesetzgebungsverfahren unterscheidet sich in diesem Sinne von einem weniger guten darin, dass es vor der Öffentlichkeit deutlich macht, dass sich das Parlament als – einzig durch Wahl legitimiertes – Ganzes inhaltlich mit dem Entwurf befasst hat und dass der Gesetzesbeschluss Ausdruck eines eigenständigen Urteils über ihn ist[301].

Es versteht sich von selbst, dass eine solche eigenständige Befassung, auch wenn sie häufig auf der Plausibilitätsebene bleiben muss, zugleich noch einmal einen neuen Ansatz dafür bietet, die objektive Sachgerechtigkeit und technische Vollkommenheit des Gesetzes zu überprüfen, also auch zu einem inhaltlich besseren Gesetz führen kann – wenn denn die Voraussetzungen dafür gegeben sind.

Dass es darauf ankommt, die Gesetzgebung der deutschen Parlamente aus dem Ruch rein formaler Akte des „Abnickens" – etwas freundlicher ausgedrückt: reiner Notariatsakte – herauszubringen, ist den Parlamenten selbst zunehmend bewusst.

- So haben viele Länderparlamente bereits Vorkehrungen getroffen, Staatsverträge nicht erst in dem Stadium des Zustimmungsgesetzes intensiver zur Kenntnis zu nehmen – zu einer Zeit, in dem sie den bereits geschlossenen Staatsvertrag nur insgesamt entweder ablehnen oder annehmen können. So gibt die Niedersächsische Landesregierung auf der Grundlage des Art. 25 NV dem Landtag den Inhalt beabsichtigter Staatsverträge bereits vor deren Abschluss bekannt, um eine frühzeitige parlamentarische Diskussion über ihre Inhalte zu ermöglichen. Dieses Verfahren ist von der „Enquete-Kommission zur künftigen Arbeit des Niedersächsischen Landtages am Beginn des 21. Jahrhunderts"[302] ausdrücklich noch einmal eingefordert worden und mit dem Hinweis versehen worden: „Es wird auf der anderen Seite eine ständige Aufgabe des Landtages sein, diese Information adäquat zu verarbeiten und gegebenenfalls rechtzeitig Bedenken und Anregungen bereits im Vorfeld des Vertragsschlusses einzubringen."

---

[301] Siehe auch *Janssen*, Fn. 240, S. 196.
[302] LT-Drs. 14/3730, S. 21.

– Auf der Länderebene gibt es immer wieder Versuche der Länderexekutiven, durch auf Referentenebene ausgehandelte sog. Mustergesetzentwürfe Einfluss auf die Gesetzgebung der Länderparlamente zu nehmen. Es wird in der Regel damit argumentiert, dass im Interesse der Bundeseinheitlichkeit ein Bedürfnis nach möglichst vollständiger Übernahme des Musterentwurfs besteht. Erfreulicherweise sind viele Länderparlamente – wie auch Niedersachsen – hiergegen jedenfalls insoweit resistent, als es darum geht, erkannte Unzulänglichkeiten eines Mustergesetzentwurfs zu beheben und ihn in angemessener Weise in die Systematik und die Begrifflichkeit des übrigen Landesrechts einzupassen. Es sind sich auch viele Parlamentarier bewusst, dass es darüber hinaus gilt, eine eigenständige, dem eigenen Landesvolk gegenüber zu verantwortende Interessenabwägung zu treffen. Mustergesetzentwürfe werden durchaus als das genommen und bewertet, was sie tatsächlich sind: Wünsche einer am möglichst gleichförmigen Gesetzesvollzug interessierten Exekutive, die mit dem Interesse des Landesvolkes an der Berücksichtigung seiner spezifischen Interessen erst noch zur Deckung zu bringen sind[303].

Eine solche Besinnung auf ein im obigen Sinne beschriebenes „gutes" Gesetzgebungsverfahren ist aber auch in anderer Hinsicht geboten – in Bereichen, in denen den Pressionen oft schwer zu widerstehen ist:

– Verschiedentlich haben nicht erst bereits durchgeführte Rechtssetzungsakte der EU, sondern hat bereits die Drohung mit europäischen (Rechtssetzungs-, Rechtsverfolgungs- oder Exekutiv-)Maßnahmen dazu geführt, dass sich die nationalen Regierungen veranlasst sahen, sich im Vertragswege zu verpflichten, ihre Parlamente zu detailliert im Voraus festgelegten Gesetzgebungsakten zu bewegen. Ein besonders krasses Beispiel für eine solche Präjudizierung – hier der Länderparlamente – stellen die Vorgänge um die Abschaffung der Gewährträgerhaftung im deutschen Sparkassenwesen dar[304]: In einer am 17. Juli 2001 zwischen dem für Wettbewerb verantwortlichen Mitglied der Europäischen Kommission, dem Staatssekretär im Bundesministerium der Finanzen, den Finanzministern der Länder Baden-Württemberg, Bayern, Nordrhein-Westfalen und dem Präsidenten des Deutschen Sparkassen- und Giroverbandes abgeschlossenen „Verständigung über An-

[303] So ausdrücklich die „Enquete-Kommission zur künftigen Arbeit des Niedersächsischen Landtages am Beginn des 21. Jahrhunderts", LT-Drs. 14/3730, S. 22.

[304] Siehe die Darstellung und Kritik im Einzelnen im Kommissionsbericht der „Enquete-Kommission zur künftigen Arbeit des Niedersächsischen Landtages am Beginn des 21. Jahrhunderts", LT-Drs. 14/3730, S. 19f.

staltslast und Gewährträgerhaftung", wurde nach Darstellung der Beteiligten ein drohender langjähriger Rechtsstreit mit unsicherem Ausgang vermieden. Diese „Verständigung“ und insbesondere die ergänzenden „Schlussfolgerungen über Anstaltslast und Gewährträgerhaftung betreffend die Verständigung über Landesbanken und Sparkassen vom 17. Juli 2001“ vom 28. Februar 2002 enthalten nicht nur Grundsätze für die diesbezügliche Landesgesetzgebung, sondern auch detaillierte Vorgaben für die für notwendig gehaltenen Gesetzesänderungen, für einzelne „geschuldete“ Gesetzesformulierungen, Begründungselemente und Verfahrensschritte[305]. Für die deutschen Parlamente müssten solche „Verständigungen“ im Vorfeld des parlamentarischen Gesetzgebungsverfahrens eigentlich Anlass zum Protest und zu Gegenreaktionen sein, denn in ihnen liegt ja das Ansinnen, sich nicht etwa den Vorgaben demokratisch legitimierten höherrangigen Rechts (das sie traditionell immer noch im Detail an das landesrechtliche Rechtssystem anpassen dürfen), sondern den detaillierten Vorgaben informeller Absprachen Dritter zu beugen[306].

– In jüngster Zeit wieder verstärkt diskutiert wird der Einfluss informeller Beratungs- und Konsensfindungsgremien auf die Gesetzgebung.[307] Auf Landesebene hat dieses Problem nicht dieselbe praktische Bedeutung wie auf Bundesebene; auch hier gibt es freilich Beispiele.[308]
  Zwar wird die legitimierende Wirkung parlamentarischer Gesetzesbeschlüsse grundsätzlich nicht dadurch gemindert, dass ihnen vielfache informelle Kontakte, Ermittlungen und Absprachen mehr oder minder verbindlicher Art innerhalb und außerhalb des Parlaments vorausgehen[309]. Die vielfältigen Beiträge der Exekutive auf diesem Wege (z.B. „Normabwendungsabsprachen“ zwischen Regierung und Unternehmen bzw. Verbänden, „Auspaktieren“ von Gesetzesinhalten zwischen Regierung und privaten Interessengruppen, „sozialer Dialog“ der europäischen Sozialpartner) sind von *Herdegen*[310] ausführlich geschildert worden. Auch innerhalb des parlamentarischen Gesetzgebungsprozesses sind ständige

---

[305] Siehe hierzu im Einzelnen z.B. die Begründungen zu den im Niedersächsischen Landtag eingebrachten Gesetzentwürfen Drs. 14/3432 und Drs. 14/3433.

[306] Siehe hierzu die Kritik der „Enquete-Kommission zur künftigen Arbeit des Niedersächsischen Landtages am Beginn des 21. Jahrhunderts“, LT-Drs. 14/3730, S. 20.

[307] Insbesondere die Staatsrechtslehrertagung 2002, s. d. Tagungsbericht von *Möstl,* AöR 2003, Band 128, S. 300ff.

[308] Siehe S. 64ff.

[309] Wenn denn derartige vorverlagerte Entscheidungen überhaupt zu sachlich befriedigenden Ergebnissen kommen können; siehe hierzu *Bandelow,* Fn. 183, 14ff.

[310] *Herdegen,* Fn. 12, VVDStRL 62, 7, 13ff.

informelle Abgleiche und Konsensbemühungen auf dem Wege zur Mehrheitsbildung üblich und auch unvermeidlich[311]. Schon gar nicht beeinträchtigt die legitimierende Wirkung des Gesetzesbeschlusses der Umstand, dass sich im Vorfeld der Gesetzgebung oder begleitend zu ihr informale Expertengremien eine Auffassung zu den angesprochenen Themen bilden und diese äußern, auch wenn die Regierung verspricht, die Erkenntnisse und Vorschläge „1 zu 1" umzusetzen. Derartige Gremien haben die Parlamente in Gestalt ihrer Enquéte-Kommissionen schließlich auch selbst.

Die dagegen erhobenen Bedenken sind denn auch weniger rechtlicher als rechtspolitischer Natur: Es wird darauf hingewiesen, dass dadurch Diskussionen aus dem Parlament in anders – nicht nach dem demokratischen Prinzip zusammengesetzte – Gremien verlagert werden und damit die Verantwortlichkeiten verwischt könnten.[312] Das Verfassungsverfahrensrecht drohe zu Gunsten bloß ritueller Vollzugsakte der informal längst getroffenen Entscheidungen abgewertet zu werden, die Regeln der Gewaltenteilung würden damit informal überspielt, zweifelhafte Entscheidungen würden einer ausreichenden öffentlichen Kontrolle kompetenzgerechter Amtsausübung entzogen, Verantwortungs- und Kompetenzzuweisungen drohten verlagert und unterlaufen zu werden[313]. Das förmliche Rechtssetzungsverfahren werde in einem Ausmaß inhaltlich im Voraus festgelegt, dass für die Gesetzesentscheidung des Parlaments „der Form das materielle Substrat entzogen ist, weil die politischen Weichenstellungen bereits früher und außerhalb des Parlaments erfolgt sind"[314].

Diese Bedenken scheinen uns eher überpointiert, weil sie bereits dort von einer geschlossenen Kausalkette ausgehen, wo es sie letztlich doch noch gar nicht gibt: Man kann nicht sagen, dass informale Beratungs- oder Konsensfindungsgremien und ihre Beschlüsse für sich genommen bereits – rechtspolitisch – geeignet sind, die Autorität des Gesetzesbeschlusses der gesetzgebenden Körperschaft zu unterminieren.[315] Es liegt vielmehr in der Hand

---

[311] *Morlok*, Fn. 10, VVDStRL 62, 33, 72ff.

[312] Eingehend dazu *von Blumenthal*, Fn. 184, S. 9 (10f.) m.w.N.

[313] *Schulze-Fielitz*, Der informale Verfassungsstaat, Fn. 177, S. 163.

[314] *H.-J. Papier*, Reform an Haupt und Gliedern. Eine Rede gegen die Selbstentmachtung des Parlaments, in: FAZ vom 31.1.2003, S. 8; *von Blumenthal*, Fn. 184, S. 10; s.a. *H. Schulze-Fielitz*, Der informale Verfassungsstaat, Fn. 177, S. 139.

[315] Auch das Bedenken, dass die Zusammensetzung des Gremiums bestimmte wesentliche Interessen nicht repräsentiere oder sonst einseitige Ergebnisse vorzeichne, ist – bezogen auf das Normsetzungsverfahren – politischer, nicht rechtlicher Art, da es insoweit keine „materiellen" Anforderungen an Gesetzentwürfe gibt und die Einseitigkeiten des Beratungsgremiums ja im parlamentarischen Verfahren erörtert werden können. Auch hier kommt es entscheidend auf den Umgang mit den Ergebnissen des

des Parlaments selbst, ob es sich dem Druck beugt, extraparlamentarische Absprachen lediglich „abzunicken“, sich ggf. durch Erklärungen, eine bestimmte Empfehlung solle „1 zu 1 umgesetzt werden“, dem Verdacht auszusetzen, sich in der öffentlichen Wahrnehmung (teilweise) der politischen Verantwortung zu entledigen[316], oder ob es dem parlamentarischen Verfahren als „Gemeinwohlverfahren“[317] gerecht wird und in einem vom Volke nachvollziehbaren, erlebbaren Prozess glaubhaft macht, die gesetzgeberische Entscheidung selbst reflektiert und abgewogen zu haben.

– Eine der häufigsten Denaturierungen des parlamentarischen Gesetzgebungsverfahrens mit weit reichenden Wirkungen sowohl für die fachliche und legistische Qualität des Gesetzesbeschlusses als auch für die Kraft der von ihm vermittelten Legitimation liegt in dem Zusammendrücken der für das parlamentarische Gesetzgebungsverfahren zur Verfügung stehenden Beratungszeit. Diese „*Überbeschleunigung*“ des parlamentarischen Gesetzgebungsverfahrens wird zum Teil von den Parlamenten selbst befördert: Neben dem Anspruch, mühsam gefundene gesellschaftliche Kompromisse nicht erneut in Frage zu stellen, sehen sie sich auch dem Anspruch der öffentlichen Meinung wie ihrer Regierungen ausgesetzt, (womöglich lange verschleppten) Reformvorhaben nicht als letzte Hürde länger als unbedingt nötig „im Wege zu stehen“. Deshalb haben wir einige Anhaltspunkte für eine wachsende Neigung von Parlamentsmehrheiten, Gesetzentwürfe der Exekutive nicht mehr unter dem Gesichtspunkt der inhaltlichen Beratungsbedürftigkeit im Sinne einer eigenständigen Entscheidung, sondern unter dem Gesichtspunkt der umgehenden „Vollstreckung“ zu betrachten – mit dem Ergebnis, dass sie ihnen in möglichst kurzer Zeit über die parlamentarischen Hürden helfen[318].

Es soll hier nicht der Betulichkeit das Wort geredet werden. Selbstverständlich haben diejenigen, die einen Gesetzentwurf einbringen, einen Anspruch darauf, dass dieser Entwurf entsprechend seiner Dringlichkeit zügig vom Parlament behandelt wird. Selbstver-

---

Beratungsgremiums an. Eine andere Frage ist, ob die Einräumung unterschiedlicher Partizipationschancen in einflussreichen Gremien gegen den Grundsatz der Gleichbehandlung verstößt; diese Frage betrifft freilich nicht die Gleichbehandlung von natürlichen Personen, sondern von Verbänden.

[316] So jedenfalls von *Blumenthal,* Fn. 184, S. 11.

[317] *Häberle,* Öffentliches Interesse als juristisches Problem, 1970, 251; *Schulze-Fielitz,* Theorie und Praxis, Fn. 4, 179f.; *Morlok,* Fn. 10, VVDStRL 62, 33, 61.

[318] So hob es nach einer Pressemitteilung der scheidende Präsident eines Landtages als einen in seiner Amtszeit errungenen Erfolg hervor, dass die Durchlaufzeit für eine Gesetzesvorlage von manchmal einem Jahr auf maximal drei Monate reduziert worden sei; siehe Das Parlament Nr. 29/30 vom 14./21. 7. 2003, S. 9.

ständlich gibt es auch Notsituationen, die äußerste Beschleunigung – auch des Parlamentes in seiner Eigenschaft als Gesetzgeber – verlangen. Versteht sich ein Parlament aber dazu, notwendige Prüfungsschritte, Anhörungen usw. unter das Diktat eines zu engen Zeitrahmens zu stellen, gefährdet es seinen eigenen Anspruch, der letztlich verantwortliche und bestimmende Faktor der Gesetzgebung zu sein. Es riskiert damit, von den anderen Verfassungsorganen und dem eigenen Staats- oder Landesvolk als eigenständige, hierzu demokratisch legitimierte Kraft nicht mehr wahrgenommen zu werden. Dies gilt umso mehr, als die Hektik mancher gesetzgeberischer Tätigkeit der Exekutive dazu geführt hat, dass formal und inhaltlich noch nicht ausgereifte Gesetzentwürfe in den parlamentarischen Beratungsprozess übernommen werden. Wenn unter diesen Umständen überhaupt noch auf eine eigenständige Durchdringung und Überarbeitung des Gesetzentwurfs in parlamentarischen Verfahren Wert gelegt wird, so führt die Überbeschleunigung dann dazu, dass die inhaltliche Beeinflussung des Gesetzentwurfs faktisch nicht mehr von den Parlamentariern, sondern von Dritten, nämlich einigen wenigen spezialisierten Ministerial- und Parlamentsbediensteten, ausgeübt wird, ohne dass die Abgeordneten als die eigentlich Entscheidungsbefugten und Entscheidungsverantwortlichen noch in ausreichendem Maße nachvollziehen könnten, welchen Inhalt die von Ihnen zu beschließenden – und von der Bevölkerung zu beachtenden – Rechtsnormen haben.

Es liegt nicht ausschließlich, aber doch auch in der Hand der Parlamente und ihrer Parlamentarier selbst, ob sie sich auf Verfahren einlassen, die geeignet sind, „zweifelhafte Entscheidungen einer ausreichenden öffentlichen Kontrolle kompetenzgerechter Amtsausübung zu entziehen, Verantwortungs- und Kompetenzzuweisungen zu verlagern und zu unterlaufen, das Verfassungsverfahrensrecht zu Gunsten bloß ritueller Vollzugsakte von informalen Entscheidungen abzuwerten, die Regeln der Gewaltenteilung informal zu überspielen und den Einfluss der politischen Parteien (verfassungs-)grenzenlos auszuweiten"[319]. Entparlamentarisierung ist weitgehend Selbstentmachtung[320].

In diesem Sinne sind auch die nachfolgenden Erörterungen darüber zu verstehen, welche verfahrenstechnischen und organisatorischen Hilfestellungen am ehesten geeignet sind, die Qualität des Prozesses der Gesetzesberatungen im Parlament und damit auch die

---

[319] *Schulze-Fielitz,* Der informale Verfassungsstaat, Fn. 177, S. 163; ebenso *Kirchhof,* Fn. 11, NJW 2001, 1332, 1334.

[320] *Ruffert,* Entformalisierung und Entparlamentarisierung politischer Entscheidungen, DVBl. 2002, 1145, 1149.

fachliche und legistische Qualität des Gesetzes selbst zu erhöhen: Es kommt letzten Endes darauf an, ob die Parlamente bereit sind, qualitätssichernde Verfahrensregeln oder Gesetzgebungshilfen, die ja in erster Linie Werkzeuge sind, auch tatsächlich zu nutzen.

3. Intensivierung, Verrechtlichung der Anhörungen?

Es ist bereits oben auf den Wert von Anhörungen eingegangen worden[321]. Zugleich ist hervorgehoben worden, dass in der Praxis parlamentarischer Anhörungen verschiedene ertragsmindernde Erscheinungen zu beobachten sind, die es auszuschalten gilt. Die Parlamente sollten eine Kultur gut vor- und nachbereiteter Anhörungen pflegen und durch eine sinnvolle Zeitplanung dafür sorgen, dass der Ertrag von Anhörungen im parlamentarischen Gesetzgebungsprozess auch sinnvoll verwertet werden kann.

Aus diesem eher positiv zu bewertenden Befund des parlamentarischen Instruments der Anhörung lässt sich allerdings keine rechtspolitische Forderung nach einer verbindlichen, gar verfassungsrechtlichen, Regelung desselben (z.B. durch die Begründung von Anhörungspflichten zugunsten bestimmter Verbände oder die Begründung von Rechten parlamentarischer Minderheiten) ableiten. [322] Eine solche Regelung wäre, wenn sie wirksam sein sollte, zu wenig flexibel und könnte den politischen Prozess im Einzelfall unangemessen behindern.

Die Einräumung eines *Minderheitenrechts* auf Durchführung einer parlamentarischen Anhörung wäre schon wegen des „natürlichen“ Interessengegensatzes zwischen Regierung und Opposition nicht angezeigt; die Folge wäre je nach Formulierung dieses Minderheitenrechts entweder eine Überlagerung des politischen Prozesses durch verfahrensrechtliche Streitigkeiten oder aber die Gefahr, dass dieses Instrument durch die Minderheit taktisch motiviert eingesetzt würde.

Was die Begründung von Anhörungspflichten zugunsten bestimmter Verbände angeht, so hat Niedersachsen mit der verfassungsrechtlichen Verpflichtung (auch) des Landtages, die kommunalen Spitzenverbände zu hören, „bevor durch Gesetz … allgemeine Fragen geregelt werden, welche die Gemeinden oder die Landkreise

---

[321] S. 107ff.

[322] *Badura*, ZG 1987, 300, 310, rät von einem formellen Einbau des „Diskurses“ der Interessenten, Experten und Rechtswissenschaftler in das Gesetzgebungsverfahren sogar ausdrücklich ab.

unmittelbar berühren,"[323] durchaus gute Erfahrungen gemacht. Es handelt sich hierbei aber eher um eine Sondersituation. Die Rechtsverpflichtung zur Anhörung der kommunalen Spitzenverbände in den genannten Fällen würdigt die besondere Stellung der Kommunen als Teil der organisierten Staatlichkeit; sie schließt aus, dass den Anliegen der Kommunen im parlamentarischen Prozess das Wort abgeschnitten werden könnte (die Kommunalen Spitzenverbände bringen im übrigen wertvolle Vollzugserfahrungen in den parlamentarischen Gesetzgebungsprozess ein, was in Niedersachsen noch an Gewicht gewinnen wird, wenn die Ministerien mit der Abschaffung der Bezirksregierungen einen wichtigen Teil ihres „Unterbaus" verlieren). In Niedersachsen zeigt sich, dass die kommunalen Spitzenverbände sich vor einer exzessiven, formalistischen Nutzung der durch Art. 57 Abs. 6 NV eröffneten Einflussmöglichkeit hüten.

Skepsis wäre dagegen angebracht, wenn sich die Parlamente die Anhörung weiterer Träger öffentlicher Belange oder Interessenverbände als Rechtsverpflichtung auferlegen würden. Die Zahl der denkbaren Prätendenten wäre unabsehbar, eine halbwegs plausible Auswahl unter ihnen schwerlich möglich.

Noch ernster wären die Bedenken, wenn Verpflichtungen zur Anhörung bestimmter Träger öffentlicher Belange oder Interessenverbände nicht als objektive Verpflichtungen im öffentlichen Interesse, sondern als subjektive Rechte der Anzuhörenden ausgestaltet würden. Denn die die Dispositionsfreiheit der Parlamente über ihr Verfahren notwendigerweise beschränkenden Anhörungsverpflichtungen können sinnvollerweise nur dem wohlverstandenen (Erkenntnis)Interesse des Parlaments selbst, nicht aber dem Einflussinteresse bestimmter Dritter dienen. Es muss vermieden werden, dass Ansprüche auf Anhörung entstehen, aus denen sich Streitigkeiten entwickeln können, die vom eigentlichen Ziel „Verbesserung des Normsetzungsverfahrens" abführen und die womöglich zu Zweifeln an der Bestandskraft des ohne Berücksichtigung des Anzuhörenden, aber ansonsten ordnungsgemäß zustande gekommenen Gesetzes wecken[324].

---

[323] Eine vergleichbare Vorschrift enthält – auf unterverfassungsrechtlicher Ebene – § 69 Abs. 5 GO BT.

[324] Ein Warnsignal in dieser Beziehung setzt die Entscheidung des Nds. StGH vom 16. 5. 2001, NdsVBl. 2001, 184, 185 zu Art. 57 Abs. 6 NV: „Die Landesregierung hat die kommunalen Spitzenverbände angehört, bevor die angegriffenen gesetzlichen Regelungen erlassen worden sind. Das gilt auch für den Erlass des Niedersächsischen Finanzverteilungsgesetzes. Dessen Entwurf wurde gemäß Kabinettsbeschluss vom 22. Dezember 1998 zur Anhörung freigegeben. Wegen der unmittelbar bevorstehenden Feiertage war es den kommunalen Spitzenverbänden nur schwer möglich, eine

4. Verpflichtung zur Einhaltung einer angemessenen Beratungszeit?

Überhastete Gesetzgebungsverfahren sind kompromissfeindlich[325]. Es ist daher die Forderung erhoben worden, im Geschäftsordnungsrecht der Parlamente eine Mindestberatungsdauer einzuführen, um zumindest teilweise überhastete Gesetzgebungsverfahren zu unterbinden[326]. Wir halten einen solchen Versuch einer Selbstbindung des Parlaments für relativ aussichtslos. Der Wettbewerbsdruck, dem Regierungs- wie Oppositionsfraktionen in Deutschland unterliegen, lässt es kaum zu, einen – womöglich im Urteil aller Fraktionen – durchberatenen, „unproblematisch" gewordenen Gesetzentwurf nur deshalb nicht zu beschließen, weil die festgesetzte Mindestberatungszeit noch nicht abgelaufen ist. Die parlamentarische Mehrheit gar, die einen Gesetzentwurf aus politischen oder sachlichen Gründen beschleunigen will, wird sich daran im Konfliktfall nicht hindern lassen. Es ist daher auch nicht zu erwarten, dass eine Geschäftsordnungsbestimmung, die hier starre Hürden aufbaut, in einem deutschen Parlament parlamentarisch mehrheitsfähig wäre.

5. Pflicht zur Begründung von Gesetzen?

a) Bestehendes verfassungsrechtliches Gebot?

Es ist in Deutschland zwar üblich und – zumeist auf der Ebene des Geschäftsordnungsrechtes – auch vorgeschrieben, Gesetz*entwürfe* zu begründen.[327] Eine allgemeine verfassungsrechtliche Verpflichtung, den Gesetzentwürfen oder gar den darauf aufbauenden Gesetzesbeschlüssen eine Begründung beizugeben, gibt es aber nach h.M. nicht.[328]

Stellungnahme vorzubereiten und abzugeben. Die Anhörung hat dann auch noch überraschend aufgrund einer Ladung per Telefax vom 2. Februar am 4. Februar 1999 im Ausschuss für Haushalt und Finanzen stattgefunden. Obwohl somit dem verfassungsrechtlich ausdrücklich verbürgten Anhörungsrecht im Gesetzgebungsverfahren nicht in vollem Umfange Rechnung getragen worden ist, führt das nicht zur Verfassungswidrigkeit des Finanzverteilungsgesetzes, weil sich die kommunalen Spitzenverbände auf dieses Verfahren eingelassen haben."

[325] *Schulze-Fielitz,* Theorie und Praxis, Fn. 4, S. 414.

[326] *Schulze-Fielitz,* Theorie und Praxis, Fn. 4, S. 571.

[327] Hierzu siehe (Binnenverweisung).

[328] z.B. *Skouris,* Die Begründung von Rechtsnormen, 2002, S. 119ff., 174. Eine Mindermeinung leitet eine derartige Begründungspflicht allerdings aus Art. 20 Abs. 3 GG her, allerdings beschränkt auf Fälle, in denen sich aus dem Verhältnismäßigkeitsgrundsatz Sachverhaltsermittlungs- und Abwägungspflichten ergeben (*Lücke,* Begründungszwang und Verfassung, 1987, *Lücke* in: Sachs, Rn. 7 zu Art. 76 GG; anders z.B. *Jarass/Pieroth,* Rn. 3 zu Art. 76 GG m.w.N.; *Kischel,* Fn. 78, S. 401 und 303f.).

Die Verfassungstexte enthalten jedenfalls keine an den Gesetzgeber adressierte ausdrückliche Verpflichtung, seine Gesetze zu begründen.[329] Allerdings ist es üblich und im üblichen parlamentarischen Ablauf auch kaum vermeidbar, dass das Ergebnis der Ausschussberatungen in Form eines mehr oder weniger knappen Berichts dargestellt wird. Soweit der Plenarbeschluss über eine Gesetzesvorlage in den Ausschüssen vorbereitet wird, muss dem Plenum ja mitgeteilt werden, worauf die Änderungsempfehlungen der Ausschüsse beruhen. Angesichts der - verfassungsrechtlich garantierten – Öffentlichkeit der Plenarsitzungen (Art. 42 Abs. 1 Satz 1 GG) müssen auch diese Berichte für die Öffentlichkeit zugänglich sein, indem sie entweder verlesen oder als Drucksachen zugänglich gemacht werden; ansonsten wären die Verhandlungen des Plenums für die Öffentlichkeit nicht durchschaubar.

Diese Anforderungen beruhen aber auf der Aufgabenteilung zwischen Plenum und Ausschüssen, also auf innerorganschaftlichen Gegebenheiten; daraus lassen sich nicht ohne Weiteres auch Verpflichtungen des Plenums ableiten, seine – ggf. von den Ausschüssen abweichende – politische (Mehrheits-)Entscheidung mit Gründen zu versehen. Für eine so weitgehende „materielle" Überhöhung des Öffentlichkeitsgrundsatzes im Sinne eines umfassenden Transparenzgebots auch für die politische Willensbildung im Plenum gibt der Verfassungswortlaut nichts her.[330]

Die verfassungsgerichtliche Rechtsprechung hat zwar in mehreren Entscheidungen Begründungspflichten des Gesetzgebers angenommen; diese Begründungspflichten hat sie aber nur in besonders gelagerten Fällen bejaht und dort jeweils bereichsspezifisch und damit nicht verallgemeinerbar abgeleitet.[331] Dem entspricht auch der Stand der Diskussion in der Literatur, die Begründungspflichten im Gesetzgebungsverfahren überwiegend ablehnt.[332] Berücksichtigt man,

---

[329] In Niedersachsen verlangt Art. 68 Abs. 1 der Verfassung von denjenigen, die einen Gesetzentwurf einbringen, dass sie „die Kosten und Mindereinnahmen darlegen" und auf die betroffenen Träger der öffentlichen Verwaltung aufschlüsseln; daraus ergibt sich aber keine Begründungspflicht für den vom Plenum zu fassenden abschließenden Gesetzesbeschluss.

[330] *Skouris,* Fn. 328, S. 174, 182, spricht nur von einer „Begründungslast" des Gesetzgebers, deren Verletzung aber keine Nichtigkeitsfolge bewirke. Zur Frage, inwieweit sich dem Öffentlichkeitsgrundsatz ein „materielles" Transparenzgebot entnehmen lässt, siehe oben S. 35ff.

[331] Siehe zur Aufarbeitung der Rspr. die Monografie von *Skouris,* Die Begründung von Rechtsnormen, 2002, S. 119ff., wonach der verfassungsrechtlichen Rspr. im Allgemeinen nur eine „Begründungslast" des Gesetzgebers zu entnehmen ist.

[332] Z.B. *Kischel,* Fn. 78, S. 304. Zur Begründung der Mindermeinung, die aus dem Demokratieprinzip, dem Prinzip der Freiheit der Wahl und aus dem Öffentlichkeitsgrundsatz eine Verpflichtung zur Offenlegung der wesentlichen Gründe für den Er-

dass in einigen spezifischen Gesetzgebungsermächtigungen verfassungsrechtlich zulässige Gesetzeszwecke umschrieben werden, dann erscheint die Haltung der Rechtsprechung insoweit als recht zurückhaltend, denn derartige Zweckformeln legen die Forderung recht nahe, zu begründen, warum von der Ermächtigung Gebrauch gemacht wird.[333] Es gibt nämlich eine Reihe von Verfassungsvorschriften, die maßgeblich auf die mit einem Gesetz verknüpften Zwecke abstellen, entweder indem sie die Ausnutzung einer Ermächtigung von der Verfolgung eines ausdrücklich genannten Zweckes abhängig machen (z.B. Art. 72 Abs. 2 und Art. 115 Abs. 1 Satz 2 Halbsatz 2 GG) oder indem sie die Verfolgung bestimmter Zwecke verbieten (Art. 3 Abs. 3 GG).[334]

Die Zurückhaltung der Rechtsprechung ist um so bemerkenswerter, als die bisherigen Erwägungen, die gegen eine Begründungspflicht bei Gesetzen ganz allgemein ins Feld geführt worden sind, keineswegs zwingend sind, und vor allem deshalb, weil die europarechtliche Rechtslage – in der deutschen Diskussion offenbar noch nicht voll verarbeitet – insoweit eine andere ist: Nach Art. 253 EGV sind nämlich die europarechtlichen Rechtsnormen (Verordnungen, Richtlinien und Entscheidungen) „mit Gründen zu versehen und nehmen auf die Vorschläge oder Stellungnahmen Bezug, die nach diesem Vertrag eingeholt werden müssen".[335] Diese Begründung muss allerdings nicht in eine Präambel zum Rechtssetzungsakt aufgenommen werden.[336] [337]

---

lass von Normsetzungsakten gegenüber dem Volk ableitet, siehe *J. Lücke,* Fn. 328, S. 95ff. mit Nachweisen der h.M. ebda S. 100, Fn. 223.

[333] So verlangt das BVerfG z.B. in seiner Rspr. zum neuen Artikel 72 Abs. 2 GG nicht, dass der Bund die Rechtfertigung für das Gebrauchmachen von einer konkurrierenden Gesetzgebungskompetenz im Gesetzgebungsverfahren niedergelegt hat (BVerfG DÖV 2003, 119). Auch in der neuesten Entscheidung zur Abgeordnetenentschädigung und zu Funktionszulagen für Abgeordnete (ThürVerfGH NVwZ-RR 2003, 793, 794) wird eine Begründungspflicht ausdrücklich verneint, obwohl hier der Interessenkonflikt einer Entscheidung in eigener Sache und das in diesem Bereich im Schrifttum angenommene Transparenzgebot dies nahe legen könnten.

[334] Zu diesen Fallgruppen *Skouris,* a.a.O., S. 146ff.

[335] Dazu z.B. *Kischel,* Fn. 78, S. 331ff.; *Redeker/Karpenstein,* NJW 2001, 2829ff.

[336] So verleitet eine Veröffentlichung der Begründung parallel mit dem Normtext dazu, in der Auslegung das Rangverhältnis zwischen beiden Elementen aus den Augen zu verlieren und diese zu vermischen. Besser ist eine gesonderte Begründung nach Art der schriftlichen Berichte, die zudem gegenüber den europarechtlichen Präambeln den Vorteil haben, dass ihre Gliederung auf den Normtext abgestimmt ist.

[337] Zur eher abschreckenden Unübersichtlichkeit des EU-Rechts tragen die Begründungen von Richtlinien in deren Präambeln wohl nur am Rande bei; vgl. dazu *Redeker/Karpenstein,* Fn. 335, S. 2829ff.

b) Begründungspflicht als verfassungspolitisches Desiderat?

Auch im Hinblick auf das europarechtliche Beispiel liegt es nahe zu prüfen, wie tragfähig die gegen eine Begründungspflicht des Gesetzgebers angeführten verfassungs*politischen* Überlegungen sind.

Im Wesentlichen wird gegen eine Pflicht zur Begründung von Gesetzen eingewandt, dass sich der Wille des Gesetzgebers praktisch nicht feststellen lasse, sowie, dass diese Pflicht dem demokratisch-dezisionistischen Charakter des Gesetzgebungsverfahrens widerspreche, damit indirekt der verfassungsgerichtlichen Rechtsprechung mehr Raum einräume und so letztlich auch das demokratische Prinzip verletze.[338] Diese Argumente scheinen zwar vor dem Hintergrund des geltenden Verfassungswortlauts, der eine Begründungspflicht nicht statuiert, zunächst einleuchtend; rechtspolitisch betrachtet sind sie aber nicht zwingend:

Aus den Gesetzesmaterialien lässt sich vielfach durchaus erkennen, welche Gründe zu einer bestimmten Gesetzesformulierung geführt haben. Die Vorbereitung des Plenarbeschlusses in den Ausschüssen und die Notwendigkeit, das Ergebnis der Ausschussberatungen dem Plenum zu vermitteln, sowie nicht zuletzt der Umstand, dass die Ausschussempfehlungen bereits auf einem mit Gründen versehenen Gesetzentwurf aufbauen, stellen im Regelfall sicher, dass die Gründe für die im parlamentarischen Verfahren beschlossene Fassung des Gesetzes nachvollzogen werden können. Beschließt das Plenum – selten genug – noch Abweichungen von der Ausschussempfehlung, so liegt dem ein Änderungsantrag zugrunde, der entweder mit einer schriftlichen Begründung versehen oder in der Plenardebatte kurz mündlich begründet wird. Werden über die parlamentarischen Ausschussberatungen sorgfältige Berichte erstellt, und dies geschieht z.B. im Niedersächsischen Landtag durchaus, so wird damit dem Anliegen, das mit dem Begründungserfordernis verfolgt wird, bereits weitgehend entsprochen.

Der angebliche Widerspruch der Forderung nach einer Gesetzesbegründung zum demokratisch-dezisionistischen Wesen des Gesetzgebungsverfahrens stellt in Wahrheit eher einen Zirkelschluss dar. Dass das Beschlussergebnis eines Kollegialorgans seine demokratische Legitimation dadurch einbüßen könnte, dass es die Motive seines Entschlusses offen legen muss, ist bereits schwer einzusehen. Wesensfremd könnte eine solche Anforderung nur sein, wenn man das Gesetzgebungsverfahren ausschließlich als politischen Prozess begreifen und die rechtlichen Bezugspunkte dieses Verfahrens und

---

[338] *Janssen*, Fn. 240, S. 190ff. m.w.N.

die davon ausgehenden Rationalisierungswirkungen bestreiten wollte.[339]

In der Praxis käme die Forderung nach einem Begründungsgebot vor allem in zwei Fallgruppen zum Tragen, nämlich zum einen in den durchaus vorkommenden Fällen, in denen mit Mehrheit eine Änderung am Gesetzentwurf beschlossen wird, ohne dass in der vorweglaufenden Beratung dafür – selbst in nichtöffentlicher Sitzung – eine Begründung abgegeben worden ist, und zum anderen in Fällen, in denen die angegebenen, aus den Gesetzesmaterialien ersichtlichen, Gründe offensichtlich nicht zutreffen, weil sie mit dem Inhalt der beschlossenen Änderung oder der Interessenlage der politischen Mehrheit offensichtlich nicht zusammenpassen. In beiden Fällen ist nicht recht erkennbar, warum eine derartige, dem äußeren Anschein nach willkürliche Rechtssetzung schutzwürdig sein soll. Offenbar wird angenommen, dass es zu den Besonderheiten des politischen Prozesses gehöre, Sachfragen ohne Begründung entscheiden zu können. Dieser Einschätzung wäre aber entgegen zu halten, dass gerade der Diskurs auch zu den wesentlichen Anforderungen eines politischen Dialogs gehört;[340] die gegenteilige Auffassung im Schrifttum von den Eigengesetzlichkeiten des politischen Prozesses dürfte von einem überholten, rein machtpolitischen Politikverständnis ausgehen.

Wenn *Kischel* demgegenüber meint, dass die Offenheit und Öffentlichkeit des politischen Prozesses für die Legitimation des Gesetzgebungsprozesses ausreiche, sodass es daneben einer Begründung nicht mehr bedürfe,[341] dann dürften diese Bewertung wohl doch eher wenige öffentlichkeitswirksame Gesetzesvorhaben auf Bundesebene prägen. Auf Landesebene jedenfalls, wo die Plenardebatte der interessierten Öffentlichkeit allenfalls die Leitüberlegungen für ganz wenige Grundzüge des Gesetzesvorhabens vermitteln kann,[342] und in einigen Parlamenten (wie in Niedersachsen) die vorbereitenden Ausschüsse in der Regel nichtöffentlich tagen, wäre diese Einschätzung so nicht nachvollziehbar.

---

[339] Dazu oben im 1. und 2. Abschnitt.

[340] *Meßerschmidt*, Fn. 58, S. 801, 808 ff., 1072.

[341] *Kischel*, (Fn. 78, S. 300 ff.) verneint hier das Erfordernis einer „formellen" Begründung, erörtert allerdings nicht ausdrücklich die Frage, ob eine materielle Begründung aus den Gesetzesmaterialien gefordert werden sollte. Aus seiner in diesem Zusammenhang geäußerten Bewertung der Bedeutung der Gesetzesmaterialien (a. a. O., S. 301) ergibt sich aber, dass er auch insoweit keinen Regelungsbedarf sieht.

[342] Man bedenke das ungleich geringere öffentliche Interesse an den meisten Gesetzesvorhaben auf Landesebene, das auch mit der großen Zahl von „Ratifikationslagen" dort zusammenhängt. Die Behauptung der angeblich größeren Aussagekraft des politischen Prozesses gegenüber den Gesetzesmaterialien (*Kischel*, Fn. 78, S. 302) wirkt dort realitätsfern.

Es gibt also durchaus gute Gründe, für eine Pflicht der Parlamente einzutreten, die Gründe für ihre Gesetzesbeschlüsse in geeigneter Weise offen zulegen – in der Praxis geschieht dies ja auch in den allermeisten Fällen und ist in den Gesetzesmaterialien nachzulesen. Inwieweit durch eine derartige Forderung nach einer Begründung gesetzgeberischer Entscheidungen der Verfassungsrechtsprechung mehr Raum gegeben wird, hängt davon ab, welcher Grad der gerichtlichen Überprüfung derartiger Begründungen vorgesehen wird und welche Rechtsfolgen die dabei festgestellten Verfahrensfehler haben sollen. Weitgehende Anforderungen an Begründungen können allerdings die Risiken für die Rechtssicherheit wesentlich erhöhen, indem sie den Prüfungsgegenstand des Normtextes um einen weiteren Prüfungsgegenstand – dessen Begründung im parlamentarischen Verfahren – erweitern. Wird dieser Einwand bedacht und die Gestaltung der Rechtsfolgen von Begründungsfehlern auf Verstöße gegen das Begründungsminimum beschränkt, und trägt die Überprüfung der Begründung dieser Beschränkung und den Eigenheiten der politischen Willensbildung Rechnung, dann bleiben diese Risiken wohl doch überschaubar.

Es kann zwar nicht stets davon ausgegangen werden, dass die vorhandenen Begründungselemente auch die „wahren Gründe“ für den Gesetzgeber sind oder dass die aus den Materialien ersichtliche Begründung die Motive des Gesetzgebers erschöpfend wiedergibt, schon deshalb nicht, weil der Gesetzgeber eine inhomogene und eher politisch als rechtlich handelnde Personenmehrheit ist. Ein „absoluter“ Anspruch auf Darstellung aller in eine Entscheidung eingeflossener Motivationen wäre aber auch dem Verwaltungsverfahrensrecht fremd. Für das Verfahrensrecht maßgeblich, aber auch ausreichend wäre, dass eine Begründung vorliegt, die die Regelung als solche trägt und dem handelnden Organ zuzurechnen ist. Auch die Hinweise darauf, dass bei einer parlamentarischen Beratung im Plenum nicht jede Äußerung eines Abgeordneten der politischen Mehrheit auch dem Plenum zuzurechnen ist, und dass im Einzelfall auch einmal unterschiedliche Gründe für dieselbe Entscheidung einer Einzelfrage gegeben werden können, verfangen letztlich nicht. Derartige Widersprüche werden ja in der politischen Debatte von der Opposition meist aufgegriffen werden; nähere Blicke auf die politische Ausgangslage, den Normbereich und die Interessenlagen der politischen Gruppen werden regelmäßig ausreichend Anhaltspunkte dafür liefern, weshalb die Mehrheit in einem bestimmten Sinne entschieden hat. Dies wird freilich nicht in jedem Regelungsdetail der Fall sein; es hängt dann aber von der genaueren Bestimmung des Prüfungsmaßstab ab, ob realistische Erwartungen an die Normsetzung formuliert werden.

Ob die Begründungspflicht freilich noch um eine Verpflichtung des Parlaments ergänzt werden sollte, die Ausschussberichte ans Plenum in seinen Willen ausdrücklich aufzunehmen, also ggf. den Wortlaut der Begründung – ähnlich wie die Fassung des Regelungstextes – förmlich zu verabschieden[343], erscheint uns zweifelhaft. Eine solche Begründung zu erstellen, wäre zwar selbst bei der Willensbildung in einem so großen Kollegialorgan wie dem Parlament nicht unmöglich. Zwar wird die Begründung auf Beamtenebene – natürlich anhand der Materialien über die Beratungen – vorbereitet werden müssen, dies ist aber bei den Regelungstexten im Grunde nicht anders. Durch die Zustimmung zu diesem Begründungsentwurf könnte dieser dann dem Gesetzgebungsorgan selbst zugerechnet werden.[344] Im Übrigen gelingt es den Parlamenten auch bisher schon, die Begründungspflicht dort zu erfüllen, wo die Rechtsprechung eine solche aus besonderen Gründen bejaht hat.[345] Auch hätte eine authentische Gesetzesbegründung gewisse Vorteile, weil der Gesetzesauslegung, soweit sie sich bisher an der Entstehungsgeschichte orientiert, eine dogmatisch einwandfreie Grundlage gegeben und damit den Auslegungsmöglichkeiten der zweiten und dritten Gewalt eine dem demokratischen Prinzip durchaus entsprechende Grenze gezogen würde, die vor allzu selektiven Auswertungen von Äußerungen einzelner Abgeordneter in der Beratung schützt. Die Abfassung der Gesetzesbegründung könnte sogar der Selbstkontrolle des Gesetzgebers dienen,[346] was bei der Regelung von Eingriffen in grundrechtlich besonders geschützte Bereiche besondere Bedeutung hätte,[347] aber auch der Kontrolle durch die Öffentlichkeit dienen würde.[348]

---

343 In der derzeitigen Praxis obliegt es allein dem Berichterstatter, den auf der Fachebene angefertigten (mündlichen, bei größeren Gesetzen auch den schriftlichen) Ausschussbericht zu prüfen und ggf. zu korrigieren.

344 Es ist richtig, dass die Rspr. der Verwaltungsgerichte bei Entscheidungen von Kollegialorganen z.T. keine Begründung verlangt (z.B. BVerwG DVBl. 1998, S. 196f. für Entscheidungen von Richterwahlausschüssen). Abgesehen davon, ob diese Rechtsprechung verwaltungsverfahrensrechtlich sauber begründet worden ist, stellt die erwähnte Entscheidung jedenfalls auf Besonderheiten ab (geheime Abstimmung, Zweidrittelmehrheit), die auf im parlamentarischen Verfahren so nicht vorliegen.

345 In der Rspr. erörterte Fälle: Kreditaufnahme oberhalb der Grenze der Investitionsausgaben (BVerfGE 79, S. 311, 344 – zu Art. 115 GG – und entsprechend zu Art. 71 Satz 3 NV Nds. StGH) sowie Rechtfertigung der 5%-Sperrklausel im Kommunalwahlrecht (VerfG NRW DVBl. 1995, 153 und Berl. VerfGH NVwZ-RR 1996, 241.

346 Dazu *Redeker/Karpenstein,* Fn. 335, S. 2830 m.w.N.

347 *Redeker/Karpenstein* weisen darauf hin, dass die Rspr. in diesem Bereich im Grunde bereits (allerdings bereichsspezifische) Begründungsanforderungen stellt (Fn. 335, S. 2829).

348 Zur Funktion der Begründung als Kompensation für sonst fehlende Transparenz nichtöffentliche Entscheidungsprozesse s. *v. Arnim,* DÖV 1982, 917, 920f.

Schließlich könnte das Begründungserfordernis womöglich noch einen weiteren Sekundäreffekt haben: Der entsprechenden (bereichsspezifischen) Rechtsprechung liegt ja meist die Idee zugrunde, den verfassungsgerichtlichen Prüfungsumfang einzuschränken, indem statt der (regelmäßig: komplexen und daher oft recht „politischen") Problematik des Sachverhalts „nur" die Begründung überprüft wird. Darin liegt immerhin eine – rechtspolitisch vielfach geforderte – richterliche Selbstbeschränkung, für die es im Grundrechtsbereich sonst kaum eine überzeugende Begründung gäbe. Für diesen Zweck würde zwar auch eine erst im „Bedarfsfall", d.h. im verfassungsgerichtlichen Verfahren, abgegebene Begründung ausreichen. Nur in wenigen Fällen (Art. 115 GG) hat das BVerfG ausdrücklich eine Begründung des Gesetzgebers „gegenüber sich selbst", also schon im Gesetzgebungsverfahren, verlangt. Für diese Vorverlagerung spricht, dass die Pflicht an dem für die Beurteilung maßgeblichen Zeitpunkt ansetzen und damit eine gewisse Authentizität der Begründung erreicht würde, sowie, dass das politische Diskussions- und Entscheidungsverfahren im Parlament damit offener gestaltet würde. Die Vorstellung, dass der Entscheidung über den Regelungstext das Nachdenken über die Begründung vorausgehen und die Arbeit an der Begründung die Sachentscheidung noch beeinflussen könnte, dürfte allerdings wenig realistisch sein. Darin liegt aber auch nicht einzige Funktion der Begründung.[349]

Gegen ein Gebot, zu den Gesetzen auch formell eine Begründung zu beschließen, spricht aber, dass der Rationalitätsvorteil dieser Zusatzprozedur gegenüber einem „nur materiellen" – durch die Gesetzesmaterialien erfüllbaren – Begründungsgebot nicht sehr groß sein dürfte, während das Gesetzgebungsverfahren dadurch regelmäßig nicht unerheblich verzögert würde.[350] Es dürfte sich daher eher empfehlen, ein materielles Gebot einer Mindestbegründung einzuführen, die sich aus dem gesamten Inhalt der parlamentarischen Beratungen ergeben kann. Dieses Mindestbegründungsgebot müsste

---

[349] *Kischel,* Fn. 78, S. 394 nennt als Begründungsfunktionen die Selbstkontrolle, die Klarstellungs- und Auslegungsfunktion, die Fremdkontrolle, die Akzeptanz und die allgemeine demokratische Kontrolle. In der Kommentarliteratur werden als Funktionen der Begründung die Rechtschutz- und die Akzeptanzfunktion, Selbstkontroll- und Dokumentationsfunktion sowie der Grundsatz der Verfahrensfairness genannt (*Kopp/Ramsauer,* 7. Aufl. 2000, Rn. 5 zu § 39 VwVfG).

[350] Praktisch könnte das parlamentarische Verfahren bei größeren Gesetzesvorhaben dadurch um einen oder mehrere Monate verlängert werden, weil die Berichte zunächst im Entwurf fertiggestellt und dann in einer weiteren Sitzung behandelt werden müssten. Da sich die Rechtsprechung in den Fällen, in denen sie eine Begründungspflicht angenommen hat, durchaus damit begnügt hat, dass entsprechende Hinweise im Beratungsverfahren gegeben worden seien, wäre ein aussagekräftiger schriftlicher Bericht üb er die Ausschussberatungen regelmäßig ausreichend.

dann allerdings Verfassungsrang haben; eine bloße Geschäftsordnungsbestimmung[351] dürfte nicht ausreichen. Die Chancen für eine Verwirklichung dieses Vorschlags dürften am größten sein, wenn das Verfassungsgebot nicht mit der Nichtigkeitsfolge ausgestattet würde.[352]

6. „Explanatory Notes" der Regierung zu verkündeten Gesetzen?

Nicht zur Bereitstellung eines authentischen Hilfsmittels zur Auslegung von Gesetzen (mit der Zielgruppe der Gerichte, Verwaltungsbehörden und anderer professioneller Rechtsanwender) oder gar als Ergänzung dieser Gesetze selbst, sondern ausdrücklich ausschließlich zur eingehenden Information von Laien ist in Großbritannien seit 1999 das jeweils fachlich zuständige Ministerium verpflichtet, möglichst zugleich mit der Verkündung eines für die Allgemeinheit bedeutsamen Gesetzes sog. Explanatory Notes mit zu veröffentlichen. Diese Texte sollen dazu dienen, rechtsunkundigen und hinsichtlich der Regelungsgegenstände nicht fachlich qualifizierten Bürgern den Zugang zu den Inhalten dieses Gesetzes zu ermöglichen. Sie sollen in den Stand gesetzt werden, die Ziele und Wirkungsweisen des Gesetzes zu erkennen.

Im Hinblick auf die auch in Deutschland verbreitete Unsicherheit der Bevölkerung darüber, was den Inhalt neu beschlossener Gesetze eigentlich ausmacht, wäre sehr zu überlegen, ob nicht auch hier derartige regierungsamtliche „Bürgerkommentare" zur Popularisierung des Rechts beitragen können.

7. Zusätzliche institutionelle Hilfen? Einbeziehung eines Gesetzgebungshilfsdienstes in die Ausschussberatungen über Gesetze?

„In Übereinstimmung mit Art. 71 der Bayerischen Verfassung können Gesetzesvorlagen sowohl vom Landtag wie vom Senat eingebracht werden. In der seit der Errichtung dieser Stellen verflossenen Zeit haben sie jedoch wenig von diesem Vorrecht Gebrauch gemacht. Dies ist verständlich, denn die Abgeordneten des Landtags und die Senatoren verfügen weder über die

---

[351] Dafür *Redeker/Karpenstein*, Fn. 335, S. 2830 unter Hinweis auf die Schwächen der europarechtlichen Lösung.

[352] Die Rechtsfolge der Verletzung des Begründungsgebots sollte allerdings – schon angesichts der nicht ganz gefestigten Rechtsprechung des BVerfG zu den Rechtsfolgen von Verfahrenfehlern – klargestellt werden.

Zeit noch über die fachlichen Hilfsmittel, die erforderlich sind, um selbst Gesetze auszuarbeiten. Ich möchte vorschlagen, dass der Landtag die Bereitstellung von Geldmitteln in Erwägung zieht zwecks Errichtung eines besonderen Büros für die Ausarbeitung von Gesetzesvorlagen (Special Legislative Office); in diesem Büro befände sich ein Stab fachlich ausgerüsteten Personals, um den Mitgliedern dieser Häuser bei der Ausarbeitung der Gesetzesentwürfe, die sie selbst vorzuschlagen wünschen, behilflich zu sein."

(aus einem Schreiben der Militärregierung vom 21. Sept. 1949 an den Bayerischen Landtag, Landtagsbeilage Nr. 2875 S. 2)

„Das ganze Problem ist: Verhältnis des Parlaments zur Exekutive bzw. zur Ministerialbürokratie. Wir haben den Eindruck, dass die Parlamente bei der Überfülle der Gesetzgebungsarbeiten und der zunehmenden Komplizierung der gesetzgeberischen Aufgaben immer mehr in die Hinterhand geraten. Niemand bezweifelt unsere äußere Autorität, ein Gesetz zu verabschieden. Ich habe aber das Gefühl, dass dieser äußeren Autorität die innere nicht mehr im erforderlichen Umfange gegenübersteht. Diese innere Autorität wird in zunehmendem Maße bezweifelt, wobei Sie daran denken müssen, dass wir sehr rasch zu arbeiten haben, wenigstens oft, und dass die Interessenten- bzw. Interessenverbände bei unseren Gesetzgebungsarbeiten eine große Rolle spielen. So kommt es denn manches Mal dazu, dass Abgeordnete im Grunde das verlesen, was ihnen der Syndikus irgendeines Verbandes aufgeschrieben hat. Und das macht sich nicht nur bei dem speziellen Problem der Gesetzgebungsinitiative bemerkbar, sondern auch bei den Gesetzesberatungen, und zwar gleichgültig, von wem die Entwürfe eingebracht worden sind, ob von Abgeordneten oder von der Regierung.

Ich habe immer den Eindruck – und das auch in den Ausschüssen –, dass die Abgeordneten dort, wo es sich um die nüchternen Tatbestände handelt, den Ministerialvertretern unterlegen sind. Erst dann, wenn die politischen Gesichtspunkte in die Diskussion eindringen, wird es anders; denn die rein politische Betrachtung ist nicht so sehr an den Tatbestand und das Objekt gebunden, wie das bei der Bürokratie der Ministerien der Fall ist. Es besteht aber für uns in den Parlamenten und in den Ausschüssen immer wieder die Schwierigkeit, diese politischen Gesichtspunkte in geeigneter Form objektgebunden zu machen und mit den Tatbeständen in Einklang zu bringen."

(Präsident des Baden-Württembergischen Landtags Dr. Neinhaus in einer Landtagspräsidentenkonferenz am 5. Mai 1954)

Es ist bereits eingangs[353] darauf hingewiesen worden, dass es für die Geltendmachung verobjektivierbarer sachlich-fachlicher, gesetzestechnischer und rechtlicher Gesichtspunkte auch jenseits der von Verfassungs wegen zu beachtenden Regeln darauf ankommt, sie bis in das letzte Stadium der Gesetzesberatungen im Parlament sichtbar und hörbar zu halten. Nur dann besteht für die beratenden und entscheidenden Abgeordneten ein Anlass, sich mit diesen Gesichts-

---

[353] Siehe S. 19f.

punkten fortlaufend auseinander zu setzen und sie mit ihren politisch geprägten Zielsetzungen zu koordinieren.

Dies bedingt nicht nur die bereits beschriebenen Verfahrensvorkehrungen, sondern auch die Integration geeigneter, nicht interessengeleiteter Sachwalter dieser verobjektivierbaren Gesichtspunkte in das parlamentarische Verfahren. Es ist bereits angesprochen worden, dass es derartige Akteure innerhalb des parlamentarischen Verfahrens häufig bereits gibt, allerdings zumeist als Sachwalter eines bestimmten Fachspektrums: Es sind dies z.B. in Niedersachsen die Vertreter des Landesrechnungshofes hinsichtlich der sich aus ihren Prüfungen ergebenden Erfahrungen und der Datenschutzbeauftragte[354]. Die spezifisch legistischen und rechtlichen Gesichtspunkte werden in den Ausschüssen mancher Parlamente von den Ausschusssekretären mitvertreten (die allerdings ein ganzes Bündel von Aufgaben zu erfüllen haben – von der Organisation des Ablaufs der Ausschusssitzungen bis hin zur Fixierung der Abstimmungsergebnisse und zum Teil des Beratungsverlaufs –), häufig ergänzt durch die Beratungs- und Formulierungsangebote der Vertreter der Regierung (im Bundestag z.B. des mit der Normprüfung auf Regierungsseite ohnehin befassten Justizministeriums).

a) Einrichtung Wissenschaftlicher Dienste

Nur wenige Parlamente verzichten auf einen organisatorisch verselbständigten Wissenschaftlichen Dienst innerhalb ihrer Verwaltung (Brandenburg, Hessen, Saarland) bzw. haben vorhandene derartige Dienste wieder geschlossen (Hamburg, Mecklenburg-Vorpommern). Das schließt nicht aus, dass sich die jeweilige Landtagsverwaltung sich – im Rahmen ihrer personellen Ressourcen – auf Verlangen von Fraktionen oder Ausschüssen zu bestimmten, insbesondere rechtlichen Fragestellungen äußert. Im übrigen bauen diese Landtage aber darauf, dass

- in den Gesetzesberatungen der Ausschüsse Regierungsvertreter Rede und Antwort zu stehen haben und für Hilfen zur Verfügung stehen, in den für sie relevanten Fragen sich auch Vertreter des Landesrechnungshofs zu Wort melden,
- es den Ausschüssen frei steht und sie z.T. sogar verpflichtet sind, auch zu Gesetzentwürfen Anhörungen durchzuführen,
- Parlamentsmitglieder ohnehin üblicherweise entweder eigenes oder ihren Fraktionen zugeordnetes Personal haben, das ihnen bei ihrer Arbeit behilflich ist und sie auch bei ihren Entscheidungsprozessen berät. Inwieweit dieses Personal genügend qualifiziert,

---

[354] Siehe § 88 LHO bzw. § 22 Abs. 1 Satz 3 NDSG.

routiniert und von sonstigen Hilfsaufgaben freigestellt ist, um die Qualität von Gesetzentwürfen durch ihre Zuarbeit positiv beeinflussen zu können, kann von außen nur schwer beurteilt werden. Die täglichen Erfahrungen in einem Landesparlament ergeben ein sehr unterschiedliches Bild, das nicht nur entscheidend davon geprägt ist, welche fachliche Qualifikation und welchen Einsatz die jeweiligen Mitarbeiter zeigen, sondern auch, wie sich ihre Arbeitssituation gestaltet, insbesondere, auf welchen Informationen aus den Gesetzesberatungen in den Ausschüssen sie aufbauen können. Wenn sie, wie in einigen Parlamenten üblich, keinen unmittelbaren Zugang zu den nichtöffentlichen Ausschusssitzungen haben, gestaltet sich schon das Kenntnisnehmen vom jeweiligen Stand der Diskussion schwierig.

Angesichts des Bedarfs an insbesondere rechtlicher und legistischer Beratung halten die übrigen Parlamente hierfür Ressourcen in ihren Verwaltungen vor. Im Bundestag und in den Landtagen Bayern, Baden-Württemberg, Berlin, Bremen, Niedersachsen, Nordrhein-Westfalen, Rheinland-Pfalz, Sachsen, Sachsen-Anhalt, Schleswig-Holstein und Thüringen existieren unter unterschiedlichen Bezeichnungen[355] wissenschaftliche Dienste, bestehend aus Parlamentsbediensteten, jedoch mit einer gewissen organisatorischen Selbständigkeit. Sie sind ganz überwiegend auf die Bearbeitung juristischer und gesetzestechnischer Fragestellungen ausgerichtet und dementsprechend mit Juristen besetzt[356]. Überwiegend sind sie bei ihrer gutachtlichen oder rechtsberatenden Tätigkeit für die Abgeordneten in sachlicher Hinsicht weisungsunabhängig[357]. Die Wissenschaftlichen Dienste der Parlamentsverwaltungen sind dort beson-

---

[355] Bundestag: „Wissenschaftlicher Fachdienst" (daneben gibt es das Büro für Technikfolgenabschätzung und den *Sprachendienst*); Bayern: „Juristischer Ausschussdienst"; Baden-Württemberg: „Juristischer Dienst" (daneben gibt es einen „Parlamentarischen Beratungsdienst", der aus Bediensteten des Landes besteht, die den Fraktionen zugeordnet sind); Berlin: „Wissenschaftlicher Parlamentsdienst des Abgeordnetenhauses von Berlin" (daneben gibt es einen Wissenschaftlichen Fraktionsberatungsdienst; dieser besteht entweder aus Bediensteten des Landes, die den Fraktionen zugeordnet sind, oder aus Bediensteten der Fraktionen); Bremen: „Wissenschaftlicher Dienst"; Niedersachsen: „Gesetzgebungs- und Beratungsdienst"; Nordrhein-Westfalen: „Parlamentarischer Beratungs- und Gutachterdienst"; Rheinland-Pfalz: „Wissenschaftlicher Dienst – Gesetzgebungs- und Beratungsdienst, Plenar- und Ausschussdienst, Justiziariat"; Sachsen-Anhalt: „Gesetzgebungs- und Beratungsdienst"; Schleswig-Holstein: "Wissenschaftlicher Dienst, Gesetzgebungsdienst, Justiziariat", Thüringen: „Wissenschaftlicher Dienst".

[356] Ausnahmen: Bundestag – siehe die Darstellung unter Buchst. b); Nordrhein-Westfalen: neben Juristen ein Wirtschaftswissenschaftler und eine Naturwissenschaftlerin; bis vor kurzem noch Schleswig-Holstein: neben Juristen ein Diplompolitologe.

[357] So in Berlin, Niedersachsen, Nordrhein-Westfalen, Rheinland-Pfalz, Sachsen-Anhalt und Schleswig-Holstein.

ders ausgeprägt entwickelt, wo – zum Teil ganz bewusst – auf eine entsprechende Ausstattung der Fraktionen verzichtet wurde oder wo die Regierung dem Parlament keine spezielle Hilfestellung bei der Einschätzung von Regierungsvorlagen und bei der Umsetzung alternativer gesetzgeberischer Vorstellungen gewähren wollte.

Unterschiede ergeben sich in der Art und Weise, wie diese Dienste in den parlamentarischen Gesetzgebungsprozess eingebunden sind.

b) Die Wissenschaftlichen Fachdienste des Bundestages als Modell eines verselbständigten Wissenschaftlichen Dienstes ohne unmittelbare Einbindung in den Gesetzgebungsprozess

Vor allem der Deutsche Bundestag verfolgt das Konzept verselbständigter wissenschaftlicher Dienste zur Betreuung seiner Parlamentarier, deren Arbeit deutlich vom eigentlichen Gesetzgebungsprozess in den Ausschüssen getrennt ist:

aa) Beratung außerhalb des Gesetzgebungsprozesses

In der Abteilung W (Wissenschaftliche Dienste) des Bundestages befinden sich in zwei Unterabteilungen „*Wissenschaftlicher Fachdienst*" Fachwissenschaftler, die – jeweils in Zuordnung zu den Sekretariaten der Ausschüsse – in insgesamt 10 Fachbereichen Informationen und Gutachten für Parlamentarier erarbeiten. Diese Fachbereiche sind:

Verfassung und Verwaltung
Arbeit- und Sozialordnung
Zivil-, Straf- und Verfahrensrecht, Umweltschutzrecht, Verkehr, Bau- und Wohnungswesen
Gesundheit, Familie, Senioren, Frauen und Jugend
Kultur und Medien
Auswärtiges, Internationales Recht, Wirtschaftliche Zusammenarbeit und Entwicklung, Verteidigung, Menschenrechte und humanitäre Hilfe
Europa
Haushalt und Finanzen
Wirtschaft und Technologie, Verbraucherschutz, Ernährung und Landwirtschaft, Angelegenheiten der neuen Länder, Tourismus
Umwelt, Naturschutz, Reaktorsicherheit, Bildung und Forschung

Zählt man den Fachbereich „Parlamentsrecht", der der Abteilung Parlamentarische Dienste zugeordnet ist, und den Fachbereich „Geschichte, Zeitgeschichte und Politik", der der Unterabteilung Wissenschaftliche Dokumentation der Abteilung W angehört, hinzu, so waren im Jahre 2000 in den 12 Fachbereichen ca. 95 Mitarbeiter tätig, davon 64 Wissenschaftler. Im Einzelnen handelte es sich um 33 Juristen und 31 wissenschaftliche Mitarbeiter anderer Fachrichtungen (Wirtschaftswissenschaftler, Naturwissenschaftler, Historiker u.a.)[358]. Die wissenschaftlichen Mitarbeiter setzen sich aus akademisch ausgebildeten Hochschulabsolventen zusammen, die sich spezialisiert haben oder bereit sind, sich zu spezialisieren. Freie Stellen werden in der Regel öffentlich ausgeschrieben und mit Personen besetzt, die zuvor zum Beispiel in Ministerien oder Instituten gearbeitet haben. Häufig kommen aber auch Berufsanfänger zum Zuge, die ein breites Grundwissen, gute Examina und die Fähigkeit zum flexiblen Einarbeiten in neue Themen und Aufgabengebiete aufweisen können[359].

Die Wissenschaftlichen Dienste des Deutschen Bundestages sind zu strikter parteipolitischer Neutralität verpflichtet. Sie werden prinzipiell in sämtlichen Stadien oder Phasen des parlamentarischen Prozesses in Anspruch genommen. Die beratende Wissensvermittlung durch die in den Fachbereichen zusammengefassten Fachwissenschaftler konzentriert sich im allgemeinen auf die Anfangsstadien der Meinungs- und Willensbildung zu einem Sachgegenstand, das heißt die Sammlung und Aufbereitung von Informationen und Daten zur Abwägung und Formulierung alternativer Lösungen. In späteren Phasen des politisch-parlamentarischen Prozesses werden verstärkt politischer ausgerichtete Stellen für beratende Hilfe in Anspruch genommen[360]. Die Wissenschaftlichen Dienste des Bundestages treten damit neben andere Erkenntnisquellen, die den Abgeordneten und ihren Fraktionen aus dem Bereich der Interessenverbände, der akademischen und advokatischen „Think Tanks", des gerichtlichen und exekutiven Bereichs und ihrer eigenen Partei- und Fraktionsorganisationen zu Gebote stehen.

Charakteristisch an der Arbeitsweise der Wissenschaftlichen Dienste des Deutschen Bundestages ist, dass ihre Stellungnahmen allenfalls mittelbaren Bezug auf konkrete Gesetzgebungsvorhaben haben. Sie arbeiten vielmehr – überwiegend auf einen ihnen erteilten Auftrag hin, bisweilen auch prospektivisch von Amts wegen – ausschließlich im Bereich der beratenden Wissensvermittlung (schriftliche Ausarbeitungen, Besorgung und kritische Zusammenstellung und Bewertung relevanten Materials, telefonische Beratungen) und abgesetzt von der Arbeit der Ausschüsse am Gesetzentwurf selbst.

---

[358] *Schick/Hahn,* Wissenschaftliche Dienste des Deutschen Bundestages, herausgegeben vom Deutschen Bundestag, Referat Öffentlichkeitsarbeit, 5. Aufl. 2000, S. 23.

[359] *Schick/Hahn,* Fn. 358, S. 38.

[360] *Schick/Hahn,* Fn. 358, S. 8 f.

Nach der Selbstdarstellung der Wissenschaftlichen Dienste bestehen die von ihnen bereitgestellten Dienstleistungen aus

- Problemdarstellungen, gutachtlichen Stellungnahmen, Hintergrundanalysen, Untersuchungen, Studien, Reformvorschlägen und Problemlösungsentwürfen, verfassungsrechtlichen Beurteilungen und Stellungnahmen, Rechts- und Systemvergleichen, Gesetzgebungshilfen, gelegentlich auch Vorentwürfen von Gesetzen,
- Auswertungen, Zusammenfassungen, Übersichten, Synopsen, Pro- und Kontra-Argumenten, Diskussionsbeiträgen, Skizzen, Dokumentationen, Zusammenstellungen, Redematerial,
- Literaturhinweisen und -berichten, Vermerken, Stichworten, Formulierungshilfen[361].

Die Wissenschaftlichen Dienste erleichtern und fördern mit ihrer Arbeit sicherlich auch die Gesetzgebung. Sie begreifen sich aber bewusst nicht als „Gesetzgebungshilfsdienst", weil sie zwar an der kritischen Prüfung von Gesetzentwürfen beteiligt sein können, nicht aber an ihrer Entstehung[362].

An den Gesetzesberatungen der Ausschüsse nehmen die Vertreter der Fachbereiche der Wissenschaftlichen Dienste nicht teil. Es trifft also zu, wenn sich die Wissenschaftlichen Dienste des Bundestages ausdrücklich nicht als Gesetzgebungshilfsdienst, sondern als „Informationshilfsdienst" oder als „Parlaments- und Gesetzgebungsinformationsdienst" einschätzen[363]. Es fehlt ihnen „an der planmäßigen und regelmäßigen Erarbeitung vollständiger Gesetzentwürfe oder Alternativentwürfe, an einer amtlich vorgesehenen und geregelten, sachlichen und förmlichen Überprüfung der Gesetzentwürfe anderer Initianten, an der notwendigen Konzentration der Dienste auf die im Mittelpunkt der Gesetzgebungsprogrammatik stehenden Fragen und an einem wenigstens häufigen Einsatz der Parlamentsbeamten für Formulierungshilfen in den Ausschussberatungen[364].

In ähnlicher Weise von der parlamentsinternen Arbeit an konkreten Gesetzgebungsvorhaben abgesetzt ist das *Büro für Technikfolgenabschätzung beim Deutschen Bundestag.* Mit seiner Errichtung und seinem Betrieb ist die Abteilung für angewandte Systemanalyse des Kernforschungszentrums Karlsruhe beauftragt. Das Büro war 2000 mit 10 Mitarbeitern, darunter acht Wissenschaftlern, besetzt[365]. Das Büro hat die allgemeinen Aufgaben, die Bedingungen sowie die

---

[361] *Schick/Hahn,* Fn. 358, S. 38; siehe auch Nr. 2.1 der Dienstanweisung zur Bearbeitung von Aufträgen und aktiven Informationen nach § 39 Abs. 1 AD-BTV.

[362] *Schick/Hahn,* Fn. 358, S. 38.

[363] *Schick/Hahn,* Fn. 358, S. 38.

[364] *Zeh,* Fn. 18, 173, 180.

[365] *Schick/Hahn,* Fn. 358, S. 36.

Chancen und Risiken der Einführung und Anwendung von neuen Techniken, einschließlich alternativen Entwicklungsmöglichkeiten, systematisch zu erforschen. Dies dient dem Ziel, gesellschaftspolitische Konfliktfelder auszumachen und zu analysieren und möglichen Handlungsbedarf und Handlungsmöglichkeiten des Parlaments herauszuarbeiten. Daneben befasst sich das Büro mit der Beobachtung der wissenschaftlich-technischen Entwicklungen und ihrer möglichen Auswirkungen. Auftraggeber und Steuerungsstelle des Büros für Technikfolgenabschätzung beim Deutschen Bundestag sowie ist der Ausschuss für Bildung, Wissenschaft, Forschung, Technologie und Technikfolgenabschätzung, der wiederum Anträge für die Durchführung von Technikfolgenanalysen zu bestimmten Themen von den Fraktionen oder anderen Ausschüssen des Bundestages entgegennimmt.

Zu Fragen der Wortwahl und Wortbedeutung, der Gestaltung von Texten, der Schreibweisen und Zeichensetzung sowie der Neuregelung der Rechtschreibung steht dem Bundestag schließlich ein Redaktionsstab der *Gesellschaft für deutsche Sprache* zur Verfügung. Er ist vor allem mit der sprachlichen Prüfung von Rechtsvorschriften beauftragt.[366]

bb) Beratung innerhalb des Gesetzgebungsprozesses

Im Bundestag wird die sitzungsbegleitende Beratung der Ausschüsse in rechtlichen und legistischen Fragen ausschließlich von den Ausschusssekretären und insbesondere von den anwesenden Mitgliedern und Beauftragten der Bundesregierung und des Bundesrates, also von der Exekutivseite, geleistet:

Die Angehörigen der Ausschusssekretariate befassen sich nicht nur mit der Vorbereitung und Abwicklung des Sitzungsgeschehens, sondern werden auch in die inhaltliche Arbeit am Gesetzentwurf eingeschaltet (synoptische Auswertung von Anhörungen und Material, Mitwirkung an Beschlussformulierungen in Abstimmung mit den Vertretern der Bundesregierung, Vorbereitung von Beschlussempfehlung und Bericht des Ausschusses[367], punktuelle Ausarbeitung von Formulierungsvorschlägen, Kurzgutachten und Vermerken[368]).

Für Fragen zu einzelnen Regelungen des Gesetzentwurfs, zu den Zusammenhängen, Gründen und möglichen Auswirkungen des

---

[366] Nach § 37 GGO II sind ihm bereits im Vorfeld des parlamentarischen Gesetzgebungsverfahrens alle Gesetzentwürfe zuzuleiten, bevor sie dem Kabinett zur Beschlussfassung zugeleitet werden. Der Redaktionsstab weist auf sprachliche Fehler hin und bietet Formulierungsalternativen an; siehe Handbuch der Rechtsförmlichkeit Hrsg. BMJ, 2. Aufl. 1999, Rn. 38.

[367] *Schick/Hahn,* Fn. 358, S. 31.

[368] *Zeh,* Fn. 18, 173, 180.

Entwurfs stehen den Ausschussangehörigen jedoch in erster Linie die Mitglieder und Beauftragten der Bundesregierung und des Bundesrates zur Verfügung. „Formulierungshilfen" für den Fall, dass der Ausschuss Änderungen am Gesetzentwurf wünscht, haben die Beamten des zuständigen Ministeriums zu leisten[369]. Das Problem einer solchen Beratung durch die Exekutivseite liegt auf der Hand und wird aus dem Bereich der Bundestagsverwaltung selbst auch gesehen: „Bei dem fachlichen Kompetenz- und Informationsvorsprung der Beamten und den begrenzten Zeit- und Mittelkapazitäten der Parlamentarier lässt sich nur schwer vorstellen, dass die Beamten dabei gemäß den politischen Vorgaben nur ausführend tätig sind. Vielmehr ist – wie auch wiederholt empirisch nachgewiesen werden konnte – davon auszugehen, dass die Ministerialbürokratie im Rahmen der Formulierungshilfe in erheblichem Maße Gesetzesvorhaben ihren eigenen Stempel aufdrücken wird."[370] Nicht fern liegt dann die Einschätzung, dass das Parlament die praktische Formulierungsherrschaft der Ministerialbürokratie weitgehend anerkannt habe[371].

c) Der Gesetzgebungs- und Beratungsdienst beim Niedersächsischen Landtag (GBD) als Modell eines verselbständigten Gesetzgebungshilfsdienstes mit Einbindung in den Gesetzgebungsprozess

Einige Bundesländer haben den beschriebenen strategischen Nachteil, in der Gesetzgebung weitgehend von der Zuarbeit der Ministerialverwaltung abzuhängen, durch die Einrichtung regelrechter Gesetzgebungshilfsdienste auszugleichen gesucht, die den Ausschüssen unmittelbar im Prozess der Gesetzgebung mit Rechtsauskünften und Formulierungshilfe zur Seite stehen[372]. Der älteste dieser Dienste ist der Gesetzgebungs- und Beratungsdienst beim Niedersächsischen Landtag (GBD)[373]. Mit ihm ist die Beteiligung eines Wissenschaftli-

---

[369] *Weege/Methfessel/Niehäuser/Sahm,* Der Einfluss der Ministerialverwaltung auf die Gesetzgebung, Wissenschaftliche Dienste des Deutschen Bundestages 2003, WD 1–109/03, S. 16; siehe auch die Darstellung unter www.bundestag.de/info/gesgeb/09aussitz.html

[370] *Weege/Methfessel/Niehäuser/Sahm,* Fn. 369, S. 9 f.

[371] *Fliedner,* Ministerialbürokratie und Gesetzgebung, in: Rechtspolitologie und Rechtspolitik, Jahrsschrift für Rechtspolitologie, 3/1989, S. 165, 167.

[372] Von Amts wegen in Bremen, Niedersachsen, Rheinland-Pfalz, Sachsen-Anhalt, Schleswig-Holstein, Betreuung nur auf Wunsch des Ausschusses in Baden-Württemberg und Berlin.

[373] Diesem Modell folgen der Gesetzgebungs- und Beratungsdienst des Landtags Sachsen-Anhalt und derjenige des Landes Rheinland-Pfalz – allerdings mit der Abweichung, dass seine Mitglieder einer Partei nahe stehen.

chen Dienstes an den Gesetzesberatungen des Parlaments wohl am weitesten vorangetrieben worden. Der GBD ist damit in seiner Funktion als Gesetzgebungshilfsdienst geradezu ein Gegenmodell zu den Wissenschaftlichen Diensten des Bundestages; als ein solches Gegenmodell, das sich aus unserer Sicht in der Praxis bewährt hat, soll er in der Folge vorgestellt werden.

aa) Anlässe für die Einrichtung von Gesetzgebungshilfsdiensten

Der Gedanke, deutsche Parlamente mit einem eigenständigen Gesetzgebungshilfsdienst auszustatten, hatte die interne Diskussion insbesondere in den deutschen Landtagen der Nachkriegszeit schon früh beschäftigt: Die Militärregierung für Bayern hatte dem bayerischen Landtag eine entsprechende Empfehlung – vergeblich – schon im September 1949 gegeben. Nach den Akten des Niedersächsischen Landtages war das Thema seit 1952 Gegenstand immer intensiverer kontroverser Diskussionen unter den Parlamentsverwaltungen. Die Befürworter eines solchen Gesetzgebungshilfsdienstes wiesen auf die Unterlegenheit der Abgeordneten gegenüber der Ministerialbürokratie hin, die zu Tage trete, wenn es in den Ausschussberatungen über Gesetzentwürfe um die Fakten- und Rechtslage gehe[374]; noch gravierender werde dieses Defizit bei der Abfassung eigener Gesetzentwürfe oder Änderungsvorstellungen.

Wenn der Niedersächsische Landtag als erster Landtag Deutschlands in den Jahren 1956 bis 1957 daran ging, sich einen eigenen Gesetzgebungshilfsdienst aufzubauen – nach Vorbildern, die der damalige Landtagspräsident Dr. Hofmeister in mehreren Einzelstaaten der USA kennen gelernt hatte[375], so beruhte dies auf einer diesem Vorhaben besonders günstigen Konstellation: Es hatte zwischen Landesregierung und Parlament ernstliche Differenzen über die Rolle der Ministerialbeamten in den Parlamentsausschüssen gegeben. War es zuvor in Niedersachsen üblich gewesen, dass das Justizministerium als eine Art „Gesetzgebungsministerium“ in Ausschusssitzungen, in denen Gesetze behandelt wurden, durch einen Vertreter – frei von allen Fachressortüberlegungen – Formulierungshilfe auch bei solchen Überlegungen leistete, die vom Regierungsentwurf abwichen, und auf die Einhaltung der nötigen Standards sah, hatte sich die Haltung der Landesregierung nun geändert. Die Geschäftsordnung

---

[374] Siehe das eingangs des Abschnitts wiedergegebene Zitat des Präsidenten des Baden-Württembergischen Landtags Dr. Neinhaus in einer Landtagspräsidentenkonferenz am 5. Mai 1954

[375] Siehe LT-Drs. 3/296; Steno-Bericht 3. WP – X. Tagungsabschnitt – 15. Sitzung am 11. 4. 1956, Sp. 753–756; LT-Drs. 3/828.

des Landesministeriums verpflichtete sämtliche Ressorts darauf, keine von der im Kabinett beschlossenen Regierungsvorlage abweichende Meinung zu äußern. Die Staatskanzlei bestritt dem Justizministerium ausdrücklich die Sonderstellung eines „Gesetzgebungsministeriums" und damit auch das Recht, im Parlament aus übergeordneten Gründen von der Regierungsvorlage abzuweichen. Damit war offenbar, dass die Ausschüsse des Niedersächsischen Landtages bei ihren Gesetzesberatungen eine nicht im Sinne der Regierungsvorlage vorgeprägte Beratung und Hilfestellung nur von eigenen, auf Gesetzgebungsfragen spezialisierten Beamten erwarten konnte. In knapp zwei Jahren entwickelte der Niedersächsische Landtag ein Konzept, das sich in seinen wesentlichen Grundzügen aus den vom Präsidium des Landesparlaments beschlossenen Richtlinien vom 4. Dezember 1957[376] ergibt und das sich bis heute als tragfähig erwiesen hat.

bb) Struktur und Status des Dienstes, Qualifikation seiner Mitarbeiter

Die Angehörigen des GBD sind (wie alle anderen Landtagsbediensteten auch) nicht Bedienstete der Landesregierung, sondern des Parlaments. Der als Kollegium verfasste Dienst[377] hat drei Mitglieder (in der Sprache des britischen Parliamentary Counsel Office also „senior draftsmen") sowie zwei weitere ständige Mitarbeiter („junior draftsmen"), und zwar ausnahmslos Juristen im Rang höherer Ministerialbeamter. Mitglieder und ständige Mitarbeiter müssen „bestqualifizierte und vielseitige Beamte"[378] mit breit angelegten Rechtskenntnissen sein, praktische Erfahrungen in der Verwaltung oder in der Justiz gesammelt haben und an Fragen der Staatswissenschaften, zumal der Verwaltungslehre, der Volkswirtschaft und der Politologie, besonders interessiert sein. Außerdem werden regelmäßig drei in ihren bisherigen Funktionen als hoch qualifiziert ausgewiesene jüngere Juristinnen oder Juristen aus der Justiz oder der inneren Verwaltung für 1 1/2 bis 2 Jahre als Referenten an den GBD abgeordnet. Hier erwerben sie die gesetzestechnischen und sonstigen Kenntnisse der Legistik und des Parlamentsbetriebes, die sie später zu besonders

---

[376] LT-Drs. 3/828, zuletzt veröffentlicht im „Handbuch des Niedersächsischen Landtages, 15. Wahlperiode", Hannover 2003, S. 320–322.

[377] Ebenso Sachsen-Anhalt; die übrigen Wissenschaftlichen Dienste sind hierarchisch verfasst; siehe für Rheinland-Pfalz *Brocker*, Der wissenschaftliche Dienst des Landtags Rheinland-Pfalz, Die Verwaltung 2002, S. 131, 134.

[378] So die Forderung bereits in einer internen „Aufgabenskizze für einen Gesetzgebungshilfsdienst" der niedersächsischen Landtagsverwaltung vom 12. März 1956.

geeigneten Bewerbern um eine Dauerstellung im GBD oder in funktional vergleichbaren Funktionen innerhalb der Ministerialverwaltung machen.[379]

Für einen Gesetzgebungshilfsdienst, der dem Parlament insgesamt sinnvoll dienen soll, ist es unabdingbar, dass er von Weisungen jedweder Art in Bezug auf seine Äußerungen juristisch-fachlichen und gesetzestechnischen Inhalts frei ist. Die Angehörigen des GBD unterstehen deshalb nur in dienstrechtlicher und organisatorischer Hinsicht der Aufsicht des Landtagspräsidenten (§ 2 der Richtlinien)[380]; bei der Erfüllung ihrer Aufgaben sind sie weisungsunabhängig[381].

Diese Abkoppelung aus dem Weisungsstrang wird auch organisatorisch betont: Der Dienst ist einschließlich seiner Geschäftsstelle abteilungsfrei[382]; eine organisatorische Brücke zur Parlamentarischen Abteilung (Ausschussdienst, Stenografischer Dienst) und zur übrigen Landtagsverwaltung wird dadurch hergestellt, dass ein Mitglied des GBD zugleich Leiter der Parlamentarischen Abteilung ist und in deren Angelegenheiten den Direktor des Landtages vertritt[383], ein weiteres Mitglied ist stellvertretender Leiter der parlamentarischen Abteilung.

cc) Aufgaben und Arbeitsweise des GBD

In der Arbeit des GBD lassen sich zwei große Aufgabenfelder unterscheiden:

Zum einen steht der GBD den Fraktionen des Landtags wie auch allen Abgeordneten für juristische Gutachten und Auskünfte zur Verfügung (§ 3 Nrn. 3 und 4 der Richtlinien), bereitet Gesetzentwürfe, Entschließungsanträge sowie parlamentarische Anfragen vor

---

379 Von der Zahl der wissenschaftlichen Mitarbeiter gesehen (5 ständige Angehörige, 3 Abordnungsstellen) ist der Dienst damit unter den Bundesländern der größte; beispielhafte Vergleichszahlen: Berlin: 4 ständige Angehörige; Bremen: 4 ständige Angehörige; Nordrhein-Westfalen: 5 ständige Angehörige; Rheinland-Pfalz: 6 ständige Angehörige, 1 Abordnungsstelle; Sachsen-Anhalt: 3 ständige Angehörige, 2 Abordnungsstellen; Schleswig-Holstein: 5 ständige Angehörige.

380 Dies entspricht mit Ausnahme Bremens (dort: Direktor der Bürgerschaft) den Unterstellungsverhältnissen in den übrigen Landtagen mit Wissenschaftlichen Diensten.

381 So auch die Dienste in Berlin (bei der Ausarbeitung gutachterlicher Stellungnahmen), Nordrhein-Westfalen, Rheinland-Pfalz, Sachsen-Anhalt, Sachsen und Schleswig-Holstein, nicht dagegen in Baden-Württemberg und Bremen.

382 So auch in Sachsen-Anhalt; überwiegend sind die Wissenschaftlichen Dienste der Landtage allerdings als Abteilungen (Bremen, Schleswig-Holstein) oder Referate (Baden-Württemberg, Berlin, Nordrhein-Westfalen, Rheinland-Pfalz, Sachsen in die Verwaltungshierarchie eingebunden.

383 Ebenso z. B. in Rheinland-Pfalz.

und beschafft Material für die politische Arbeit der Abgeordneten[384]. Für die Parlamentsverwaltung nimmt der Dienst das Justiziariat wahr[385]. Die Ausarbeitung ganzer Gesetzentwürfe, die sodann von Abgeordneten „aus der Mitte des Landtages" (Art. 42 Abs. 3 NV) eingebracht werden, bildet im Tätigkeitsspektrum des GBD allerdings die Ausnahme. Da der Landtag ohne den erforderlichen Verwaltungsunterbau ist, der allein das notwendige Faktenwissen für umfangreiche Gesetzgebungsvorhaben verschaffen kann, kommen hierfür allenfalls Regelungen für einen begrenzten, durch allgemein zugängliche Quellen gut erschlossenen Lebenssachverhalt in Betracht. Ansonsten gälte der Einwand, der – zu Unrecht verallgemeinernd – von Anfang an gegen Gesetzgebungshilfsdienste erhoben worden ist: „Ein kleiner Stab noch so hoch qualifizierter Leute könnte doch unmöglich die Gesetzeskenntnis und das Fachwissen in sich vereinen, das zu einer ersprießlichen, gesetzgeberischen Arbeit notwendig wäre."[386] Gerade die bewusste Beschränkung des Gesetzgebungshilfsdienstes auf diejenige des im Bereich der Gesetzgebung spezialisierten Korreferenten, dem in der Regel die ministerielle Sachverhaltsaufbereitung bereits vorliegt, macht die Wirksamkeit des niedersächsischen Modells aus (nicht anders als – auf der exekutivischen Seite – des Modells des Parliamentary Counsel Office).

Für die hier gestellte Frage, wie im parlamentarischen Gesetzgebungsverfahren die Gebote „guter" Gesetzgebung gegen den Druck gegenläufiger Interessen auch durch institutionelle Vorkehrungen zur Geltung gebracht werden können, ist die weitere Aufgabe des GBD entscheidend (wenn auch die individuelle Beratungstätigkeit des

---

[384] Ebenso die anderen Wissenschaftlichen Dienste der Landesparlamente, Bremen allerdings nur für Ausschüsse. In dieser Aufgabenstellung unterscheidet sich der GBD von den Wissenschaftlichen Diensten des Bundestages nur insoweit, als er grundsätzlich die Arbeitsergebnisse (ob im Sinne des Abgeordneten positiv oder negativ) nur dem Auftraggeber offenbart, es sei denn dieser wünsche es anders. Bei dieser Tätigkeit hat der Dienst „den Vorstellungen und Wünschen des Auftraggebers Rechnung zu tragen" (§ 5 Abs. 2 Satz 1 der Richtlinien). Das gilt jedoch nur für evtl. „politische Vorgaben"; das Ergebnis und die Argumente einer rechtlichen Würdigung bestimmen sich dagegen ausschließlich nach der unbeeinflussten juristischen Überzeugung des Dienstes. – Die Möglichkeit, den GBD um individuelle Hilfe bei der rechtlichen Seite politischer Probleme zu bitten, wird von den Abgeordneten des Niedersächsischen Landtages rege in Anspruch genommen. Sie ist naturgemäß für die jeweilige Opposition besonders wertvoll, da diese sich nur in weit geringerem Maße als die Regierungsfraktion das fachliche Können der Ministerialbürokratie nutzbar machen kann. Gleichwohl kommen von beiden Seiten immer etwa gleich viele Aufträge.

[385] Ebenso in Berlin, Bremen, Rheinland-Pfalz, Sachsen-Anhalt, Schleswig-Holstein; siehe insgesamt zum identischen Aufgabenfeld des Gesetzgebungs- und Beratungsdienstes des Landtags Rheinland-Pfalz. *Brocker,* Der wissenschaftliche Dienst, Fn. 377, S. 131, 135.

[386] *Henle,* Das parlamentarische Gesetzgebungsbüro, DÖV 1950, 14.

GBD durch das mit ihr gewonnene Vertrauen das Gewicht der Meinungsäußerungen des Dienstes im Ausschuss entscheidend stützt):

Der Dienst hat[387] sämtliche in den Landtag eingebrachte Gesetzentwürfe und die auf sie bezogenen Vorlagen daraufhin „zu würdigen, ob die beabsichtigte Regelung rechtlich möglich ist und dazu dient, den erstrebten Erfolg zu erreichen, sowie ob vorgeschlagene Ermächtigungen verfassungsrechtlich unbedenklich sind" (§ 3 Nr. 5 der Richtlinien). Dies vollzieht im Einzelnen die gesamte exekutivische Rechtsförmlichkeitsprüfung noch einmal nach und umfasst

- eine Überprüfung der Verfassungsmäßigkeit des Entwurfs oder eines Änderungsvorschlages (Vereinbarkeit mit der Bundesverfassung oder einfachem Bundesrecht, Vorliegen einer entsprechenden Gesetzgebungskompetenz des Landes, Vereinbarkeit mit der Landesverfassung, Einhaltung der Darlegungspflichten des Art. 68 NV, Bestimmtheit der Ermächtigungen),
- eine rechtssystematische Prüfung (Einfügung der beabsichtigten Regelung in vorhandenes Bundes- und Landesrecht),
- eine Überprüfung der sprachlichen Gestaltung (angemessen einfache Sprache, Verständlichkeit für den Adressatenkreis) und der Einhaltung der Rechtsförmlichkeitsregeln,
- eine (Grob-)Einschätzung der Zweckmäßigkeit der beabsichtigten Regelung (was wird sie voraussichtlich bewirken? Gibt es deutliche Hinweise darauf, dass die Regelung zur Erreichung des Regelungsziels ungeeignet, nicht erforderlich, vollzugsuntauglich ist? Fehlt notwendiges Übergangsrecht?)

Der Dienst führt diese Überprüfungen von Amts wegen, nicht etwa nur auf einen Auftrag hin durch. In der Regel legt er das Ergebnis seiner Überprüfungen schriftlich in einer Vorlage nieder. Wo er Kritik äußert, verbindet er dies, wenn die Regelungsabsicht nicht selbst rechtswidrig ist (z.B. weil die Gesetzgebungskompetenzen des Landes überschritten worden sind), mit einem aus seiner Sicht adäquaten Änderungsvorschlag. Die Überprüfung führt in der Regel zu mehr oder weniger weit greifenden Änderungsvorschlägen.

Jeder Gesetzentwurf wird federführend von einem Mitglied (oder ständigem Mitarbeiter) und weiter im Regelfall von mindestens einem Referenten betreut. Wie im britischen Modell des Parliamentary Counsel Office gibt es unter Mitgliedern und ständigen Mitarbeitern zwar eine lockere Zuordnung zu bestimmten Sachgebieten, aber ebenso den grundsätzlichen Anspruch, dass jeder Mitarbeiter für jedes Gesetzgebungsverfahren einsetzbar sein muss.

---

387 Neben der wissenschaftlichen Beratung von Untersuchungsausschüssen und Enquete-Kommissionen.

Es ist bereits darauf hingewiesen worden, dass der Niedersächsische Landtag von einem Gesetzgebungshilfsdienst gerade auch erwartet hatte, in den Ausschussberatungen über Gesetzentwürfe an der Seite der Abgeordneten ein – in ihrem Sinne treuhänderisches – Gegengewicht zur Argumentationsmacht der Ministerialvertreter zu bilden. Der GBD sollte möglichst wirkungsvoll fachliche und rechtliche Schwachstellen eines Gesetzentwurfs aufdecken; er sollte Abhilfemöglichkeiten sowie alternative Regelungskonzepte aufzeigen oder vom Ausschuss gewünschte abweichende Regelungskonzepte ausarbeiten und fachgerecht in den Entwurf einpassen. Eine solche Aufgabe lässt sich nur dann erfüllen, wenn die Mitglieder des Dienstes in den Ausschussberatungen selbst präsent sind[388] und sich auch selbst zu Wort melden dürfen. Folgerichtig ist ihnen dieses Recht konzediert worden[389].

Gesetzesberatungen in den Ausschüssen des Niedersächsischen Landtags werden seither durch ein Wechselspiel zwischen der Erörterung der Fach- und Rechtsfragen, in die neben den Ausschussmitgliedern und den Vertretern der Landesregierung auch die Vertreter des GBD (und häufig auch des Landesrechnungshofes) einbezogen sind, auf der einen Seite und der politischen Diskussion auf der anderen Seite geprägt, die sich strikt ohne Beteiligung des GBD vollzieht.

Es mag auf den ersten Blick erstaunlich scheinen, dass Abgeordnete eine solch starke Beteiligung von Beamten an ihren Diskussionen akzeptieren, weil selbstverständlich – gerade bei komplizierteren Gesetzesmaterien – die Gefahr besteht, dass ein wesentlicher Teil der Ausschussberatungen sich zwischen Beamten vollzieht (Ministerialbeamte auf der einen, Parlamentsbeamte auf der anderen Seite)[390]. Diese Beteiligung verlangt auch eine gewisse Souveränität der politischen Mehrheit, weil diese damit rechnen muss, dass das Mehr an Rationalität im Gesetzgebungsverfahren auch einmal in Konflikt mit ihren Durchsetzungs- oder Beschleunigungsinteressen geraten kann und nicht zuverlässig vorherzusehen ist, wo sich diese Möglichkeit aktualisieren wird.[391]

---

[388] Dieses Verfahren hat sich auch in Rheinland-Pfalz bewährt; siehe *Brocker,* Der wissenschaftliche Dienst, Fn. 377, S. 131, 136.

[389] Ebenso die Gestaltung in Bremen, Rheinland-Pfalz, Sachsen-Anhalt, Schleswig-Holstein, Betreuung nur auf Wunsch des Ausschusses in Baden-Württemberg und Berlin.

[390] Und in der Tat hat es in der Vergangenheit bisweilen Unmut unter Parlamentariern gegeben, schier endlosen „Beamtenringkämpfen" über Detailfragen beizuwohnen, ohne in der Sache weiterzukommen. Hier hat geholfen, dass den Widersachern aufgegeben wurde, diese Detailfragen unter sich zu diskutieren und das Ergebnis in einer späteren Sitzung zu referieren.

[391] Vgl. insoweit die bei *Odewald,* Der parlamentarische Hilfsdienst in den Vereinigten Staaten von Amerika und in der Bundesrepublik Deutschland, Diss. 1967,

Nach unserem Eindruck wird dies aber aus vier Gründen (nun schon seit rd. 45 Jahren) akzeptiert:

- Die Auseinandersetzung zwischen Regierungsbeamten und Beamten des Gesetzgebungshilfsdienstes legt fachliche und rechtliche Probleme des Gesetzgebungsvorhabens und die Möglichkeiten zu deren Behebung für alle Parlamentarier gleichermaßen offen. Dies geschieht auch (oder gerade) dann, wenn der GBD nicht mit fertigen Gegenkonzepten aufwartet, sondern sich zunächst auf das fachlich fundierte Hinterfragen bestimmter Regelungen beschränkt. Dieser fachlich/rechtliche Gedankenaustausch verbreitert damit die politischen Entscheidungs- und Argumentationsmöglichkeiten nicht nur der die Regierung stützenden, sondern insbesondere auch der Ausschussmitglieder, die der parlamentarischen Opposition angehören. Damit stärkt die Tätigkeit des Gesetzgebungshilfsdienstes den Charakter des parlamentarischen Verfahrens als eines Gemeinwohlverfahrens.
- Die noch zu beschreibende[392] langwährende Sozialisation der – den Arbeitsstil des Dienstes prägenden – Mitglieder des GBD-Kollegiums im Milieu parlamentarischer Beratungen bewirkt, dass sie die Grenze zur politisch geprägten Äußerung nicht überschreiten und sich insgesamt in ihrer Rolle als Ratgeber stark zurücknehmen.
- Ausschusssitzungen sind im Niedersächsischen Landtag grundsätzlich nichtöffentlich (§ 93 Abs. 1 Satz 1 GO-LT). Abgeordnete wie Regierungsvertreter müssen sich daher nicht vor aller Öffentlichkeit in einen Diskurs mit dem Vertreter des GBD einlassen und geraten damit auch nicht in Gefahr, öffentlich als „Belehrte" wahrgenommen oder dargestellt zu werden. Dem Dienst selbst wird es wesentlich erleichtert, seine auf die Geltendmachung fachlich/rechtlicher, rationaler Gesichtspunkte beschränkte Rolle zu wahren. Vorbehaltlos offene Beratung, nur das kann im Interesse der Mandatsträger liegen, wird wesentlich erschwert, wenn Abgeordnete die Öffentlichkeitswirksamkeit bereits der Beratung selbst fürchten müssen.
- Der GBD hat in der praktischen Ausfüllung seiner Beratungsaufgabe Techniken entwickelt, die die Ausschusssitzungen von recht-

S. 58 f. referierten Stellungnahmen von Landesparlamenten zur Frage, warum die Einrichtung eines solchen Hilfsdienstes derzeit nicht konkret erwogen wird. Interessant insbesondere der dortige Hinweis (S. 58 f.), ein entsprechender Antrag der (oppositionellen) CDU-Fraktion, im Hessischen Landtag einen solchen Dienst einzurichten, sei dort von der Mehrheit abgelehnt worden (S. 59, Fn. 72). Daran haben offenbar auch die seitherigen Regierungswechsel dort nichts zu ändern vermocht.

[392] Siehe unter Buchst. dd).

lich und legistisch bestimmten Diskussionen so weit als möglich entlasten. Er bedient sich dabei einer Verfahrensweise, die wir – auf der Seite eines Regierungsapparats – bereits beim Parliamentary Counsel Office beschrieben haben: Es werden – von den Ausschüssen auch erwartet und gebilligt – in einem dialektischen Verfahren mit den zuständigen Ministerialbeamten außerhalb der Ausschusssitzungen Widersprüche bereinigt, die Gründe für systematische und sprachliche Unschärfen geklärt und nach Lösungen gesucht, die das politische Anliegen des Gesetzentwurfs in rechtlich und gesetzestechnisch sauberer Weise umsetzen. Dabei wahrt der Dienst seine Unabhängigkeit von der Regierung, und er vertritt ihr gegenüber auch die erkennbar gewordenen Absichten des Parlaments. Der GBD wird gegenüber der Landesregierung auch insoweit gewissermaßen als Treuhänder des Ausschusses tätig. Dieses Verfahren hat sich insbesondere bei Versuchen bewährt, allzu komplizierte Regelungen, die sich in der mühevollen Kompromissbildung zwischen Fachressorts oder beim Versuch der Umsetzung europäischen Rechts[393] ergeben können, zurückzudrängen. Lassen sich Beurteilungsgegensätze in diesem Verfahren nicht bereinigen, so referiert der GBD sie im Ausschuss ebenso wie die Teile des Diskurses mit der Exekutive, die zu einer gemeinsamen Sicht geführt haben. Im Effekt führt die beschriebene Vorklärung zu einer wesentlichen Entlastung der Ausschusssitzungen.

Gegenüber grundlegenden „politischen" Vorgaben eines Gesetzentwurfs, die im Allgemeinen von der Regierung mit den sie tragenden politischen Kräften bereits informell abgestimmt worden sind, haben es naturgemäß auch Hinweise auf bisher nicht erkannte oder falsch gewichtete rechtliche Bedenken bis hin zu verfassungsrechtlichen Einwänden schwer. Die fachliche Arbeit des GBD bewegt sich aber im Allgemeinen nicht auf dieser Ebene, sondern auf der Ebene „darunter", also bei der „Umsetzung" der politischen Vorgaben in einzelne materiellrechtliche (und verfahrensrechtliche) Vorschriften. Bei deren Ausformulierung treten im Allgemeinen weitere Fragen zutage, für die sich in vielen Fällen ganz bestimmte Lösungen als am einfachsten, am praktischsten oder sogar als tatsächlich oder rechtlich zwingend herausschälen. Die Anstöße für derartige Änderungsvorschläge des GBD werden oft sogar von den Regierungsvertretern selbst geliefert, z.B. wenn sie zwischenzeitlich auf neue, in den Regelungen noch nicht angemessen bewältigte Detailfragen gestoßen

---

[393] Zu den Schwierigkeiten einer systemgerechten Anpassung des deutschen Rechts an EU-Richtlinien, die jedenfalls rechtssystematisch nicht ohne Weiteres zum deutschen Recht passen, vgl. *Kohler,* JZ 2003, 1081, 1087 (zum Einzelfall einer missglückten Umsetzung in § 640 Abs. 2 BGB).

sind. Entsprechende Vorschläge werden von den Ausschüssen im Regelfall als hilfreich empfunden und übernommen.

Schließlich sei eine wichtige Aufgabe des GBD nicht unterschlagen: Den Abschluss jeder Gesetzesberatung in den Ausschüssen bildet der (mündliche oder schriftliche) Bericht durch einen Abgeordneten als Berichterstatter. Da dieser Bericht, wenn er für den Vollzug des Gesetzes und als etwaige Auslegungshilfe in Rechtsstreitigkeiten Bedeutung haben soll, neben der Darstellung der politisch zentrierten Diskussionen auch Aussagen über die im Ausschussverfahren erörterten Rechts- und Gestaltungsfragen enthalten muss, sollte er von vornherein auch unter juristischem und legistischem Blickwinkel entworfen werden. Deshalb ist es in Niedersachsen nicht Aufgabe der Ausschussassistenten, sondern des GBD, den Bericht des Ausschusses an das Plenum vorzubereiten (§ 3 Nr. 7 der Richtlinien).

dd) Erfahrungswissen, Sozialisation der Mitarbeiter

Ein parlamentarischer Gesetzgebungshilfsdienst schöpft seine Leistungsfähigkeit nicht allein aus den außerhalb des Dienstes erworbenen Qualifikationen seiner Mitarbeiter. Es kommt auch nicht allein darauf an, diese Mitarbeiter mit den speziellen Regeln der Gesetzgebungstechnik vertraut zu machen. Ein solcher Dienst erhält seinen Wert für die Parlamentarier vielmehr

- aus einer möglichst großen Kontinuität unter den Mitgliedern und hauptamtlichen Mitarbeitern, die den Dienst in die Lage versetzt, „institutionelles Wissen“ über parlamentarische Vorgänge der Vergangenheit und insbesondere der Gesetzgebungsprojekte der Vergangenheit bereitzustellen[394] und damit zumindest auf rechtlichem und legistischem Gebiet ein Gegengewicht zum Erfahrungswissen der Ministerialverwaltung[395] herzustellen,
- aus einer speziellen Sozialisation seiner Mitarbeiter, die eigenen politischen und weltanschaulichen Prägungen und Vorstellungen, ggf. eigene wissenschaftliche Interessen im Rahmen ihrer Beratungstätigkeit zurückzudrängen, sich vielmehr bei ihren Äußerungen auf die von einem Gesetzgebungshilfsdienst legitimerweise zu vertretenden Gesichtspunkte zu beschränken und den praktischen Bezug ihrer Ausführungen nicht aus dem Auge zu verlieren (haben sie doch gleichermaßen kooperativ und treuhänderisch den Vorstellungen aller Beteiligten, mit welchem politischen Ansatz auch immer, einen rechtlich und gesetzestechnisch einwandfreien Ausdruck zu verleihen).

---

[394] So auch *Schick/Hahn*, Fn. 358, S. 38.
[395] Siehe hierzu i. E. *Weege/Methfessel/Niehäuser/Sahm*, Fn. 369, S. 15 ff.

Sowohl das Erfordernis, sich Erfahrungswissen zu verschaffen, als auch das Erfordernis spezieller Sozialisation setzen einen langen Lernprozess voraus. Dies führt dazu, dass es in Niedersachsen nur in der Errichtungsphase des Dienstes zur dauerhaften Einstellung von Personen in den GBD gekommen ist, die nicht bereits „on the job" trainiert und bewährt waren[396]. Seither setzt eine dauerhafte Einstellung bereits auf eine der Stellen eines ständigen Mitarbeiters des GBD voraus, dass sich der Bewerber während einer Abordnung zu diesem Dienst oder in einer vergleichbaren Position bewährt hat[397]. Für die Aufnahme in das zentrale Gremium der drei weisungsunabhängigen Mitglieder kommen in der Regel nur Personen in Betracht, die bereits sechs bis acht Jahre Praxis im GBD oder in einer vergleichbaren Institution erworben haben.

Eine zweite Konsequenz aus den geschilderten speziellen Erfordernissen ist es, die Mitarbeiter möglichst auf Dauer an den Dienst zu binden. Von Beginn an hat deshalb bei der Bewertung der Stellen des GBD die Überlegung eine entscheidende Rolle gespielt, dass die dauerhaft bei ihm beschäftigten Mitarbeiter, insbesondere die Mitglieder, ihre Aufgabe als eine „Lebensstellung" betrachten können sollten[398]. Sie sollten „keinen Anlass haben, ständig nach einem schnelleren Vorwärtskommen bei der Exekutive zu ‚schielen'[399]", was dann ja auch bedeuten kann, sich aus persönlichen Rücksichten mit möglicherweise missliebigen Äußerungen zurückzuhalten.

Die Stabilität des niedersächsischen Gesetzgebungshilfsdienstes mag auch auf einer weiteren Vorkehrung beruhen: Da der Dienst allen Parlamentariern und Fraktionen gleichermaßen zur Verfügung stehen soll und in der Erfüllung seiner Aufgaben weisungsfrei ist, darf er sich nach § 1 Abs. 2 der Richtlinien „keiner parteipolitischen Richtung verpflichtet fühlen; seine Mitglieder müssen in besonderem Maße von den Abgeordneten als ihre Vertrauenspersonen anerkannt und angesehen werden". Dies wird aufgrund einer nun schon jahrzehntelangen allseitig für richtig gehaltenen Konvention auch als Gebot verstanden auf eine formale Parteizugehörigkeit zu verzichten. Der Dienst soll angesichts der gewichtigen Rolle als Ratgeber in Gesetzgebungsverfahren und als Ratgeber aller Parlamentarier in Rechtsfragen von vornherein auch im Formalen keinen Anlass zu

---

[396] Entsprechend vorsichtig sind sie ausgewählt worden, wie die Akten ausweisen.

[397] Ohne einen solchen Vorlauf kann es leicht zu Fehlentwicklungen kommen, für die es gerade in Fällen eines Neuaufbaus von Diensten Beispiele gibt.

[398] Dem entspricht die in der Regel recht hohe Einstufung der wissenschaftlichen Mitarbeiter auch in den anderen Landtagen mit wissenschaftlichen Diensten.

[399] So der Abg. *Hedergott* in der 27. Sitzung des Unterausschusses für Beamtenrechtsfragen des Niedersächsischen Landtages am 27. April 1970, S. 24 der Niederschrift.

politischen Zuordnungen bieten[400]. Dementsprechend gibt es auch in der praktischen Arbeit keine Zuordnung der einzelnen Mitglieder zu bestimmten Fraktionen des Landtags; jeder Angehörige des Dienstes wird entsprechend seiner fachlichen Kompetenz für Aufgaben mit unterschiedlichster politischer Zielsetzung tätig[401].

d) Gesetzgebungshilfsdienste: Gewinn für eine „bessere" Gesetzgebung?

aa) Das Vorhalten qualifizierter wissenschaftlicher Dienste durch die Parlamentsverwaltungen bietet in jedem Fall bereits einen Gewinn für die gesetzgeberische Tätigkeit der Parlamente, auch wenn sie nicht unmittelbar als Gesetzgebungshilfsdienste tätig werden. Sie erweitern die rationalen Entscheidungsgrundlagen der Abgeordneten und erhöhen ihre Eigenständigkeit bei der Beurteilung von Sachverhalten und Regelungen.

Sind die wissenschaftlichen Dienste mit der routinemäßigen Überprüfung der eingebrachten Gesetzentwürfe betraut, so erweitert ihr Votum die Beurteilungsgrundlagen der Abgeordneten über die Qualität des jeweiligen Entwurfes beträchtlich, denn sie erhalten eine konkret auf den Entwurf bezogene Arbeitsgrundlage. Zu Recht beschränken sich allerdings gerade die kleineren Landtagsverwaltungen darauf, die auf der Ebene der Ministerialverwaltung ohnehin gebotene Rechts- und Rechtsförmlichkeitsprüfung der Entwürfe noch einmal eigenständig nachvollziehen zu lassen – eine Erweiterung dieser Prüfung auf eine halbwegs umfassende Prüfung der fachlichen Richtigkeit überstiege bei weitem die Kapazitäten der Parlamentsverwaltungen.

Für das parlamentarische Gesetzgebungsverfahren tritt ein weiterer, aus unserer Sicht sehr erheblicher Gewinn an Rationalität und Qualität dann ein, wenn man – sorgfältig ausgesuchte, entsprechend qualifizierte und auf Neutralität verpflichtete – Gesetzgebungshilfsdienste unmittelbar in das Beratungsverfahren der Parlamentsausschüsse integriert.

Letztlich nur ein solches Verfahren gibt den Abgeordneten die nötige Hilfestellung für eine eigenständige Beurteilung eines Gesetzentwurfs und seiner Regelungsalternativen „just in time". Bei der

---

[400] Man kann den GBD insoweit also als einen „negativen Tendenzbetrieb" bezeichnen.

[401] Anders in Rheinland-Pfalz: Dort stellen die Fraktionen einen sog. „Vertrauensmann", an den sie sich bei besonders vertraulichen Angelegenheiten unmittelbar wenden können; der „Vertrauensmann" hat umgekehrt auch Zugang zu den betreffenden Fraktionen.

stets beklagten (real entstandenen wie provozierten) Zeitnot in allen Stadien der Gesetzesentstehung ist es häufig gerade entscheidend, einen Einwand oder Gegenvorschlag rechtzeitig vorgetragen zu haben. Nachträgliche Expertisen über fachliche, rechtliche oder legistische Defizite eines Gesetzentwurfs nützen allenfalls noch als Abgesang im Rahmen öffentlicher Debatten; ein Hinweis in der konkreten, möglicherweise noch offenen Entscheidungssituation im Ausschuss hätte die Mehrheitsauffassung dagegen noch beeinflussen können.

Es ist schließlich für den Ertrag, den ein Gesetzgebungshilfsdienst für die Arbeit des Parlaments hat, wichtig, ihn von Amts wegen, nicht erst auf Anfrage, in den Ausschüssen agieren zu lassen. Denn häufig liegt das Handicap des Abgeordneten nicht erst darin, eine Frage nicht beantwortet zu bekommen, sondern darin, schon die Notwendigkeit der Frage nicht erkannt zu haben.

Zur öfters geäußerten Befürchtung, ein parlamentarischer Hilfsdienst sei ein erster Schritt zum Aufbau einer „Parlamentsbürokratie"[402] hat Odewald bereits das Notwendige ausgeführt.[403] Ein solcher Dienst kann mit wenigen qualifizierten Stellen erhebliche Verbesserungen an den Gesetzen bewirken, auch im Hinblick auf die Vereinfachung des Verwaltungsvollzugs, und damit Effizienzgewinne einbringen; er wird aber auch das Ansehen des Parlaments insgesamt verbessern. Befürchtungen, ein solcher Dienst werde in erster Linie zusätzliche Gesetzesinitiativen der Opposition hervorbringen helfen und das Parlament zu einer Überschreitung seiner Kompetenzen gegenüber der Exekutive verleiten, oder ein solcher Dienst könne die Entscheidungsfreiheit der gewählten Volksvertreter einengen, haben nach unseren praktischen Erfahrungen keine Wahrscheinlichkeit für sich.[404]

Die Einrichtung eines Gesetzgebungshilfsdienstes ist in stellenwirtschaftlicher Hinsicht nicht einfach. Aussichtsreich ist ein solches Unternehmen nur, wenn die Besoldung der Stellen ausreicht, um hochqualifizierte Juristen dort längerfristig zu halten, und wenn diese Stellen zudem allein nach fachlichen Gesichtspunkten und hochqualifiziert besetzen werden können.[405] Die Effizienz einer solchen Einrichtung hängt außerdem davon ab, dass sie fachlich unabhängig

---

[402] Dieser Gesichtspunkt spielt oft – zumindest am Rande- eine Rolle und baut auf einem geläufigen Vorurteil auf, wonach Bürokratie verbreitet als Inbegriff der Ineffizienz angesehen wird.

[403] Fn. 391, S. 149.

[404] Ebenso *Odewald,* Fn. 391, S. 144f., 138f.

[405] s.d. Diskussionsbeitrag von *Wielinger* in Schäffer/Triffterer (Hrsg.), Rationalisierung der Gesetzgebung, 1984, S. 363 und die skeptische Bemerkung von *Reindl* ebda, S. 364f. bezüglich der nötigen Anzahl und Ausbildung der Mitarbeiter.

tätig wird und von der Zahl der Mitarbeiter her überschaubar bleibt.[406] Dieser Überschaubarkeit dient in Niedersachsen der Verzicht auf einen „Unterbau“ des Dienstes aus Mitarbeitern des gehobenen Dienstes; dies wiederum erzwingt die Beschränkung auf eine rechtliche Beratung und das Unterlassen eigener Sachverhaltsermittlung, sodass die Sachverhaltsermittlung weitgehend den Fachreferaten überlassen bleibt und dem Gesetzgebungshilfsdienst insoweit nur eine Plausibilitätskontrolle möglich ist.

Richtig ist, dass die Tätigkeit einer solchen Beratungseinrichtung in ihrer Gratwanderung zwischen beabsichtigter fachlicher Zuarbeit und zu vermeidender „politischer“ Beratung spezifischen Gefahren ausgesetzt ist;[407] diese Gefahren können aber durch entsprechend qualifizierte und eingearbeitete Mitarbeiter eines solches Dienstes, wie unsere Erfahrung zeigt, durchaus beherrscht werden, sodass sich die Frage einer Abwägung zwischen Nutzen und Schaden eines solchen Hilfsdienstes unter diesem Aspekt aus unserer Sicht nicht einmal stellt.

bb) Die Institutionalisierung der rechtlichen Gesetzesbegleitung durch Gesetzgebungshilfsdienste im Parlament selbst scheint derart nahe zu liegen und durch eine ganze Reihe guter Gründe legitimiert zu sein, dass es überrascht, wie selten und wie spärlich die Literatur sich mit dieser Lösungsmöglichkeit befasst. In der sehr ausführlichen Ausarbeitung von *Schuppert* wird diese Möglichkeit nicht einmal erwähnt, stattdessen werden eine Reihe sehr viel „politikfernerer“ Institutionen als Hilfsmittel aufgeführt.[408] *Schuppert* schließt sich damit der für die Entwicklung rationaler Gesetzgebungstechnik verdienstvollen „rheinland-pfälzischen Schule“, beruhend auf den Arbeiten von *Böhret* (Speyer) und dessen (im rheinland-pfälzischen Wiss. Dienst des Landtags tätigen) früheren Mitarbeiter *Brocker*,

---

[406] Daher ist es – auch angesichts der schon angesprochenen Kapazitätsengpässe beim nds. GBD – eine interessante Frage, ob auch auf der Bundesebene mit ihrem wesentlich größeren Normsetzungsanteil und dem dabei zu überblickenden wesentlich umfangreicheren Regelungsstoff für die Einrichtung eines GHD Realisierungschancen bestünden (skeptisch *Reindl,* a. a. O. – Fn. – S. 365). Gedankliche Ansätze in dieser Richtung sind gelegentlich in den Zeitungen zu lesen (z. B. vor einiger Zeit von BT-Präs. Thierse), anscheinend aber nicht ernsthaft weiterverfolgt worden. Klar ist allerdings, dass eine Einheit wie der Wiss. Dienst des Deutschen Bundestages mit inzwischen mehreren Hundert Mitarbeitern zu schwerfällig ist, um projektbegleitend Gesetze zu betreuen.

[407] Richtig *Quaritsch,* FS Forsthoff 1972, S. 321 f.

[408] *Schuppert,* Gute Gesetzgebung, Fn. 10, S. 100 ff. Vgl. auch Wiss. Dienst BT Nr. 137/97 („Maßnahmen zur Verbesserung der Qualität der Gesetzgebung“), wo auf S. 8 lediglich die Möglichkeit der Einrichtung einer „Normenprüfstelle“ bei der Bundesregierung erwähnt wird.

aber auch der Sichtweise der Konferenz der Präsidentinnen und Präsidenten der Dt. Länderparlamente[409] an, wo jeweils nur äußerst vage Hinweise auf eine mögliche Institutionalisierung der rechtlichen Gesetzesbearbeitung im Parlament gegeben und die in der Literatur durchaus nachlesbaren und wiederholt bestätigten guten praktischen Erfahrungen mit einem derartigen Modell[410] nicht referiert werden.[411]

Dank der spärlichen Behandlung dieses Aspekts ist es nur schwer möglich, die Gründe für diese Zurückhaltung aufzuspüren. Soweit Gründe angegeben werden, sind sie, obwohl von Praktikerseite[412] formuliert, wenig überzeugend. Im Wesentlichen werden in dem hier in erster Linie vorgestellten, weil aktuellsten Beitrag von *Zeh* nicht einmal Gegengründe genannt, sondern lediglich einzelne Gründe für einen solchen Hilfsdienst kritisch hinterfragt und abzuschwächen versucht[413].

cc) Es wird bezweifelt, dass ein solcher Dienst „klüger" sein könne als die hochspezialisierten Fachbeamten der Regierung, und wird zudem ins Feld geführt, die Informationen für die Gesetzesberatung

---

409 Beschluss vom 7./9. Juni 1998, mit der Empfehlung (Ziffer 3), „die bestehenden Möglichkeiten ... der sich bisher weitgehend auf der Ebene der Exekutive vollziehenden Gesetzesfolgenabschätzung und Überprüfung von Normen ... im parlamentarischen Verfahren zu ergänzen." Ähnlich zurückhaltend *Brocker,* Fn. 148, S. 462 (466f.), wo immerhin die Möglichkeit angedeutet wird, dass ein parlamentarischer Hilfsdienst zu der von *Brocker* und *Böhret* stets geforderten Institutionalisierung der Gesetzesfolgenabschätzung beitragen könne.

410 *Kastendieck* in: Schäffer/Triffterer (Hrsg.), Rationalisierung der Gesetzgebung, 1984, S. 353f.; *Odewald,* Fn. 391, S. 51, 108f., 152f.; ebenso der Diskussionsbeitrag von *Stadler,* ebda. S. 368f.; s.a. *Stolzlechner,* DÖV 1983, S25ff., 27 (Tagungsbericht Salzburg); *Keller/Raupach,* Informationslücke des Parlaments, 1970, S. 83f., 91f.; *Schäfer,* Der Bundestag, 4. Aufl. 1982, S. 192f.; nach *Schramm,* Die parlamentsinterne Gesetzgebungshilfe ..., Diss. Köln 1965, S. 137f., soll es sogar einen Verfassungsauftrag für das Parlament geben, sich die nötigen Assistenzdienste für eine effektive Gesetzesberatung zu verschaffen.

411 Siehe die Auswertung einer Landtagsumfrage durch Rheinland-Pfalz zum Thema Gesetzesfolgenabschätzung vom 18. 3. 1997 (Az.: II-4300), wo als Prüfinstitutionen ebenfalls nur Regierungsstellen genannt, parlamentarische Stellen mit ähnlicher Zielrichtung aber nicht einmal erwähnt werden.

412 *Zeh* ist langjähriger Parlamentsbeamter und inzwischen Direktor des Dt. Bundestages, *Quaritsch* war dort als Leiter des Wissenschaftlichen Dienstes tätig. Die hier behandelten Thesen von *Zeh* (Die Wiss. Dienste des Dt. BT – ein Gesetzgebungshilfsdienst? In: Studien zu einer Theorie der Gesetzgebung, hrsg. von J. Rödig, 1976, S. 173ff.) fußen sachlich weitgehend auf einigen apodiktischen Bemerkungen *Quaritschs* in seinem Festschriftbeitrag für Forsthoff (1972, S. 303, 319ff., insbesondere S. 312). Einige der dort behandelten Gründe wurden bereits von *Odewald,* (Fn. 391, S. 58f.) zusammengestellt.

413 *Zeh,* Fn. 18, S. 173ff.

seien „nicht beliebig vermehrbar".[414] Gemeint dürfte damit sein, dass die Regierung regelmäßig eine ausreichende Informationsbasis für die Gesetzesberatungen liefere und dass eine Verstärkung dieser Informationsbasis die Wahrscheinlichkeit besserer Gesetzgebung gar nicht erhöhe. Diese (nicht näher belegte) Behauptung entspricht nicht unserer Wahrnehmung.

Vertreter eines Gesetzgebungshilfsdienstes können aber durchaus in dem Sinne „klüger" als „hochspezialisierte Fachbeamte" sein, als sie in dem von ihnen vertretenen Metier – der rechtlichen und legistischen Beurteilung und Bearbeitung von Gesetzentwürfen – ihrerseits hochspezialisierte Fachbeamte sind:

In vielen Fachreferaten – jedenfalls einer Landesregierung – kommt die Erarbeitung von Gesetzentwürfen eher seltener vor, sodass an der Stelle, wo der meiste Sachverstand für das Projekt zu erwarten ist, nicht unbedingt auch die Fertigkeiten für die Erarbeitung einer rechtstechnisch und rechtssystematisch einwandfreien Gesetzesvorlage anzutreffen sind. Zeitdruck und oft schon im Vorfeld ohne ausreichende fachliche Beratung entworfene politische Vorgaben tun ein Übriges. Das kann, wie oben bereits beschrieben ist, durch eine Rechtsprüfungsstelle der Regierung auch nach unseren Erfahrungen nicht immer kompensiert werden[415]. Die häufiger anzutreffenden Klagen über rechtssystematische Fehlleistungen des Bundesgesetzgebers[416] wären sonst auch nicht verständlich. Der Erfahrungsvorsprung von in der Gesetzgebung erfahrenen „Rechtstechnikern" des Parlaments, der sich aus der Kenntnis ähnlicher Problemlösungen, z.B. in benachbarten Rechtsgebieten, und aus dem Überblick über die Rechtssystematik insgesamt und aus dem damit zusammenhängenden Gespür für Ungereimtheiten und für „Risiken und Nebenwirkungen" in anderen Rechtsbereichen ergeben kann, darf nicht unterschätzt werden.

Es kommt zudem häufig für den Wert der Beratung durch einen Parlamentshilfsdienst zunächst einmal gar nicht so sehr darauf an, ob er dem Lösungskonzept des Gesetzentwurfs sofort mit einem – auch fachlich unterfütterten – Gegenkonzept begegnen kann. Wir haben bereits darauf hingewiesen, dass es häufig nicht die Antworten, son-

---

[414] *Zeh*, Fn. 18, S. 177, im Anschluss an *Quaritsch*, Fn. 412, S. 321. Mit der im Text zuletzt genannten Auffassung hat *Zeh* schon in der anschließenden Diskussion seines Referats Widerspruch gefunden (von *Thieler-Mevissen* und *Henkel*, a.a.O. S. 189f.).

[415] Siehe S. 88ff..

[416] Kleiner Überblick bei *Odewald*, Fn. 391., S. 97; aus neuerer Zeit *Rother*, ZRP 1998, 205 (instruktive Mängelliste); zum HandelsrechtsreformG ebenso *v. Olshausen*, JZ 1998, 717ff.; *v. Münch*, NJW 1999, 3023 (ex and hopp, mit Zitat BMJ); zur Gesetzgebungshektik *Wassermann*, NJW 2000, S. 2560 (Kampfhunde) und *Koch*, NJW 2000, 3115 (Beschleunigung fälliger Zahlungen).

dern die zur rechten Zeit gestellten juristisch fundierten Fragen sind, die die rechtlichen und legistischen Schwächen eines Gesetzentwurfs offen legen, einen neuen Diskussionsansatz bieten und damit den Entwurf der Beurteilung und Korrektur durch die Abgeordneten zugänglich machen. In den Gesetzesberatungen der Ausschüsse bringt den beteiligten Parlamentariern gerade der Austausch zwischen Fachleuten in der Sache und den rechtstechnischen Fachleuten Erkenntnisgewinne – und führt im Allgemeinen zu einer ganzen Reihe gemeinsam entwickelter und getragener, rechtlich unbedenklicher und legistisch fehlerfreier Verbesserungsvorschläge.

Es entspricht daneben auch nicht durchweg unserer Beobachtung, dass die Regierung in den Gesetzesberatungen ihren Erkenntnisstand typischerweise bereitwillig und unbeeinflusst von politischen Rücksichten offen legt, auch soweit es um die Benennung und Bewertung von Alternativen zum vorgelegten Entwurf geht.[417] Jedenfalls bei politisch streitigen und öffentlich auch so wahrgenommenen Gesetzesberatungen achtet das federführende Ressort auf ein möglichst geschlossenes Erscheinungsbild der Regierungsvertreter und bedenkt auch die Auswahl der in die Beratung entsandten Beamten unter taktischen Aspekten. In diese Richtung gehen auch die Erwartungen der zum Regierungslager gehörenden Ausschussvertreterinnen und -vertreter.[418]

Es macht daher einigen Sinn, den Parlamenten rechtswissenschaftliche und legistische „Pfadfinder" zur Seite zu stellen, die in der Lage sind, aus ihrer fachlichen Sicht zur rechten Zeit die richtigen Fragen zu stellen, und die, ggf. in Zusammenarbeit mit der Ministerialverwaltung, Alternativen formulieren können.

Wir haben aus der für uns überschaubaren Gesetzgebungspraxis in Niedersachsen durchaus den Eindruck, dass der Beitrag des niedersächsischen Gesetzgebungshilfsdienstes nicht nur von den Abgeordneten (Mehrheitsfraktionen wie Opposition gleichermaßen)[419], sondern auch von den Regierungsvertretern geschätzt, wenn nicht gar im Vorfeld bereits einkalkuliert wird – insbesondere in streitträchtigen Rechtsmaterien wie etwa im Abgabenrecht –. Der in vielen Pub-

---

[417] Einen mit einem Beispiel unterlegten Widerspruch gegen *Zeh* gab es in der Diskussion dieses Punkts auch von *Henkel*, a.a.O.; wie hier auch *Odewald*, a.a.O., S. 89ff. mit Hinweisen auf Forderungen nach Herstellung der Waffengleichheit mit der Ministerialverwaltung von Seiten mehrerer Bundestagsabgeordneter.

[418] Auch sonst gibt es eine Reihe von Umständen, deretwegen der Verweis auf Anfragen an die Regierung für Parlamentarier (auch des Regierungslagers) keine attraktive Alternative darstellt; vgl. näher *Quaritsch*, Fn. 412, S. 316.

[419] Beispiele bei *Oberreuther*, Politische Studien 1974, Nr. 213, S. 14; vgl. auch die statistische Angabe bei *Quaritsch*, FS Forsthoff, S. 313, die bei den Aufträgen an den Wiss. Dienst des BT keinen Schwerpunkt auf Seiten der Opposition erkennen lässt.

likationen hervorgehobene zunehmende Zeitdruck auf die Ministerialverwaltung, aber auch der durch die Finanzlage erzwungene Personalabbau und die stellenwirtschaftlichen Schwierigkeiten, in der Ministerialverwaltung hochqualifizierte Juristen zu beschäftigen, tragen jedenfalls auf Landesebene dazu bei, dass so anspruchsvolle Aufgaben wie kompliziertere verfassungsrechtliche Prüfungen oder etwa die Anpassung des Landesrechts an systematisch anders aufgebautes europäisches Recht oder Bundesrecht auf der Ebene der Landesregierung oft nicht rechtzeitig und angemessen bewältigt werden können.

Man kann durchaus in Rechnung stellen, dass ein Gesetzgebungshilfsdienst in Fällen, in denen mit der Ministerialverwaltung keine Einigkeit erzielt werden konnte, Schwierigkeiten haben wird, die Ausschussmehrheit zu überzeugen, weil diese im Zweifelsfall den ihr näher stehenden Regierungsvertretern zu folgen bereit sein wird. In Niedersachsen überwiegen aber die zwischen Ministerialverwaltung und Gesetzgebungshilfsdienst nicht streitigen, daher im Ausschuss gemeinsam vertretenen und dann in aller Regel auch angenommenen Verbesserungsvorschläge die Zahl der streitig bleibenden Punkte bei weitem. Auch die schließlich nicht berücksichtigten Vorschläge des GBD bilden häufig noch Anknüpfungspunkte für eine nachlaufende Evaluation des Gesetzes.

Noch weniger gefolgt werden kann *Zeh*, wenn er den Beratungsbedarf sogar mit dem von ihm gesehenen Gegensatz von „Verwissenschaftlichung" und „Intuition" bezweifelt und die intuitive politische Entscheidung des Abgeordneten für quantitativ nicht weniger fundiert erklärt als die wissenschaftlich vorbereitete „rationale".[420] Es ist schon sehr fraglich, ob eine solche Sicht der politischen Entscheidungsfindung überhaupt richtig ist und ob sie insbesondere dem heutigen Stand der verfassungsgerichtlichen Rechtsprechung zu grundrechtlich begründeten Prüfungs- und Abwägungspflichten entspricht. Die Tendenz in Rechtsprechung und Literatur geht eher dahin, mehr Rationalität bei der Gesetzgebung einzufordern. Jedenfalls kommt auch die auf Basiswissen, Problembewusstsein und die Kenntnis der politischen Vorgaben gestützte politische Intuition ohne ein gerütteltes Maß an detaillierten Kenntnissen über die Probleme des konkreten Gesetzentwurfs nicht aus. Kaum ein Abgeordneter kann sich im Hinblick auf den einzelnen Gesetzentwurf das erforderliche spezifische rechtliche und legistische Wissen im Detail erarbeiten, und zwar im Grunde unabhängig davon, ob er auf eine juristische Vorbildung zurückgreifen kann oder nicht. Denn

---

[420] *Zeh*, Fn. 18, S. 181 ff.; auch *Oberreuther*, Fn. 419, S. 12 und 18, sieht in der „Verfachlichung" der Parlamentsarbeit einen Gegensatz zur „politischen" Entscheidung.

für eine vertiefte rechtliche Beschäftigung mit einem oder gar mehreren parallel laufenden Gesetzgebungsverfahren fehlt ihm neben seinen sonstigen Aufgaben schlicht die Zeit.[421] Auch die Beschäftigung von wissenschaftlichen Hilfskräften in den Fraktionen vermag daran nichts zu ändern, weil deren Tätigkeitsschwerpunkt vorwiegend nicht im rechtlichen Bereich, sondern im „politischen Tagesgeschäft" liegt.[422]

Schließlich darf man nach unserem Eindruck das Interesse der Abgeordneten an rechtlichen und gesetzgebungstechnischen Fragen nicht überbewerten. Die Gesetzgebung – zumal in einem Landesparlament – betrifft in der Mehrzahl der Fälle nicht etwa politische Reizthemen, wie sie aus dem Bereich des Schulrechts oder des Ordnungsrechts geläufig sind, sondern oft recht spezielle Fragestellungen, bei denen die „interessanten" politischen Entscheidungen bereits auf europäischer Ebene oder Bundesebene oder auf staatsvertragliche Ebene getroffen worden sind und es nunmehr um die rechtstechnisch korrekte „Umsetzung" ins Landesrecht und um die zweckmäßige Ausgestaltung des Verwaltungsvollzugs geht. Würden derartige Gesetzesvorlagen, die in den Länderparlamenten die deutliche Mehrheit bilden, aber offenbar auch auf Bundesebene zunehmen, nicht unter Einschaltung eines Gesetzgebungshilfsdienstes überprüft,

---

[421] *H. Schneider,* Gesetzgebung, 2. Aufl. 1991, S. 60 mit dem Hinweis in Fn. 9 auf die im Vergleich mit anderen europäischen Parlamenten geringe Zahl der Juristen im Dt. Bundestag. In einem gewissen Gegensatz zu der im Text gegebenen Einschätzung die Feststellung von *Oberreuther* (Fn. 419, S. 5), die Bundestagsabgeordneten selbst räumten der Gesetzgebungsfunktion des Parlaments die erste Rangstelle ein. Ob diese – fast 30 Jahre zurückliegende und wohl kaum noch aktuelle – Selbsteinschätzung auch noch das heutige Selbstverständnis der Abgeordneten trifft, ist freilich zu bezweifeln.

Einen allgemeinen Eindruck von den Arbeitsressourcen der Landesparlamentarier gibt die Untersuchung von *R. Paprotny,* Der Alltag der niedersächsischen Landtagsabgeordneten, Hannover 1995, S. 40ff. Auch der danach von einigen Abgeordneten geforderte Ausbau der persönlichen Zuarbeit entsprechend der Ausstattung der Bundestagsabgeordneten (a.a.O., S. 46) würde im rechtlichen Bereich kaum qualitative Änderungen bringen, weil auch den besser bezahlten und darum qualifizierteren Hilfskräften jedenfalls die nötige rechtliche Erfahrung und Spezialisierung regelmäßig fehlen dürfte, die einen gut organisierten GHD auszeichnet.

[422] Vgl. *Quaritsch,* FS Forsthoff, S. 315 mit dem Hinweis, dass die vermehrte Beschäftigung solcher Hilfskräfte eher zu einem weiteren Anwachsen von Anfragen an den Wiss. Dienst des BT geführt habe. Jedenfalls auf Landesebene tragen diese Fraktionshilfsdienste meist nicht von sich aus zu einer vertieften Behandlung von Gesetzentwürfen aus rechtlicher Sicht bei, sondern bereiten lediglich die den Fraktionen zugehenden Beratungsunterlagen auf und die politische Meinungsbildung der Ausschussvertreter vor. Soweit *H.P. Schneider* vor allem eine Stärkung dieser Fraktionshilfsdienste gefordert hat (ZParl 1981, S. 589f.) und darin ein wesentlich effektiveres Instrument der Opposition sieht als die fraktionsunabhängigen Hilfsdienste, scheint dies vom politischen Arbeits- und Darstellungsbedarf der Fraktionen her gedacht, aber nicht vom spezifisch rechtlichen Beratungsbedarf her.

so würden sie die parlamentarischen Beratungen vergleichsweise ungefiltert passieren.[423] In Niedersachsen hat sich jedenfalls bisher nicht das Problem ergeben, dass für den vorhandenen Gesetzgebungshilfsdienst kein rechter Bedarf gesehen wurde, sondern im Gegenteil, dass dieser Dienst bei der Gesetzesbearbeitung zunehmend mehr in Anspruch genommen wird und insofern fortlaufend an Kapazitätsgrenzen stößt.

Angesichts der geschilderten Funktionen des niedersächsischen Gesetzgebungshilfsdienstes kann man mit Zeh[424] nach der Legitimation des Dienstes für seine Mitarbeit an einer Kernaufgabe des Parlaments fragen. Indes bleibt die Tätigkeit des GHD Hilfstätigkeit; die Offenlegung seiner im Fachgespräch außerhalb der Ausschusssitzungen erzielten Arbeitsergebnisse und deren Erläuterung – in einer rechtzeitig verteilten Ausschussvorlage und mündlich im Ausschuss – stellen sicher, dass die Abgeordneten wissen, über welche Optionen sie zu entscheiden haben und wie dies begründet wird. Aus unserer Sicht bleibt damit das Entscheidungsmonopol ungeschmälert bei den Abgeordneten. Die Alternative wäre, dass die Vertreter der Landesregierung in wesentlich größerem Umfang Einfluss auf die Beratungen nehmen würden[425] und dass die Vorlagen vermutlich mit wesentlich weniger Änderungen das Parlament passieren würden. Bemerkenswert ist, dass nach der Legitimität eines solchen, weitgehend von Beamten der Exekutive gesteuerten parlamentarischen Verfahrens nicht gefragt wird.

Es bleibt die These, ein solcher Hilfsdienst sei als Instrument (auch) für die Opposition nicht erforderlich und er sei unter diesem Aspekt auch fragwürdig.[426] Die Forderung nach Waffengleichheit der Opposition in den Ausschussberatungen sei sogar bedenklich, weil die Wahlentscheidung einen Auftrag an die politische Mehrheit enthalte, ihr politisches Konzept durchzusetzen und daraus ein

---

[423] Unklar insoweit *Oberreuther*, Fn. 419, der einerseits (S. 12) die Frage aufwirft, inwieweit sich die Abgeordneten überhaupt „in die Details vergraben sollen", andererseits aber einen Vorrang der Politik und des Parlaments gegenüber der Bürokratie befürwortet (S. 12 ff.).

[424] Fn. 18, S. 184.

[425] Vgl. zum Einfluss geschickter Ministerialbeamter auf die Beratungen die Schilderung bei *H. Schneider,* Fn. 421, S. 80; ähnlich *Oberreuther,* Fn. 419, S. 12.

[426] *Zeh*, Fn. 18, S. 178 f., 184; noch prägnanter *Quaritsch,* Fn. 422, S. 321, mit der Behauptung, ein GHD sei als Gegengewicht zur Ministerialbürokratie „systemwidrig"; dass er klüger als jene sein könne, sei „unwahrscheinlich" und im Übrigen sei eine solche Funktion Sache der dafür geschaffenen Fraktionsdienste. Er befürwortet stattdessen die Bereitstellung von „zwei bis vier Gutachtern, welche die Materie im Griff" haben (Fn. 422, S. 321). Mit unseren praktischen Erfahrungen stimmen alle diese nicht näher begründeten oder belegten Behauptungen nicht einmal ansatzweise überrein.

„legitimer Informationsvorsprung" der Exekutive folge.[427] Dieser Sichtweise kann aus rechtlicher Sicht nicht gefolgt werden, weil diese Überlegung dem anerkannten Grundsatz der Chancengleichheit der Abgeordneten widerspricht.[428] Soweit damit argumentiert wird, dass die Bundestagsopposition meist über Länderregierungen die Möglichkeit habe, sich ihrerseits den nötigen Sachverstand zu besorgen, trifft dies jedenfalls für kleinere Oppositionsparteien auf Bundesebene nicht durchgängig oder nur zufälligerweise und für die Opposition im Landesparlament überhaupt nicht zu. Die These vernachlässigt aber auch den praktisch ganz erheblichen Unterschied zwischen einem präsenten Hilfsmittel in den Ausschussberatungen und einer wohl nur in besonders brisanten Fällen praktikablen Möglichkeit, sich externer Hilfe zu bedienen.

---

[427] *Zeh,* Fn. 18, S. 182ff. Kritisch dazu bereits die Diskussionsbeiträge von *Rödig* und *Motsch,* a.a.O., S. 190.

[428] Vgl. BVerfGE 80, S. 188, 218 und Bd. 84, S. 304, 321; *Sachs/Magiera,* 3. Aufl. 2003, Rn. 58 zu Art. 38 GG und allgemeiner, Sachs, Rn. 19f. zu Art. 20 GG. In Niedersachsen sind die Chancengleichheit der Opposition und deren aufgabengerechte Ausstattung in Art. 19 Abs. 2 NV verfassungsrechtlich besonders gewährleistet.